U0640178

陇上学人文存

LONGSHANG XUEREN WENCUN

陇上学人文存

张崇琛 卷

张崇琛 著　王俊莲 编选

甘肃人民出版社

图书在版编目（ＣＩＰ）数据

陇上学人文存. 张崇琛卷 / 范鹏，王福生，陈富荣
总主编；张崇琛著；王俊莲编选. -- 兰州：甘肃人民
出版社,2020.10 (2024.1 重印)
ISBN 978-7-226-05577-9

Ⅰ．①陇… Ⅱ．①范… ②王… ③陈… ④张… ⑤王
… Ⅲ．①社会科学－文集 Ⅳ．①C53

中国版本图书馆CIP数据核字(2020)第175632号

责任编辑：李依璇
封面设计：王林强

陇上学人文存·张崇琛卷

范鹏　王福生　陈富荣　总主编
张崇琛　著　王俊莲　编选
甘肃人民出版社出版发行
（730030　兰州市读者大道 568 号）
德富泰（唐山）印务有限公司印刷
开本 890 毫米 × 1240 毫米　1/32　印张 11.625　插页 7　字数 293 千
2020 年 11 月第 1 版　　2024 年 1 月第 2 次印刷
印数：1001~3000
ISBN 978-7-226-05577-9　定价：60.00 元
（图书若有破损、缺页可随时与印厂联系）

《陇上学人文存》第一辑

编辑委员会

名誉主任：陆　浩　　刘伟平
主　　任：励小捷　　咸　辉
副 主 任：张建昌　　张瑞民　范　鹏
委　　员：张余胜　　吉西平　　魏胜文　高志凌
　　　　　张　炯　　安文华　　马廷旭

学术指导委员会

王希隆　　王肃元　　王洲塔　　王晓兴　　王嘉毅
傅德印　　伏俊琏　　李朝东　　陈晓龙　　张先堂
郝树声　　贾东海　　高新才　　董汉河　　程金城

总 主 编：范　鹏
副总主编：魏胜文　　马廷旭

《陇上学人文存》第二辑

编辑委员会

名誉主任：刘伟平
主　　任：连　辑　咸　辉
副 主 任：张建昌　张瑞民　范　鹏
委　　员：张余胜　吉西平　魏胜文　高志凌
　　　　　张　炯　安文华　马廷旭

学术指导委员会

王希隆　王肃元　王洲塔　王晓兴　王嘉毅
傅德印　伏俊琏　李朝东　陈晓龙　张先堂
郝树声　贾东海　高新才　董汉河　程金城

总 主 编：范　鹏
副总主编：魏胜文　马廷旭

《陇上学人文存》第三辑

编辑委员会

名誉主任：刘伟平
主　　任：连　辑　张广智
副 主 任：张建昌　范　鹏　马成洋
委　　员：管钰年　吉西平　王福生　陈双梅
　　　　　朱智文　安文华　刘进军　马廷旭
　　　　　张亚杰　李树军

学术指导委员会

王希隆　王肃元　王洲塔　王晓兴　王嘉毅
傅德印　伏俊琏　李朝东　陈晓龙　张先堂
郝树声　贾东海　高新才　董汉河　程金城

总 主 编：范　鹏
副总主编：王福生　马廷旭

《陇上学人文存》第四辑

编辑委员会

名誉主任：刘伟平
主　任：连　辑　夏红民
副主任：张建昌　范　鹏　高志凌
委　员：管钰年　吉西平　王福生　陈双梅
　　　　朱智文　安文华　刘进军　马廷旭
　　　　张亚杰　李树军

学术指导委员会

王希隆　王肃元　王洲塔　王晓兴　王嘉毅
傅德印　伏俊琏　李朝东　陈晓龙　张先堂
郝树声　贾东海　高新才　董汉河　程金城

总主编：范　鹏
副总主编：王福生　马廷旭

《陇上学人文存》第五辑

编辑委员会

名誉主任：林　铎
主　　任：梁言顺　夏红民
副 主 任：张建昌　范　鹏　彭鸿嘉
委　　员：管钰年　王福生　朱智文　安文华
　　　　　马廷旭　王俊莲　张亚杰　李树军

学术指导委员会

王希隆　王肃元　王洲塔　王晓兴　王嘉毅
傅德印　伏俊琏　李朝东　陈晓龙　张先堂
郝树声　贾东海　高新才　董汉河　程金城

总 主 编：范　鹏　王福生
副总主编：马廷旭

《陇上学人文存》 第六辑

编辑委员会

名誉主任：林　铎
主　　任：陈　青
副 主 任：范　鹏　彭鸿嘉　王福生
委　　员：管钰年　朱智文　安文华　马廷旭
　　　　　王俊莲　王　琦　方忠义　李树军

学术指导委员会

王希隆　王肃元　王洲塔　王晓兴　王嘉毅
田　澍　刘进军　伏俊琏　张先堂　陈晓龙
李朝东　郝树声　傅德印　程金城　蔡文浩

总 主 编：范　鹏　王福生
副总主编：马廷旭

编 辑 部 主 任：董积生　周小鹃
编辑部副主任：赵　敏　胡圣方
学 术 编 辑：丁宏武　丹　曲　王志鹏　艾买提
　　　　　　庆振轩　孙　强　李君才　李瑾瑜
　　　　　　汪受宽　郭国昌

《陇上学人文存》第七辑

编辑委员会

名誉主任：林　铎
主　任：陈　青
副主任：范　鹏　　王成勇　　王福生　　陈富荣
委　员：管钰年　　刘永升　　朱智文　　安文华
　　　　马廷旭　　王俊莲　　王　琦　　尚友俊
　　　　李树军

学术指导委员会

马建东　　王希隆　　王洲塔　　王海燕　　尹伟先
田　澍　　伏俊琏　　刘进军　　李朝东　　张先堂
陈晓龙　　郝树声　　傅德印　　程金城　　蔡文浩

总主编：范　鹏　　王福生　　陈富荣
副总主编：马廷旭

编辑部主任：董积生　　周小鹃
编辑部副主任：赵　敏　　胡圣方
学术编辑：杨小兰　　杨光祖　　杜　琪　　李敬国
　　　　　易　林　　看本加　　郝　军　　俞树煜
　　　　　黄正林　　常红军

《陇上学人文存》 第八辑

编辑委员会

名誉主任：林　铎
主　　任：陈　青
副 主 任：范　鹏　　王成勇　　王福生　　陈富荣
委　　员：刘永升　　安文华　　马廷旭　　王俊莲
　　　　　王　琦　　董积生　　李庆武　　李树军

学术指导委员会

马建东　　王宗礼　　王学军　　王海燕　　尹伟先
田　澍　　刘进军　　杨文炯　　张先堂　　陈晓龙
李朝东　　赵利生　　姜秋霞　　韩高年　　蔡文浩

总 主 编：范　鹏　　王福生　　陈富荣
副总主编：马廷旭

编 辑 部 主 任：周小鹃
编辑部副主任：赵　敏　　胡圣方
学 术 编 辑：王光辉　　王俊莲　　李天保　　何玉红
　　　　　　张先堂　　周玉秀　　屈直敏　　曹陇华
　　　　　　焦若水　　韩晓东

总　序

陇者甘肃，历史悠久，文化醇厚。陇上学人，或生于斯长于斯的本地学者，或外来而其学术成就多产于甘肃者。学人是学术活动的主体，就《陇上学人文存》（以下简称《文存》）的选编范围而言，我们这里所说的学术主要指人文社会科学研究。《文存》精选中华人民共和国成立以来，甘肃人文社会科学领域成就卓著的专家学者的代表性著作，每人辑为一卷，或标时代之识，或为学问之精，或开风气之先，或补学科之白，均编者以为足以存当代而传后世之作。《文存》力求以此丛集荟萃的方式，全面立体地展示新中国为甘肃学术文化发展提供的良好环境和陇上学人不负新时代期望而为我国人文社会科学事业做出的新贡献，也力求呈现陇上学人所接续的先秦以来颇具地域特色的学根文脉。

陇原乃中华文明发祥地之一，人文学脉悠远隆盛，纯朴百姓崇文达理，文化氛围日渐浓厚，学术土壤积久而沃，在科学文化特别是人文学术领域的探索可远溯至伏羲时代，大地湾文化遗存、举世无双的甘肃彩陶、陇东早期周文化对农耕文明的贡献、秦先祖扫六合以统一中国，奠定了甘肃在中国文化史上始源性和奠基性的重要地位；汉唐盛世，甘肃作为中西交通的要道，内承中华主体文化熏陶，外接经中亚而来的异域文明，风云际会，相摩相荡，得天独厚而人才辈出，学术思想繁荣发达，为中华文明做出了重要贡献。

近代以来，甘肃相对于逐渐开放的东南沿海而言成为偏远之地，反而少受战乱影响，学术得以继续繁荣。抗日战争期间作为大后方，接纳了不少内地著名学府和学者，使陇上学术空前活跃。新中国成立之后，人文社会科学领域的专家学者更是为国家民族的新生而欢欣鼓舞，全力投入到祖国新的学术事业之中，取得了一大批重要的研究成果，涌现出众多知名专家，在历史、文献、文学、民族、考古、美学、宗教等领域的研究均居全国前列，影响广泛而深远。新中国成立之后，人文社会科学几次对当代学术具有重大影响的争鸣，不仅都有甘肃学者的声音，而且在美学三大学派（客观派、主观派、关系派）、史学"五朵金花"（史学在新中国成立之后重点研究的历史分期、土地制度史、农民战争史等五个方面的重点问题）等领域，陇上学人成为十分引人注目的代表性人物。改革开放以来，甘肃学者更是如鱼得水，继承并发扬了关陇学人既注重学理求索又崇尚经世致用的优良传统，形成了甘肃学者新的风范。宋代西北学者张载有言："为天地立心，为生民立命，为往圣继绝学，为万世开太平"，此乃中华学人贯通古今、一脉相承的文化使命，其本质正是发源于陇原的《易》之生生不已的刚健精神，《文存》乃此一精神在现代陇上得到了大力弘扬与传承的最佳证明。

《文存》启动于中华人民共和国成立六十周年之际，在选择入编对象时，我们首先注重了两个代表性：一是代表性的学者，二是代表性的成果，欲以此构成一部个案式的甘肃当代学术史，亦以此传先贤学术命脉，为后进立治学标杆。此议为我甘肃省社会科学院首倡，随之得到政界主要领导、学界精英与社会各界广泛认同与政府大力支持，此宏愿因此而得以付诸实施。

为保证选编的权威性，编委会专门成立了由十几位省内人文社会科学领域著名学者组成的专家指导委员会，并通过召开专题会议研讨、发放推荐表格和学术机构、个人举荐等多种方式确定入选者。为使读者对作者的学术成就、治学特色和重要贡献有比较准确和全面的了解，在出版社选配业务精良的责任编辑的同时，编委会为每一卷配备了一位学术编辑，负责选编并撰写前言。由于我院已经完成《甘肃省志·社会科学志》（古代至1990年卷，1990至

2000 年卷）的编辑出版工作，为《文存》的选编提供了坚实的基础和基本依据，加之同行专家对这一时期甘肃人文社会科学发展的研究，使《文存》能够比较充分地反映同期内甘肃人文社会科学的基本状况。

　　我们的愿望是坚持十年，《文存》年出十卷，到 2019 年中华人民共和国成立七十周年之际达至百卷规模。若经努力此百卷终能完整问世，则从 1949 至 2009 年六十年间陇上学人以"人一之、我十之，人十之、我百之"的甘肃精神献身学术、追求真理的轨迹和脉络或可大体清晰。如此长卷宏图实为新中国六十年间甘肃人文社会科学全部成果的一个缩影，亦为此期间甘肃人文社会科学学术业绩的一次全面检阅，堪作后辈学者学习先贤的范本，是陇上学人献给祖国母亲的一份厚礼。此一理想若能实现，百卷巨著蔚为大观，《文存》和它所承载的学术精神必可存于当代，传之后世，陇上学人和学术亦可因此而无愧于我们所处的伟大时代，并有所报于生养我们的淳厚故土。

　　因我们眼界和学术水平的局限，选编过程中必定会出现未曾意料的问题，我们衷心期望读者能够及时教正，以使《文存》的后续选编工作日臻完善。

　　是为序。

2009 年 12 月 26 日

目　录

编选前言

张崇琛先生是我的大学老师。我们于80年代入学,仍记得先生当年给我们讲授《中国古代文学史》时的样子,一口山东腔,广征博引,析理深透,以典证史,新义自达,古今进出,自如往返。先生讲课抑扬顿挫,字字珠玑,妙趣横生,带领我们时而深思时而莞尔,印象深刻,音形宛然,觉真正良师大学者也。毕业工作多年,虽同在一城,与先生的联系不太经常,对先生的学问常常久仰,对先生的著述却不及细细学习,只知先生虽然已退休多年,依然对学术孜孜矻矻,著述丰厚,影响广布,同业后生争求文华。由甘肃省社会科学院主编的《陇上学人文存》,以"传先贤学术命脉,为后人立学术标杆"为使命,精选全省人文社会科学领域成就卓著的专家学者的代表性著作,每人辑为一卷。今承命编选先生文卷,我幸然与惶然杂并,一直在遍读和编选中忐忑,生恐因我之鄙陋,误取先生学术宝鉴。不过在学习过程中,对先生的了解却较过去更加深入全面,对先生的尊崇也因此更加滔滔若海,汩汩不断了,常自叹幸有师如先生等。

张崇琛,男,1943年生,山东诸城人。兰州大学文学院教授。曾任兰州大学古代文学研究所所长,校学术委员会委员;兼任中国屈原学会名誉会长及甘肃省古代文学学会荣誉会长,甘肃省文史研究馆馆员。国内外知名的中国古代文学及古代文化研究专家。曾获宝钢教育基金优秀教师奖,享受国务院颁发的政府特殊津贴。

张崇琛先生出生于诸城县内的一个小乡村,父母都是农民,家境贫寒,从六七岁开始就随父母一起在田间劳动,上小学时也常利用早晚的时间拾草、放牛。但由于受家族文化氛围的影响,崇琛先生自幼便养成了读书的习惯,稍长即尝试进行写作,上初中时已在《诸城日报》《昌潍大众》等报刊上发表通讯、散文、诗歌、小小说等十余篇。1962 年先生毕业于诸城第一中学,并以全县第一名的成绩考入华东师范大学中文系。大学期间,曾受教于许杰、钱谷融、徐震堮、赵善诒等名师。1968 年毕业分配至兰州,在一家大型国有建筑企业工作了十年,1978 年调入兰州大学。

1979 年 9 月,先生参加了教育部委托杭州大学举办的"楚辞研究班",遂有幸跟随国学大师姜亮夫先生学习。姜先生是 20 世纪 20 年代清华大学国学研究院的研究生,导师为王国维先生;毕业后又拜章太炎先生为师,成为太炎先生的及门弟子。姜先生的学问博大精深,在音韵学、古史学、楚辞学、敦煌学及文献学等方面都有着极深的造诣。先生跟随姜先生学习,真如久旱之遇甘霖,点点滴滴都舍不得放过。先生至今还常说,楚辞班学习期间,除上课外,单是每天傍晚陪姜先生散步的一小时内,听姜先生讲过的治学门径,就有"胜读十年书"之感。1980 年 7 月楚辞班结束,张先生提交的结业论文《一个值得重视的〈楚辞〉注本——读刘梦鹏〈屈子章句〉》很得姜先生嘉许。此文稍后发表于《文献》杂志(第 12 辑),经压缩后又作为《中国大百科全书·先秦文学卷》的一个词条。姜先生后来在指导博士生写读书报告时,便常以这篇文章作为范文。姜先生 1980 年 6 月 30 日在给张崇琛先生所做的结业鉴定中这样写道:

> 张崇琛同志是个博涉群书的中年教师。这是一个最主要的读书方法。专门只搞一、二门,自然容易为功,但成就必然有限。由博返约,然后能切实掌握所要掌握的东西,这即是近年来所盛传的综合研究方法的基本要素。他读书也非

常细心老实，他最近所写的一篇读刘梦鹏《屈子章句》的读
书报告，看来所以能深切了解刘书的长处，同他博涉与细心
两事分不开。是我们队伍中后起之秀。

张崇琛先生后来在治学和指导研究生时所倡导的"大文化视野
下的中国古代文学研究"，就是受了王静安先生的"二重证据法"和姜
亮夫先生"综合研究法"的启迪而提出来的，并服膺终生。

所谓"大文化视野下的中国古代文学研究"，就是要把中国古代
文学作品（尤其是先秦文学作品）作为中国古代文化的重要载体，从
大文化的视角，包括社会科学和自然科学的视角，去进行全面的审视
和研究。这样做既可以充分发掘古代文学作品的丰厚文化内涵，同
时，研究角度的变换，也可以使古代文学研究中的一些难题迎刃而
解。如张先生对楚辞之"兰"的研究便是一个典型的例证（详见下文）。
与此同时，在研究方法上，张先生还主张博读与精研的结合，思辨与
考据的结合，以及文、史、哲的融通，并力求通过"聚合效应"以不断获
得新的研究成果。目前，张先生已公开出版的学术专著有16部，公开
发表的学术论文150余篇，并为《中国大百科全书》等辞书撰写词条
20余篇，为《人民日报》（海外版）主编过"蒲松龄研究"及"酒文化研
究"专版。其研究领域主要集中在楚辞学、诸葛亮及其家族、蒲松龄及
《聊斋志异》、中国古代文化以及地域文化等方面，并分别取得了重要
的研究成果。

一、楚辞研究

张先生为国内外知名的楚辞研究专家。他对楚辞的研究，已突破
了单纯文学的界限，而分别从哲学、政治、美学、教育学、文学、历史、
地理、民俗、方言乃至植物学等角度，对蕴含于《楚辞》之中的丰富文
化内涵进行了多方面的发掘与探讨，尤以对楚骚美学、昆仑文化与楚

辞的关系、《楚辞》中的齐鲁方言、楚骚咏"兰"的辨析与文化意蕴揭示等方面的研究，最具开创性的意义。

张崇琛先生于 1986 年发表的《屈原美学思想试析》一文①，提出内美与外美的和谐统一是屈原美学思想的核心，并由此出发，具体论证了屈原作品中自然美与人格美、情感美与理性美、优美与壮美的和谐统一，又以融合儒、道为楚骚美学的主要特征，从而"回答了楚骚美学能否独成体系这一理论问题"，"为奠定楚骚美学的理论基础作出了贡献"②。张崇琛先生的《昆仑文化与楚辞》一文③，不但考证了昆仑之地望，并进而论述了昆仑文化的实际存在，同时还"肯定地认为楚辞创作受到高阳氏发祥地的昆仑文化影响"，其具体表现是：昆仑文化之情结、神人杂糅之习俗、时空跨越之思维、尊坤崇女之意识。这一研究被学术界认为是 "较详细地讨论了楚辞中的文化血脉和楚辞产生的文化渊源"④。张崇琛先生的《楚辞齐鲁方音证诂》一文⑤，首次考证出《楚辞》中有齐鲁方言的存在（如"朕""猖披""蹀躞"等），并揭示

---

①《兰州大学学报》1986 年第 3 期，人大复印资料《中国古代近代文学研究》1986 年第 9 期全文转载，并收入中国屈原学会编《楚辞研究》一书，齐鲁书社1988 年出版。

②参见寿勤泽《近年来楚辞研究概述》，《文史知识》1988 年第 12 期；张来芳《离骚探赜》附录《楚辞学工程构想》，江西人民出版社 1997 年版第 186 页；李文衡主编《甘肃当代文艺五十年·古典文学研究》，甘肃文化出版社 1999 年版第 538页。

③《兰州大学学报》2003 年第 1 期，同时收入中国屈原学会编《中国楚辞学》第二辑，学苑出版社 2003 年 1 月出版。

④李敏《2003 年楚辞研究综述》，《中国楚辞学》第七辑，学苑出版社 2005 年出版。

⑤《兰州大学学报》1990 年第 1 期，人大复印资料《语言文字学》1990 年第 4期全文转载。

出形成这一现象的原因,指出战国时"楚人而学齐语似成风气"。赵俪
生先生在为《兰州大学学报》评审此文时称赞道:"这是一篇值得共赏
的奇文,不仅考证精密,而且妙趣横生。"至于张崇琛先生对楚辞之
"兰"的研究,更得到了楚辞学界的高度评价,其论文《楚骚咏"兰"探
微》也被多种书刊征引①。张先生将楚辞所咏之"兰"(共 42 处)归纳为
五种,即佩兰、泽兰、木兰、马兰与兰花,又用现代植物学的分类方法
及拉丁文之学名固定之,并深入探讨了楚骚咏兰的文化意蕴。其结论
是:"楚骚咏兰乃是一种特殊的文化现象,并非仅是比兴。兰为南楚所
习见,是健身之良药,更是楚人的植物图腾以及王族的象征,兰内外
兼美的品格及相关的多重文化蕴涵,使得它成为楚骚抒情的载体。"②
这不仅为楚辞学的研究开启了新的思路,也为生态学的研究提供了
重要的借鉴③。至于张先生对"山鬼"原型(即野人)的剖析④,对《招魂》
"些"字源于秦陇方言的探讨⑤,对楚人卜俗的全面梳理⑥,对《离骚》中

---

①本文第一部分刊于《兰州大学学报》1993 年第 2 期,题为《楚辞之"兰"辨
析》;第二、三部分刊于《甘肃广播电视大学学报》第 13 卷第 2 期,题为《楚骚咏兰
之文化意蕴及其流变》;全文(包括附图)载于香港《屈原研究国际研讨会论文
集》,2000 年 5 月光盘版。《人民日报》海外版 1992 年 12 月 17 日曾以《读骚辨兰》
为题,对第一部分摘要刊登。

②李敏《2003 年楚辞研究综述》,《中国楚辞学》第七辑,学苑出版社 2005 年
出版。

③见刘不朽《古三峡植物文化解读》,《中国三峡建设》2000 年第 4 期。

④见张崇琛《"山鬼"考》,《宁波大学学报》1998 年第 4 期。

⑤张崇琛、杨世理《〈招魂〉"些"字探源》,《职大学报》2005 年第 1 期。《文学遗
产》2005 年第 1 期《楚辞国际学术研究会述评》简要介绍。

⑥见张崇琛《楚人卜俗考》,《兰州大学学报》1991 年第 2 期;《高等学校文科
学报文摘》(上海)1991 年第 5 期详细转载。

屈原神游西北地理位置的考证①,以及对《天问》中所见之殷先王事迹的勾稽②,也皆能发前人所未发,显示了先生在楚辞研究方面的实绩。

由于张崇琛先生在楚辞研究方面所取得的突出成就,所以其专著《楚辞文化探微》一出版即引起了学术界及媒体的高度关注③。新华社为此书作了专题报道,称此书"是一本能反映当代楚辞研究最新成果的学术专著"④。《人民日报》海外版第8版以整版的篇幅进行介绍⑤,国内版也发表了《楚辞的综合研究》一文予以高度评价⑥。著名文艺理论家蔡钟翔教授称此书"拓宽了古典文学研究的视野,也为中国古代文化史的研究开通了新思路","书中创获甚多","显示了作者深厚的国学功底和广博的知识积累"⑦。著名古代文学研究专家夏传才教授也在给张先生的信中说:"从文化学、社会学角度探讨诗骚,当代论著颇多,而立足于传统研究的深厚土壤,吸取新方法、新观念,为阁下论著之特色,愚意当以此为正途。"此书已获甘肃省社会科学最高奖(二等奖)及全国十年屈原研究成果卓著奖。张崇琛先生也先后被选为中国屈原学会副会长及名誉会长。

①张崇琛《屈原神游西北的地理位置问题》,《西北史地》1993年第4期,《人民日报》海外版1994年7月7日"楚辞文化专版"详细转载。

②张崇琛《〈天问〉中所见之殷先王事迹》,部分刊于《兰州大学学报》1992年第1期,全文刊于《殷都学刊》1994年第2期。

③新华出版社1993年初版;增订版名《楚辞文化研究》,中国社会科学出版社2020年1月出版。

④见《新华每日电讯》1994年4月22日。

⑤见《人民日报》海外版1994年7月7日第8版。

⑥楚澜《楚辞的综合研究》,《人民日报》1994年8月12日。

⑦见蔡钟翔先生对该书的评审意见。

二、诸葛亮研究

张崇琛先生的诸葛亮研究主要集中在两个方面：一是诸葛亮的人生及家族，二是诸葛亮的人格。其研究成果多汇聚于他的两部专著《诸葛亮世家》及《诸葛亮之人生与人格》之中①。《诸葛亮世家》是第一本系统研究诸葛氏家族的著作。该书根据大量的历史资料，并经精心的考证，不但将一个近真的诸葛亮形象呈现在读者面前，而且还对诸葛氏家族的脉络作了认真考订，并勾画出这个将相名门一系列成员的事迹。而将诸葛亮及其家族的产生置于琅邪文化独特的地域文化氛围中进行研究，更是该书的一大特征。张先生还首次令人信服地阐明了诸葛亮家族文化的四大特征，即以儒为主、兼融各家的学术思想，澹泊宁静的人生境界，积极入世的从政传统，刚直不阿的崇高气节。这不但是对诸葛亮家族的创新性研究，同时也为家族文化、地域文化乃至中国传统文化的研究提供了新的视角，开拓了新的领域。此书出版后，新华社即向国内外作了报道②，中央人民广播电台等媒体也相继进行了介绍③。《新民晚报》称此书"将近真的孔明呈现在观众面前"，"系统展现了诸葛氏家族的人物形象"④。《甘肃日报》也发表著名文艺理论家刘俐俐教授的评论文章，称"《诸葛亮世家》可视为人物传记，也可视为历史和历史人物研究专著，还可视为对某种特定文化的描述性和概括性研究的著作。它的严密性让我们信服，它的可读性

---

① 《诸葛亮世家》，吉林人民出版社 1997 年出版；《诸葛亮之人生与人格》，甘肃人民出版社 2018 年出版。

② 新华社北京 1997 年 8 月 22 日电。

③ 中央人民广播电台"社会大观"节目 1997 年 7 月 29 日播出。

④ 《新民晚报》1997 年 8 月 23 日第 7 版。

让我们亲近,它的广博性让我们赞叹和欣悦,它在探索方面的意义几乎与它本身内容的价值相媲美"①。1997 年 10 月,张崇琛先生被聘担任新华社摄制的大型电视文献片《一代之星诸葛亮》(16 集)的学术顾问;2007 年 10 月,作为特邀嘉宾,又参与了甘肃电视台的电视专题片《甘肃·三国》(10 集)的制作,并作学术解说。

张崇琛先生对诸葛亮的人格是十分推崇的,并写过十余篇文章专门论析诸葛亮的人格②。他同意宋人罗大经的看法,即诸葛亮之为人,"自三代而后,可谓绝无仅有矣"③。不仅如此,他还进一步将诸葛亮人格的特点上升为一种文化现象,即"诸葛亮文化",并具体论证了诸葛亮文化的内涵:一是高尚的人格。张崇琛先生认为在诸葛亮身上体现出了中国人几乎所有的美德,如忠贞、智慧、清正、廉洁、勤奋、俭朴、澹泊、谨慎等,而"忠"与"智"则是诸葛亮人格最突出的特点。更为难得的是,诸葛亮还能将"忠"与"智"两者完美地结合起来④。二是超常的智慧。张崇琛先生认为,诸葛亮之"智",即使剔除了被小说家所夸张的部分,也还是超常的。诸葛亮被民间称为"智星",不是没有道理的。张先生还具体考察了诸葛亮智慧的来源,指出有四个方面的因素,即"观其大略"的读书方法,综合性的思维方式,澹泊宁静的精神境界,以及深思谨慎的处世态度。这给智慧学的研究也提供了一个凡例⑤。

①刘俐俐《人物:文化、家族、历史的凝聚——读张崇琛的〈诸葛亮世家〉》,《甘肃日报》1998 年 2 月 22 日第 4 版。

②此不详列,可参见《诸葛亮之人生与人格》下编《诸葛亮论》所收论文。

③罗大经《鹤林玉露》乙编卷五,中华书局 1983 年版。

④以上参张崇琛《天水的三国古战场文化》,《天水师范学院学报》2018 年第 4 期。

⑤以上参张崇琛《诸葛亮的超常智慧及其当代价值》,《诸葛亮之人生与人格》下编《诸葛亮论》第 332—344 页,甘肃人民出版社 2018 年 1 月出版。

三是廉政之楷模。张崇琛先生认为，诸葛亮的廉政思想与实践，已为中国历代的官员树立了一个光辉的榜样。诸葛亮自身澹泊名利，甚至能为工作中的失误自行问责；诸葛亮对部下赏罚分明，对子女严格要求，其嗣子诸葛乔即在首次北伐中殒命陇原；诸葛亮对财产完全透明，他在晚年给后主刘禅的一封上表，实可视为他对自己家产的一次正式申报。由于张先生对诸葛亮廉政思想与实践的精辟论断和极具说服力的论述，所以他的论文《诸葛亮的廉政思想与实践》2009 年曾获诸葛亮廉政思想研究全国征文一等奖（一等奖只设一名）[1]。四是家教之典范。诸葛亮所留下的《诫子书》与《诫外甥书》，前者强调修身和为学都要静的道理，后者谈年轻人立志的重要性，都堪为中华家教的宝典，一直影响着后代的人们。张崇琛先生还精心地考证出《诫外甥书》是诸葛亮写给其二姐与庞山民的儿子庞涣的，《又诫子书》是写给其嗣子诸葛乔的，而后者又成为对中国酒文化要义最经典的阐释[2]。

此外，张崇琛先生对诸葛氏之祖籍在诸县的考定[3]，对诸葛氏之先祖诸葛丰事迹的勾稽[4]。对《梁父吟》性质与"武乡侯"地望的界定[5]，

---

[1]该文后被收入《诸葛亮廉政思想考论》一书，第 1—15 页，中国文化艺术出版社 2009 年出版。

[2]详见张崇琛《诸葛亮的〈又诫子书〉是写给谁的》，原载《档案》杂志 1998 年第 2 期；《中国档案报·档案大观》2001 年 6 月 29 日全文转载。又载《国文天地》（台北）第十四卷第十二期。

[3]见张崇琛《雨霖葛塚汉臣魂——寻访诸葛亮故里》，《人民日报》海外版 1992 年 3 月 27 日；《诸葛氏之祖籍在诸县》，《寻根》1996 年第 3 期。

[4]见张崇琛《诸葛丰生平事迹考》，《羲皇故里论孔明》第 21—28 页，甘肃文化出版社 1997 年出版。

[5]见张崇琛《说"梁父吟"与"武乡侯"》，《诸葛亮研究三编》第 230—236 页，山东文艺出版社 1988 年出版。

对诸葛亮与《周易》关系的揭示①，对诸葛亮不纳"魏延之计"真相的发明②，对诸葛亮在甘肃足迹的追寻等③，也都取得了具有创新意义的成果，从而为诸葛亮的深入研究作出了贡献。中央纪委监察部网站早在2015 年 6 月 3 日，即将张崇琛对诸葛亮"静"的释读文章摘要发至新浪微博和腾讯微博④。《光明日报》也以《陇原：诸葛亮的战场》为题发表文章⑤，详细介绍了张崇琛先生关于诸葛亮与甘肃"不解之缘"的论述。

三、《聊斋志异》研究

张崇琛先生自幼即喜欢听《聊斋》故事。大学最后两年适值"文革"，他手持一本《聊斋》，到学校的生物园内，在树荫与花丛间读之，"并用那些善良女性的爱意，抚慰着自己寂寞的心灵"⑥。1983 年 5—6 月间，他随《聊斋》研究大家赵俪生、袁世硕等先生赴山东考察乡邦文献，期间不但读到了若干与蒲松龄相关的珍贵文献，同时还亲赴五莲山等区域考察了一些《聊斋》故事的发生地，从而进一步激发了张崇琛先生对《聊斋》研究的兴趣，并陆续写出了一批《聊斋》研究的论文。

张先生的《聊斋》研究，主要集中在三个方面：

一是有关《聊斋》作者蒲松龄生平事迹的考证。如张先生对蒲松

①见张崇琛《诸葛亮与〈周易〉》，《社科纵横》1995 年第 2 期。

②见张崇琛《诸葛亮为何不纳魏延之计》，《成都大学学报》2003 年第 2 期。

③见张崇琛《诸葛亮在甘肃的足迹》，《档案》1997 年第 3 期。又见张崇琛《诸葛亮与甘肃的不解之缘》，《甘肃日报·历史文化》2014 年 4 月 8 日第 5 版。

④见中央纪委监察部网站《张崇琛：诸葛亮所说的"静"是一种精神境界》，新浪、腾讯微博 2015 年 6 月 3 日发布。

⑤宋喜群、杨甜《陇原：诸葛亮的战场》，《光明日报》2015 年 6 月 4 日。

⑥张崇琛《聊斋丛考·前言》，商务印书馆 2017 年 11 月出版。

龄与诸城遗民集团关系的考证,便是一个重大的发现。其论文《蒲松龄与诸城遗民集团》①,不但详细钩稽出蒲松龄与诸城遗民集团成员的各种交往,包括蒲松龄的诸城之行,还具体考察了诸城遗民集团对蒲松龄创作的影响,并指出《聊斋》中的九篇诸城故事即与此有关。此外,张先生还通过追踪蒲松龄的"秘书"生涯以解读其早年理想②,通过《画像题辞》以揭示蒲松龄的晚年心态③,通过蒲松龄与孙景夏、李之藻、张贞等人的交游以考察蒲氏某些作品(包括诗词)的写作背景④,皆新义迭出,可补蒲松龄研究之不足。

二是有关《聊斋》本事的考索。张先生认为《聊斋志异》也是一部百科全书式的著作,其中既有小说篇章,也有纪实作品,更保存有大量的文化史料。所以他对《聊斋》中所讲的故事,只要能查出其人并能考其本事的,都尽力予以追索。如他对金和尚及五莲山僧事迹的考证⑤,

①《蒲松龄研究》1989 年第 2 期。

②张崇琛《漫向风尘试壮游——蒲松龄的秘书生涯》,《秘书之友》1985 年第 1 期。

③张崇琛《清初知识分子心态的绝妙写照——蒲松龄〈画像题志〉发微》,《固原师专学报》1993 年第 2 期,人大复印资料《中国古代近代文学研究》1993 年第 8 期全文转载。《人民日报》(海外版)1992 年 9 月 24 日"蒲松龄专版"摘要刊登。

④分见张崇琛《蒲松龄与孙景夏》,《齐鲁学刊》1993 年第 3 期,人大复印资料《中国古代近代文学研究》1993 年第 10 期全文转载。张崇琛《蒲松龄与李澹庵》,《蒲松龄研究》2017 年第 3 期;《蒲松龄〈李澹庵图卷后跋〉笺论》,《兰州大学学报》1992 年第 4 期。张崇琛《〈聊斋志异〉中的张贡士与李象先其人》,《国际聊斋论文集》,北京师范学院出版社 1992 年版。

⑤张崇琛《〈聊斋志异·金和尚〉本事考》,《兰州大学学报》1984 年第 3 期;《人民日报》(海外版)1992 年 9 月 24 日"蒲松龄专版"摘要刊登。

对"姊妹易嫁"故事本来面目的还原①,对"镜听"源流的梳理②,对李象先、丘志充、丁前溪等《聊斋》人物的钩稽等③,都有助于加深人们对《聊斋》有关篇章的理解。张先生还首次发现《聊斋》中有七篇甘肃故事,并对其来源及故事的传播途径一一作了考察④。凡此,不但于《聊斋》本身的研究极有帮助,而且有些还可补史书记载之不足,具有重要的史学及民俗学价值。

三是对《聊斋》一书多种文化蕴涵的揭示与发微。张先生除深入发掘《金和尚》篇对研究清初寺院经济及山左民俗所具有的重要史料价值⑤,仔细考察《聊斋》甘肃故事中所具有的西北地方文化色彩及生态学的意义⑥,还特别关注《聊斋》中"狐狸精"形象所隐含的中西交通文化背景。他从《聊斋》中"狐狸精"自报家门的"籍贯陕西"以及"女狐狸精好、男狐狸精坏"的现象入手,经深入考察,发现汉、唐的"胡姬"形象已被融入了《聊斋志异》的"狐女"形象之中。而这一现象的形成,又与中西交通的大文化背景是分不开的⑦。此外,张先生还将《聊斋》

①张崇琛《〈聊斋志异·姊妹易嫁〉本事考证》,《齐鲁学刊》1986 年第 1 期,《人民日报》(海外版)1992 年 9 月 24 日"蒲松龄专版"摘要刊登。

②张崇琛《"镜听"考源》,《民俗研究》1993 年第 3 期。

③分见张崇琛《〈聊斋志异〉中的张贡士与李象先其人》,《国际聊斋论文集》,北京师范学院出版社 1992 年版;《〈聊斋志异·遵化署狐〉与丘志充其人》,《蒲松龄研究》2000 年第 3、4 合期;《〈聊斋志异·丁前溪〉中的丁前溪其人》,《蒲松龄研究》2017 年第 4 期。

④《〈聊斋志异〉中的甘肃故事》,《聊斋学研究论集》,中国文联出版社 2001 年 3 月出版;又载《社科纵横》2001 年第 5 期。

⑤见张崇琛《〈聊斋志异·金和尚〉的史学及民俗学价值》,《蒲松龄研究》2009 年第 3 期。

⑥同④。

⑦张崇琛《中西交通视野下的〈聊斋〉"狐狸精"形象》,《蒲松龄研究》2008 年第 3 期。

中的新闻篇章一一摘出,分类归纳,并认为这些篇章是新闻与文学交融的杰作①;又将《聊斋》中的爱情故事篇章按照由表及里的顺序,深入透析其情趣、美趣及理趣共存的多重文化蕴涵②;而对《聊斋》中的《恒娘》篇,先生则以犀利的眼光指出,这是蒲松龄取《周易·恒》卦以为之,是蒲氏援《易》理而入《聊斋》的一种尝试③。这些研究都可以说是见解独到,并为《聊斋》学拓宽了视野,也开了新的生面。

张先生的《聊斋》学研究很早即受到了国内外学术界的高度关注。日本早稻田大学著名教授伊藤漱平称张先生对王渔洋及《聊斋》的研究"被公认为见地不庸"(见其《王渔洋与山左诗人》一文)。美国著名"聊斋学"研究专家白亚仁教授也在给张先生的信中说:"我一直很钦佩您的严谨的治学态度,从您的著作中得到了很多启发。"《人民日报》(海外版)"蒲松龄专版"一次即选登先生论文三篇(1992 年 9 月 24 日)。人大复印资料也多次全文转载先生的《聊斋》研究论文。先生还被《蒲松龄研究》杂志列为当代著名"聊斋学"研究专家,并辟专栏进行介绍(1997 年第 3 期)。2014 年又被该杂志聘为学术顾问。先生除多次为大学生开设"蒲松龄研究"课外,还应甘肃电视台之邀,在"说聊斋"节目中为广大受众讲说《聊斋》(1991 年 4 月 12 日)。其专著《聊斋丛考》出版后④,更获得了学术界的好评,《蒲松龄研究》杂志专门刊登了该书的《前言》(2018 年第 2 期),并予以介绍。

---

①张崇琛《新闻与文学交融的杰作——〈聊斋志异〉中的新闻篇章》,《蒲松龄研究》2009 年第 1 期。

②张崇琛《情趣·美趣·理趣——〈聊斋〉爱情篇章的多重文化蕴涵》,《蒲松龄研究》2016 年第 3 期。

③张崇琛《〈聊斋志异·恒娘〉与〈周易·恒〉卦》,《蒲松龄研究》2014 年第 1 期。

④张崇琛《聊斋丛考》,商务印书馆 2017 年出版。

四、中国古代文化研究

张崇琛先生对中国古代文化的研究主要侧重在以下三个方面：

一是对中国古代文化来源与特点的总体认知，以及对中国古代文化与国学研究方法的简要论述。张先生认为中国古代文化的来源是多元一体的，并分别从考古发现、古史传说以及古代文献所记载的信史等三个方面来加以证明①。而"天人合一，以人为本"；"诸家兼容，以儒为主"；"多神并敬，无神为常"；"德能通观，以德为重"；"述作共倡，述为号召"则是其基本的特征②。至其研究方法，张先生认为既要充分利用现有的书面文献及出土的新材料，以力求对古代文化的相关内容给以准确的解读；同时也要联系实际，将这种研究与传承中华优秀传统文化及提升国人的道德水准相结合。如张先生对改革开放中如何继承中国优秀传统文化的论述③，就是基于这方面的考虑。

二是对远古文化的追寻。如对伏羲、女娲、黄帝、仓颉、蚩尤及舜文化的探源即是。张先生认为中国的和谐文化可以追溯到远古时期，而伏羲文化便是中国原始的和谐文化，并运用古代文献以及大地湾考古资料以证明之④。而伏羲文化的和谐特征与女娲神话"补天""造人"的文化蕴涵⑤，又对我们创建和谐社会和发扬中华民族的创造精

①见张崇琛《中国古代文化史》第一章第一节，第1—10页。甘肃人民出版社2010年版。

②同上，第一章第一节，第11—19页。

③张崇琛《改革开放与优秀传统文化的继承》，《天水师范学院学报》2018年第6期。

④张崇琛《伏羲文化是中国原始的和谐文化》，《天水师范学院学报》2011年第3期。

⑤张崇琛《女娲神话的文化蕴涵》，《甘肃高师学报》2008年第1期。

神,具有重要的启示意义。张先生还对传世的《仓颉书》28字进行了精心的考释①,认为它是黄帝战胜末代炎帝及蚩尤的纪功之辞。香港《文汇报》以《兰大教授揭〈仓颉书〉千年谜》为题公布这一研究成果后②,国内外多家报刊纷纷转载。张先生又从《孟子》中勾稽出舜文化的基本内涵和文化精神,从而弥补了司马迁《五帝本纪》记载之不足③。至于东夷族的领袖蚩尤,历来被视为恶魔,而张先生则认为蚩尤当与炎、黄并列"中华三祖"④。

三是对中国传统文化要义的解读与辩正。张先生除对《周易》的文化精神如整体性思维,变化发展思想,相反相成意识,和谐观念以及自强不息、厚德载物的民族精神等方面作了深入探讨和系统总结外⑤;还对先秦文化的一些重要思想范畴如天人合一、无为而治、中庸之道、慎独意识、老学的当代价值及孔子的教学方法等,也重新进行解读,并对其中一些似是而非的观念作了辨正。如论"天人合一"思想对环保意识及生态平衡理念所具有的重要意义⑥;谓"中庸之道"是一

①张崇琛《黄帝战胜末代炎帝及蚩尤的纪功之辞——〈仓颉书〉试释》,《甘肃社会科学》2012年第3期。

②王岳、吴明蔚《兰大教授揭〈仓颉书〉千年谜》,香港《文汇报》2011年8月5日。

③张崇琛《〈孟子〉中所见之舜文化精神》,《国文天地》(台北)第三十卷第十期(2015年3月1日)。

④张崇琛《蚩尤当与炎、黄并列"中华三祖"》,《鹤园随笔》第231—235页,敦煌文艺出版社2019年10月出版。

⑤张崇琛《〈周易〉的文化精神及其当代价值》,《天水师范学院学报》2010年第1期;又载《先秦文学与文化》第一辑,上海远东出版社2011年7月出版。

⑥张崇琛《古代文化要义辨正》,《鹤园随笔》第163—166页,敦煌文艺出版社2019年10月出版。

种动态的平衡和双向调节的和谐之道①；释儒家的"慎独"意识是从外在表现、理性自觉及精神境界三个方面来养成完美的人格，并指出其对廉政建设的重要意义②；从尊重客观规律、关注生态平衡、提升领导艺术、优化经营策略四个方面来论证老子思想的当代价值③；从处理教与学、"有教无类"与因材施教、学与思、温故与知新、讲授与答疑、言传与身教六个方面的关系来探析孔子的教学方法等④，其见解之精辟，论证之严密，都令人叹服。张先生还特别关注中国人的道德修养，认为道德是中华传统文化的核心，并对传统道德（如孝悌、仁义、诚信、礼让等）的形成、演变及当代价值作了系统的梳理与阐发⑤。

文化的传承离不开文化知识的普及。为此，张先生著有《中国古代文化史》一书⑥，并主编了大型家教著作《中华家教宝库》⑦，以帮助人们全面认识中国传统文化。《中国古代文化史》采用了以史为经，以文化元素为纬的纵横交织的写法，系统介绍了中国古代文化的十七个重要组成部分，既有理论深度，又有很强的可读性，是一本兼具学术性与知识性的著作。《人民日报》（海外版）以《古老而深邃的文化》为题，摘要转载了该书的首章（1994 年 12 月 18 日）。该书已被多所高校用作教材，并多次再版。《中华家教宝库》则以其所收资料的完备

①张崇琛《中庸之道及其当代价值》，《天水师范学院学报》2008 年第 6 期。
②张崇琛《谈谈儒家的"慎独"精神》，《天水师范学院学报》2014 年第 1 期。
③张崇琛《老子思想的当代价值》，《天水师范学院学报》2013 年第 3 期。
④张崇琛《谈谈孔子的教学方法》，《甘肃高师学报》2003 年第 6 期；又载《孔子圣迹图》，敦煌文艺出版社 2004 年 6 月出版。
⑤张崇琛《谈谈中国人的传统美德》，《职大学报》2016 年第 4 期。
⑥此书原名《简明中国古代文化史》，甘肃人民出版社 1994 年 9 月出版。增订版改名《中国古代文化史》，2005 年初版、2010 年再版。
⑦该书 1993 年由吉林人民出版社初版，2005 年再版。

（自先秦以迄现代）及对中华家教内容、特征、方法探讨的深入和精微,被美国著名汉学家、夏威夷大学终身教授罗锦堂先生誉为"空前未有之家教巨著","是一部难得的雅俗共赏的佳作"（见罗锦堂为该书所做的序言）。该书的《前言》在《教育史研究》（1994 年第 1 期）发表后,又有《基础教育》（2004 年第 12 期）、《山东教育》（2005 年第 1 期）等多家刊物重刊或转载。张先生研究中国古代文化的专著《古代文化论丛》也将于年内由商务印书馆出版。

五、地域文化

礼失而求诸野。地域文化蕴含着丰富的中国传统文化信息。而兼得齐鲁文化之长的琅邪文化[①],无疑又是很值得重视的一种。张崇琛先生很早即致力于琅邪文化的研究。自他在 1994 年全国第八届诸葛亮研讨会上首次提出"琅邪文化"的概念以来[②],又陆续发表了《论琅邪文化》等十余篇论文[③],进一步将"琅邪文化"界定为"介于齐鲁文化之间而又兼得齐鲁文化之长"的一种文化。张先生还首次阐明了琅邪文化的"三大特征",即民风的古朴、敦厚、求实然又不乏进取精神,学术界思想的兼容性及学风的经世致用, 思想的深邃与行动的深谋远虑。而琅邪文化的代表人物便是诸葛亮与王羲之。张先生的这一研究已得到了学术界的高度认可。在他提出琅邪文化的概念后,1996 年,

---

[①]这里所使用的"琅邪"是一个历史地理的概念,在古代文献中这一地名一般都写作"琅邪",本书仍沿用之。

[②]论文《汉代琅邪地区的学术氛围与诸葛亮思想的形成》,刊《中国典籍与文化》1995 年第 1 期。

[③]《论琅邪文化》,《兰州大学学报》2004 年第 3 期。其余论文参见《诸葛亮之人生与人格》,甘肃人民出版社 2018 年 1 月出版。

山东省历史学会即成立了琅邪文化研究分会。张先生担任学术顾问并亲自指导青岛市有关部门编写的四卷本《琅邪文化史略》,也被列为山东省重大理论与实践课题研究项目。该书于 2010 年由山东人民出版社出版后,已获山东省社科特等奖。而张先生的《论琅邪文化》一文作为"导言",即被冠于全书的卷首。

与琅邪文化不同的是,宋文化一直遭到人们的偏见,并导致了今日社会对河南人的歧视。张先生对此一直感到不平。他从对先秦寓言中"宋人"现象的解析入手,并联系周灭商的历史背景,从文化上解开了形成这一谜团的原因,并指出只有消灭了文化上的地域偏见,社会才能真正达到人际关系的和谐①。另外,对天水的古战场文化,历来很少有人系统研究,张先生则从地域文化及诸葛亮文化的角度对此进行梳理和论述,并为开发和弘扬这一文化提出了一些具体建议②。至于他从地域文化的角度以探讨某些作家思想的形成及作品的产生,如密州文化对苏轼的影响及诸城人士对孔尚任创作《桃花扇》的帮助等,更填补了这方面研究的空白③。而对作为地域文化重要载体的方言与方俗,张先生也进行了研究,他对琅邪文化核心地区的诸城方言及以桐城张氏为代表的"六尺巷"故事的考察,即是这方面的有益尝试④。

---

①见张崇琛《"宋人"现象与中国传统文化中的地域偏见》,《科学·经济·社会》2008 年第 3 期。

②见张崇琛《天水的三国古战场文化》,《天水师范学院学报》2018 年第 4 期。

③前者见张崇琛《密州的文化氛围与苏轼知密州时期思想与创作的转变》,《齐鲁学刊》1999 年第 1 期;后者见张崇琛《张石民与张瑶星及孔尚任的交往》,《中国古代小说戏剧研究丛刊》第四辑,甘肃教育出版社 2006 年 12 月出版。

④前者见张崇琛《谈谈方言的文化价值》,《职大学报》2013 年第 3 期;后者见张崇琛《"六尺巷"故事的由来与演变》,《寻根》2016 年第 6 期。

张先生说他的一生治学颇杂。其实,是他学术视野广阔,精研致远的结果。除了上述几方面外,他在《诗经》与《周易》研究、汉赋研究、苏轼研究、李清照研究、清代文学研究以及乡土文学研究等领域,也都取得了不少重要成果,当有机会,再细细一一介绍。

张先生在教学方面更是早著声称,不但我们早亲受滋润裨益,曾有师弟妹们也津津乐道,先生讲课深受学生欢迎,都说听张先生的课是一种精神享受,所以张先生的每堂课几乎都是人满为患,往往下午的课中午便要去占座位,而去晚了就只能站在教室后面听讲。更有同学直言,"张先生上课总是把自己多年来发现的前人未有著述或可以挖得很深的课题讲给我们,希望我们有所研究。他是唯一一个让我们即使是在下课的路上也会互相讨论课上内容的老师,比如极其枯燥难懂的《易经》。他总是让我们感觉到自己的渺小,就像《庄子·秋水》里的河伯见到了汪洋大海时叹息的那样:吾长见笑于大方之家。"①因此,先生不但多次获得各级社会科学及教学方面的优秀成果奖,他主讲的《中国古代文学史》被评为省级精品课,而他自己也被授予"师德标兵"及"教学名师"等多种荣誉称号。

目前,张先生虽已从工作岗位上退休,他的不少学生也都成为有关领域的学术骨干和栋梁之材;但先生仍然笔耕不辍,著述勤奋,继续驰骋在他所喜爱的古代文学及古代文化领域,并不断贡献着新的研究成果。"苍龙日暮还行雨,老树春深更着花。"其先生之谓也!

王俊莲

2020 年 3 月

---

① 十年砍柴等《漫话阿师》,《文苑》2003 年 9 月 10 日。

一、楚辞研究

昆仑文化与楚辞

楚辞创作曾经接受过多方面的影响,如中原文化的影响,楚国地方文化的影响,以及楚辞代表作家屈原本身的才华及其影响,对此,学者们均有过充分的论述。而楚人作为"帝高阳之苗裔",其楚辞创作有没有受到高阳氏发祥地的昆仑文化的影响呢？我以为回答应该是肯定的。先师姜亮夫先生早在 20 多年前就曾明确指出,"西北为颛顼传说之中心点",而作为楚人之先的颛顼,正是"发祥自昆仑若水之间"[①]。先生还在《楚辞今绎讲录》中进一步论述道：

> 西方则是追念祖先、寄托感情的地方,因为楚国的发祥地在西方……高阳氏来自西方,即今之新疆、青海、甘肃一带,也就是从昆仑山来的。我们说汉族发源于西方的昆仑,这说法是对的,也只有昆仑山才当得起高阳氏的发祥之地[②]。

本文便是在此基础上,首先从考证昆仑之地望入手,进而论述昆仑文化之实际存在及其对楚文化和楚辞创作的影响。

一、昆仑之地望

关于昆仑,《史记·大宛列传》云："汉使穷河源,河源出于阗,其山

---

①见姜亮夫《说高阳》,《社会科学战线》1979 年第 3 期。

②姜亮夫《楚辞今绎讲录》(修订本)"屈原事迹"一讲,北京出版社 1983 年,第 42 页。

多玉石,采来,天子按古图书,名河所出曰昆仑云。"在古人的心目中,河源与昆仑是联系在一起的,也就是说,哪里是黄河源头,哪里便是昆仑山。这里,汉使误将塔里木河上游的于阗河当作了黄河的上游,故遂以于阗南山为河源;而汉武帝相信了汉使的说法,径名于阗南山曰昆仑山。此即所谓"河源昆仑",也就是今天地图上所标出的昆仑山。

其实,先秦人心目中的昆仑,尤其是神话传说中的昆仑,是没有这么遥远的。《山海经·大荒西经》云:

> 西海之南,流沙之滨,赤水之后,黑水之前,有大山名曰昆仑之丘。……其下有弱水之渊环之。

《离骚》在述诗人第二次的神游时也写道:

> 邅吾道夫昆仑兮,路修远以周流。……忽吾行此流沙兮,遵赤水而容与。……路不周以左转兮,指西海以为期。

汉代的《淮南子·地形训》也说:

> 河水出昆仑东北陬。……赤水出其东南陬……弱水出自穷石,至于合黎,余波入于流沙。

这里先要弄清几个与昆仑有关的地名。"流沙"当指今甘肃西北、内蒙古额济纳旗一带的沙漠,这大概无异辞。"赤水"是源于昆仑山之东南麓并流入南海(印度洋)的一条河流,以今当之,可能为怒江或澜沧江的上游。至于"西海",应即今青海湖。《后汉书·西羌传》云汉武帝时,"羌乃去湟中,依西海、盐池左右",王莽时羌人纳地,又在今青海地区设西海郡,事见《汉书·王莽传》及《后汉书·西羌传》。而《汉书·地理志》云:"金城郡临羌,西北至塞外,有西王母石室、仙海、盐池。北则湟水所出,东至允吾入河。西有须根池,有若水、昆仑山祠。"王先谦《补注》引董祐诚曰:"《河水注》作西海,即仙海,今曰青海。"汉代西、先、鲜、仙音近,故汉人所谓西海、仙海及先水海、鲜水海,皆谓今之青海①。而且,我们从屈原神游的路线也可以看出,诗人在"行流沙""遵赤水"之后"左转","指西海以为期",其所谓"西海",也便是青海湖了。"弱水"即今由张掖流入居延海的黑河(其下游蒙古人称额济纳河)。《尚书·禹贡》:"导弱水至于合黎,余波入于流沙。"《史记·司马相如传》《正义》引《括地志》亦云:"弱水在甘州张掖县南山下也。"皆可为证。至于"黑水",则可能是发源于祁连山而向西流去的某条河流(如疏勒河)。

现在,我们约略可以勾勒"神话昆仑"的大体位置了:它在"西海"(青海湖)之南,"流沙"(今额济纳旗一带沙漠)之滨,"赤水"(怒江或澜沧江上游)之后(北),"黑水"之前,而其下又有"弱水"(今黑河或称额济纳河)环之。显然,其大致的位置应在今西宁市以西、河西走廊以南、巴颜喀拉山以北的青海高原上。其中,"西海"应在"昆仑之虚"中间,《山海经》说昆仑在"西海之南",可算一点程度上的误差。

又,今之祁连山,也有人以为即是先秦文献中的昆仑,最早提出此说的是前凉酒泉太守马岌。《晋书》卷八六《张轨传》所附《张骏传》②云:

> 酒泉太守马岌上言:酒泉南山,即昆仑之体也。周穆王见西王母乐而忘归,即谓此山。此山有石室玉堂,珠玑镂饰,焕若神宫。

唐李泰《括地志》亦以"酒泉南山"为昆仑山。《史记·秦本纪》及《史记·司马相如传》《正义》所引《括地志》,便皆谓"昆仑山在肃州酒泉县南八十里"。后之言"昆仑"者,也多引马、李之说。如《后汉书·明帝纪》:"永平十七年冬十一月,遣奉车都尉窦固、驸马都尉耿秉、骑都尉刘张出敦煌昆仑塞,击破白山虏于蒲类海上。"唐李贤注即采马岌

①参钱大昕《十驾斋养新录》卷十一"青海"条,上海书店 1983 年,第 256 页。
②最早见北魏崔鸿《十六国春秋·前凉录》,但原书已散失,今所传为辑佚本。

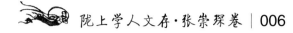

说云:"昆仑,山名,因以为塞,在今肃州酒泉县西南。山有昆仑之体,故名之。周穆王见西王母于此山,有石室、王母台。"马、李所谓昆仑,即今甘肃肃南裕固族自治县西北甘青界上的祁连山主峰,标高5564米。可见,在汉武帝定名于阗南山为昆仑山后,还是有人在称祁连山为"昆仑"。迨至清代毕沅《山海经新校正》及郝懿行《山海经笺疏》,更对此进行了详细的论证。直到近世,持"昆仑祁连说"者亦不乏其人。其中较有代表性的是朱芳圃,朱先生在《西王母考》一文中说①:

> 天山,匈奴呼为昆仑山,亦即昆仑的异名。天者,至高无上之名;昆仑即穹隆的转音。《尔雅·释天》:"穹隆,苍天也。"郭璞注:"天形穹隆,其色苍苍,因名云。"故以其高言之,谓之天山;以其形言之,谓之昆仑。是西王母所居之昆仑,即今祁连山,信而有征。

谓"昆仑"为祁连山,虽较汉武帝所定更为近真,但也存在着一定的局限。因为古人所谓的"昆仑",并非只是一座孤零零的山,而是一大片地区,即所谓"昆仑之虚(墟)"。试看《山海经·海内西经》所记:

> 海内昆仑之虚,在西北,帝之下都。昆仑之虚,方八百里,高万仞。……面(上)有九井,以玉为槛。面有九门,门有开明兽守之。

八百里见方的"昆仑之虚",当然不只是一座祁连山,而应与包括祁连山和青海湖在内的青海高原相仿佛。

而且,在古人的心目中,昆仑不但地域广大,还是有着多级构造的。《离骚》洪兴祖《补注》引《昆仑说》曰②:

---

① 朱芳圃《西王母考》,《开封师范学院学报》1957年第2期。
② 洪兴祖《楚辞补注》,中华书局1983年,第26页。《水经·河水》郦注引《昆仑说》与此同。

> 昆仑之山三级：下曰樊桐，一名板松；二曰玄圃（县圃），
> 一名阆风；上口层城，一名天庭。

《淮南子·地形训》也说：

> 昆仑之邱，或上倍之，是谓凉风之山（即阆风山），登之
> 而不死；或上倍之，是谓玄圃，登之乃灵，能使风雨；或上倍
> 之，乃维上天，登之乃神，是谓太帝之居。

《楚辞·天问》亦云：

> 昆仑县圃，其尻安在？增城九重，其高几里？

"增城"即"层城"，亦即"天庭"之所在。以上说虽少异，然都承认
昆仑是有着多级构造的，而屈原的神游昆仑，实际也是按照这种模式
进行的。

二、昆仑之文化

所谓"昆仑文化"，实际是史前期人类在昆仑地区活动的历史积
淀，它是中华文化的早期源头之一。而其载体，除文献记载和考古发
现的资料外，也还应包括流传于昆仑地区的大量的神话传说。

先看文献记载。《山海经·海内经》云：

> 流沙之东，黑水之西，有朝云之国、司彘之国。黄帝妻雷
> 祖，生昌意，昌意降处若水，生韩流……取卓子曰阿女，生帝
> 颛顼。

《竹书》：

> 昌意降居若水，产帝乾荒。
>
> ——《山海经·海内经》郭璞注引

《大戴礼·帝系》：

> 黄帝居轩辕之丘，娶于西陵氏之子，谓之嫘祖氏，产青
> 阳及昌意。青阳降居泜水，昌意降居若水。昌意娶于蜀山氏，

蜀山氏之子谓之昌濮氏,产颛顼。

《史记·五帝本纪》:

> 黄帝居轩辕之丘,娶于西陵之女,是为嫘祖。嫘祖为黄帝正妃,生二子,其后皆有天下:其一曰玄嚣,是为青阳,青阳降居江水;其二曰昌意,降居若水。昌意娶蜀山氏女,曰昌仆,生高阳。

以上所引文献,皆谓"昌意降居若水",昌意即生颛顼高阳氏者(《山经》《竹书》谓颛顼为昌意之孙,说稍异)。而昌意所居住的"若水"又在何处呢?《水经·若水》云:"若水出蜀郡旄牛徼外,东南至故关,为若水也。"郦注:

> 若木之生非一所也,黑水之间,厥木所植,水出其下,故水受其称焉。若水沿流,间关蜀土,黄帝长子昌意,德劣不足绍承大位,降居斯水,为诸侯焉。娶蜀山氏女,生颛顼于若水之野。……若水东南流,鲜水注之,一名州江,大度水出徼外,至旄牛道,南流入于若水。

又,《史记·司马相如列传》云司马相如通西南夷,"西至沫、若水",《索隐》引张揖曰:"若水出旄牛徼外,至僰道入江。"按此,古之所谓若水,即今雅砻江也。

若木生于昆仑,黑水源于昆仑。而若水既得名于若木,又出于"黑水之间",其属昆仑地区当无所疑。再看今之雅砻江,其发源地正在青海高原上。是诸书所载之"昌意降居若水",实可视为人类(至少是楚人的祖先)早期曾在昆仑地区即今之青海高原活动过的文献依据了。

至于颛顼在昆仑地区的活动,《山海经》中也有多处记载。如《大荒西经》:

> 大荒之中,有山名曰月山……颛顼生老童,老童生重及黎。

再如《大荒北经》：

> 东北海之外，大荒之中，河水之间，附禺之山，帝颛顼与九嫔葬焉。……丘西有沉渊，颛顼所浴。
>
> 西北海外，流沙之东，有国曰中䡵，颛顼之子，食黍。
>
> 西北海外，黑水之北。有人有翼，名曰苗民。颛顼生驩头，驩头生苗民。

《山海经》所记颛顼事迹虽难以坐实，然其中所涉及的地名如"日月山""附禺之山""流沙""黑水"等，却皆在昆仑之域，因而我们至少可以说，颛顼传说之中心点是在昆仑一带。

而且，在文献记载中，远古昆仑地区的生态环境也是极宜于人类生存的。《穆天子传》（卷二）描写道：

> 季夏丁卯，天子北升于舂山之上，以望四野。……曰："舂山之泽，清水出泉，温和无风，飞鸟百兽之所饮食，先王所谓县圃。"

县圃在昆仑的第二级，其景致已足令人神往。再看《山海经·大荒西经》所记：

> 西有王母之山、壑山、海山。有沃民之国，沃民是处。沃之野，凤鸟之卵是食，甘露是饮。凡其所欲，其味尽存。爰有甘华、甘柤、白柳、视肉、三骓、璇瑰、瑶碧、白木、琅玕、白丹、青丹，多银铁。鸾鸟自歌，凤鸟自舞，爰有百兽，相群是处，是谓沃之野。

《海外西经》对"诸夭之野"也有类似的描写：

> 此诸沃之野，鸾鸟自歌，凤鸟自舞；凤凰卵，民食之；甘露，民饮之；所欲自从也。百兽相与群居。

西王母之山，亦即昆仑山。"夭之野"即"沃之野"，谓富饶的原野。沃民居住在这里，与百兽群鸟和睦相处，鸾鸟自歌，凤凰自舞，各种花果、树木、矿产，无不应有尽有。人们食的是凤鸟之卵，饮的是甘露之液，凡是心中所向往的，莫不如愿遂意。这真是人类理想的乐园。

诚然，《山海经》与《穆传》的描写有其美化的成分，实际情况未必如此。但也并非毫无所据，它与后人对祁连山的印象实有着某些相似之处。请看《史记·匈奴列传》《索隐》引《西河旧事》的一段文字：

> （祁连）山在张掖、酒泉二界上，东西二百余里，南北百里，有松柏五木，美水草，冬温夏凉，宜畜牧。匈奴失此二山，乃歌云："亡我祁连山，使我六畜不蕃息；失我燕支山，使我嫁妇无颜色。"

《太平御览》卷50引段龟龙《凉州记》所述祁连山的景物则更为具体：

> 祁连山，张掖、酒泉二界之上。东西二百里，南北百余里。山中冬温夏凉，宜牧牛，乳酪浓好。夏写（泻）酪，不用器物，刈草著其上，不散。酥特好，酪一斛得升余酥。又有仙人树，行人山中，饥渴者辄食之饱。

这不正是《山海经》所描写的"沃之野"的景象吗？

至于今日青海高原的生态状况，虽远不如古代，但也不像人们所想象的那样荒凉而可怕。从日月山下到祁连山麓，几乎到处都能见到温泉，即使是长江源头附近的青藏公路沿线，由北至南也分布有十四个温泉带，而每处泉眼都不下数十个。这不禁会令人联想起《穆天子传》所描写的"清水出泉，温和无风"的景象。至于青海湖周围的草原，尤其是海北草原，更是自古以来的重要牧场。笔者1998年曾专程绕青海湖一周进行考察，时当夏秋季节，只见草原上水潭闪烁，牧草丰盛，鲜花遍开，牛羊成群，再辉映着蓝天、丽日、白云，着实令人心旷神怡。我深信这是远古的人们曾经居住过的地方。

再看青海高原的考古发现。早在1956年7、8月间，中国科学院地质研究所赵宗溥先生等在青藏高原进行地质普查时，便在柴达木盆地的沱沱河沿、霍霍西里等地采集到丨几种打制石器①。虽然学术界对这些石器的文化性质与年代归属问题尚有细石器文化与旧石器文化之不同看法，但毕竟可以说明，青藏高原地区在古代并非荒无人烟之地，而是远古人类曾经繁衍、生息过的地方了。1983 年，中国科学院青海盐湖所的科研人员也在柴达木盆地发现了距今三万年左右的旧石器时代遗址，《新华文摘》1985 年第三期报道说：

> 我国科技人员在西北地区柴达木盆地距今三万年左右的地层中发现了旧石器和南极石。这组包括刮削器、雕刻器、钻具和砍斫器等石制工具，制于距今三万年左右的晚更新世时期。当时的柴达木盆地植被繁茂，小柴旦湖是淡水湖，人类生活在一种适宜于成群食草类动物生活的草原环境。黄慰文还指出，这些以刮削器为主的石器组合，具有华北旧石器文化两大系统中"周口店第一地点（北京人遗址）——寺峪系"的特色，反映了当时西北与华北的古人类在文化、技术上有密切的联系。

除了旧石器遗址外，1980 年 7 月，青海省文物考古队在海南藏族自治州的贵南县拉乙亥还发现了一处中石器时代遗址。该遗址位于青海湖以南的共和盆地中部，海拔 2580 米。遗址共出土各类石器、骨器 1400 余件，其文化发展水平高于旧石器晚期文化，而进入中石器时代。其出土的木炭标本经碳 14 测定，距今为 6745 年②。

---

① 邱中郎《青藏高原旧石器的发现》，《古脊椎动物学报》1958 年第 2、3 合期。
② 盖培、王国道《黄河上游拉乙亥中石器时代遗址发掘报告》，《人类学学报》1983 年第 2 卷第 1 期。

至于更晚的新石器时代遗址,在青海高原更是多处发现①。马家窑文化的四种类型即石岭下类型、马家窑类型、半山类型与马厂类型,在青海境内都有发现。如1958年在民和县马营镇发现的阳洼坡遗址,便是一处典型的石岭下类型文化遗存②。遗址内除发现当时居民的房屋及储藏东西的窖穴外,还出土各种生产与生活用具三千多件,其中作为狩猎工具的石制与陶制弹丸③,不由得会令人想起那首"断竹,续竹;飞土,逐肉"的原始歌谣来④。再如在大通县上孙家寨发现的一处马家窑类型遗址,其中所出土的一件内壁绘有三组舞蹈人花纹(每组五人)的彩陶盆,更体现了青海远古文化中独具异彩的艺术魅力⑤。马家窑文化又称甘肃仰韶文化,主要分布于黄河上游及其支流湟水、洮水流域,其马家窑类型距今约5000年,一般认为它是受中原仰韶文化的影响而发展起来的。此虽与源于昆仑之虚的昆仑文化不能混为一谈,但至少可以说明,无论在旧石器、中石器还是新石器时代,辽阔的青海高原上都是有人类居住过的。

有人类就会有文化,远古人类在昆仑地区所创造的文化,其主要载体便是神话。一般认为,神话产生于野蛮时期的低级阶段⑥,即一万年前的新石器时代,在社会发展形态上属于母系氏族社会的全盛期。但由于当时并无文字,所以这些神话只能流传于口头,此后屡经传

---

① 参赵生琛等《青海古代文化》,青海人民出版社1986年,第15—82页。

② 李恒年《民和县阳洼坡发现了仰韶文化遗址》,《文物》1959年第2期。

③ 青海省文物考古队《青海民和阳洼坡遗址试掘简报》,《文物》1984年第1期。

④ 载赵晔《吴越春秋·勾践阴谋外传》。

⑤ 青海省文物考古队《青海大通县上孙家寨出土的舞蹈纹彩陶盆》,《文物》1978年第3期。

⑥ 马克思《摩尔根〈古代社会〉一书摘要》,人民出版社1965年,第55页。

播,才被记载于某些图书。所以,神话产生的时代与记录神话的时代并不是一个概念。具体到昆仑神话来说,它虽多载于《山海经》《庄子》《楚辞》《淮南子》诸书,然其产生的时代却要更早,即来源于远古的昆仑一带。顾颉刚先生亦认为"昆仑神话发源于西部高原地区",并具体论述道①:

> 在《山海经》中,昆仑是一个有特殊地位的神话中心,很多古代的神话,如夸父逐日、共工触不周山及振滔洪水、禹杀相柳及布土、黄帝食玉投玉、稷与叔均作耕、魃除蚩尤、鼓与钦？杀葆江、烛龙烛九阴、建木与若木、恒山与有穷鬼、羿杀凿齿与窫窳、巫彭等活窫窳、西王母与三青鸟、姮娥盗药、黄帝娶嫘祖、窜三苗于三危等故事,都来源于昆仑。

如此多彩的昆仑神话,其文化内涵当然是十分丰厚的,而随着这些神话的世代流传,其对后世的文化及其文学的影响,也应是深远的。

三、楚辞所受昆仑文化之影响

楚人既发祥于昆仑,而昆仑文化又被证明确实是一种曾经存在过的文化,则作为战国时代楚地文明成果的楚辞,其在创作中曾经接受过昆仑文化的影响,也就是很可以理解的了。具体说,主要表现为以下几点:

一曰昆仑文化之情结。楚辞中多次提到昆仑,尤其是楚辞的代表作家屈原,每言及昆仑,总是充满着向往之情。其中最典型的要算《离骚》的"两上昆仑"了:

①顾颉刚《〈庄子〉和〈楚辞〉中昆仑和蓬莱两大神话系统的融合》,《中华文史论丛》1979 年第 2 期。

朝发轫于苍梧兮，夕余至乎县圃。欲少留此灵琐兮，日忽忽其将暮。吾令羲和弭节兮，望崦嵫而勿迫。路漫漫其修远兮，吾将上下而求索。饮余马于咸池兮，总余辔乎扶桑。折若木以拂日兮，聊逍遥以相羊。前望舒使先驱兮，后飞廉使奔属。鸾皇为余先戒兮，雷师告余以未具。……吾令帝阍开关兮，倚阊阖而望予。……朝吾将济于白水兮，登阆风而绁马。……溘吾游此春宫兮，折琼枝以继佩。

从诗中所提到的一系列地名如县圃、崦嵫、阊阖、白水[1]、阆风等来看，这次神游的地点显然是在昆仑山一带。这是诗人的"一上昆仑"，其目的是要到"帝之下都"的昆仑去向天帝诉说自己在人间的一切不平。"二上昆仑"是在灵氛占卜、巫咸降神，诗人决意出走之后，即自"遭吾夫道昆仑兮"至"指西海以为期"一段(引文见前)。"二上昆仑"意在缅怀楚人的发祥之地，"追念祖先，寄托感情"。合而言之，"两上昆仑"虽都是"神游"，但却集中表现了屈原的昆仑情结。此外如《河伯》之"登昆仑兮四望，心飞扬兮浩荡"，《涉江》之"登昆仑兮食玉英，与天地兮同寿，与日月兮齐光"，也皆对昆仑寄托了美好的愿望，并流露出诗人内心深处的欣慰之情。

楚辞中还多载与昆仑有关的神话，这是诗人昆仑文化情结的又一表现。如《离骚》之太阳神神话、西皇神话及春宫、咸池、若木神话，《招魂》之流沙、雷渊神话，都与昆仑有关。而涉及昆仑神话最多的又莫过于《天问》。篇中之"康回冯怒，地何故以东南倾"言共工怒触不周山事，不周山之原型即今之祁连山[2]。"黑水玄趾，三危安在"，后一句言黄帝迁三苗于三危事，三危山在今敦煌地区，距祁连山亦不远。"穆

---

[1][2]白水即黄河，不周山即祁连山。参见张崇琛《楚辞文化探微》"屈原神游西北的地理问题"一节，新华出版社 1993 年，第 131—133 页。

王巧梅，夫何为周流？环理天下，夫何索求"言周穆王西行事，而穆王西行即曾到过昆仑山。至于"昆仑县圃，其凥安在？增城九重，其高几里？四方之门，其谁从焉？西北辟启，何气通焉"，则更是问昆仑山的地理位置及其具体结构了。

楚辞中之所以保存有大量的昆仑神话，一方面固然是由于战国时期秦、楚的往西拓地，同羌、戎的接触日渐频繁，而且据徐中舒先生说，楚国的疆域已发展到古代盛产黄金的四川丽水地区，因而昆仑神话也便随着黄金的不断运往郢都而在楚国广泛传播①。而另一方面，高阳氏的子孙们在迁移之后，并没有忘怀祖先的发祥地昆仑，他们将这一地区的有关神话世世代代地传承下去，从而形成一种所谓的"昆仑情结"，这也应是一个重要的原因。

二曰神人杂糅之习俗。楚人信鬼神，如《九歌》中所祭便有东皇太一、云神、日神、司命神及湘水、山林诸神。而在祭神的场面中，既有神的出现（巫觋所扮），又有人的活动，即所谓"阴阳人鬼之间又或不能无亵慢淫荒之杂"。这种习尚甚至连宫廷内也不例外。如桓谭《新论》记楚灵王"斋戒洁鲜，以祀上帝、礼群神，躬执羽绂，起舞坛前。吴人来攻，其国人告急，而灵王鼓舞自若②"。而值得指出的是，在楚人的心目中，有些神话故事中的神与历史传说中的人往往是纠缠在一起的，如舜与二妃的事迹便与湘水配偶神湘君、湘夫人的故事融为一体。应该说，这种神话故事与历史传说同时存在甚至分不清何者为神话、何者为历史的现象，也是与昆仑文化的影响是分不开的。因为在远古的昆仑文化时代，人格与神格就是很难区分的。例如昆仑作为"帝下之都"，这"帝"便既指神话中的天帝，又指人间五帝之一的黄帝，《穆天

①见徐中舒《试论岷山庄王与滇王庄蹻的关系》，《思想战线》1977 年第 4 期。
②宋李昉等编撰《太平御览》卷第 526、735 引。

子传》(卷二)"吉日辛酉,天子升于昆仑之丘,以观黄帝之宫"可证。再如后稷,《山海经·大荒西经》说:"有西周之国,姬姓,食谷。有人方耕,名曰叔均。帝俊生后稷,稷降以百谷。"可见他既是周民族的始祖,又是昆仑神话中的人物。他如居住在昆仑山的西王母、禹、羿、帝江等,也都兼有人与神两种品格。这种人神杂糅的观念经过不断的传播,遂留存到了楚民俗中。

再进一步说,楚民俗中能够沟通人神两界之意的"巫",也早在昆仑文化的时代即已经出现了。《山海经·海外西经》记:

> 巫咸国在女丑北,右手操青蛇,左手操赤蛇。在登葆山,群巫所从上下也。

《海内西经》记:

> 开明东有巫彭、巫抵、巫阳、巫履、巫凡、巫相,夹窫窳之尸,皆操不死之药以距之。

《大荒西经》记:

> 有灵山,巫咸、巫即、巫肦、巫彭、巫姑、巫真、巫礼、巫谢、巫抵、巫罗十巫,从此升降,百药爰在。

昆仑地区这众多的巫已经组成了一个"巫咸国",而群巫上下升降,其主要任务便是要下宣神旨,上达民情,以沟通人神两界之意也。其中,诸巫中的巫阳即曾奉上帝之命为怀王(或曰屈原)招魂者,而巫彭、巫咸更是屈原所引为榜样者,楚辞中屈原多次申明要"依彭咸之遗则",要"从彭咸之所居",究其本义,不过是想追念昆仑先祖,以与群巫为伍,实现其宣神旨、达民情之夙愿罢了。

三曰时空跨越之思维。楚人思维之跨越性,最明显的表现莫过于《离骚》的天地神游、上下求女了。以时间言,自高阳、高辛、虞舜、少康、宓妃、简狄、二姚,以至当代的"党人",可谓上下三千年;以空间言,自南楚以至昆仑西极,又可谓纵横上万里。他如《九歌》诸神之古往今来,《远游》《招魂》之上下四方,也都是跨度极大的。这较之庄子的"逍遥游",实有过之而无不及。而这种超越时空的跨越性思维,从文化传统上来说,又与昆仑文化时期人们的思维方式是一脉相承的。请看《山海经·大荒南经》所记:

> 东南海之外,甘水之间,有羲和之国,有女子名曰羲和,方日浴于甘渊。羲和者,帝俊之妻,生十日。

居于昆仑的帝俊(上帝之一),其妻羲和生十日,而太阳又天天东升西落,无穷无尽,这是思维上的时间跨越。这种跨越到了《离骚》之中,便是羲和又由太阳的母亲变为太阳的御者了。再看《大荒西经》所记:

> 西南海之外,赤水之南,流沙之西,有人珥两青蛇,乘两龙,名曰夏后开。开上三嫔于天,得《九辩》与《九歌》以下。此天穆之野,高二千仞,开焉得始歌《九招》。

夏后开将三位美女送给天帝,从而获赐美妙的《九辩》与《九歌》,这种人、天间的交易,也可谓是一种思维上的空间超越。《离骚》述诗人神游升腾,在昆仑上空"奏《九歌》而舞《韶》",《天问》言"启棘宾商"(有人训为"启巫宾帝"),《九辩》《九歌》",可以说都是受此种思维方式的启发的。

跨越性思维是原始思维的特点之一,它较之后来的"三段论"式推理而言,往往缺少一中间环节。这种思维方式除存在于神话之中,在早期的文献中也有遗存。如《周易》卦爻辞中的"象辞"与"占辞"之间便具有这样的特点①。到了《诗经》中,又发展成为"兴"的表现方法②。此自北土言之。而在"帝高阳之苗裔"的楚人那里,由于受传统的昆仑

---

①②参见张崇琛《〈诗经·小雅〉与〈周易〉卦爻辞之比较》,《经学研究论丛》第五辑,台北学生书局 1998 年 8 月出版。

文化的影响更大,故仍保留着较原始的状态。

四曰尊坤崇女之意识。从社会发展阶段而言,昆仑文化应处在母系氏族社会时期,故其对女性的尊崇是很自然的。如西王母便是昆仑地区的一位女性尊神。《山海经》记其形象是:

> 玉山,是西王母所居也。西王母其状如人,豹尾虎齿而善啸,蓬发戴胜,是司天之厉及五残。
>
> ——《西次三经》

> 西王母梯几而戴胜杖,其南有三青鸟,为西王母取食。在昆仑虚北。
>
> ——《海内北经》

> 昆仑之丘,……有人戴胜,虎齿,有豹尾,穴处,名曰西王母。
>
> ——《大荒西经》

虽然其时的西王母还是一个穴居野处、形状威猛、专掌灾厉及刑罚的怪神,但其女性的神格还是对后世产生了深远的影响。撇开其在《穆天子传》及此后的《汉武故事》《汉武帝内传》中向"帝女"和"丽人"方面的演变不说,单在《九歌》中,某些女性神祇身上就仍有它的影子。如"被薜荔兮带女萝","乘赤豹兮从文狸"的山鬼,便是一个典型的例子。

昆仑文化的尊坤意识除影响到《九歌》中对女性神的创造及礼赞外,也还体现在屈原的常常以女性自比和以"求女"喻求贤。对于《离骚》中诗人的自比女性,论者或谓是以夫妻关系喻君臣关系,或谓弄臣人格,或谓变态心理。其实,若自文化背景而言,亦当与昆仑文化中尊坤意识的影响是分不开的。因为所谓臣妾也罢,弄臣也罢,变态也罢,都是视女性为下贱的男尊女卑意识的产物,而屈原却并不以自比女性为耻,相反的,他还在女性身上寄托着自己美好的愿望。他的自比女性，甚至以美女喻贤才、以求女喻求贤，即是出于这样的心理。这也是很可以理解的。因为随着社会竞争的日益激烈，人际关系的不断复杂，人类的许多美质在男性身上已经保存不多了。而女性却由于介入竞争的机会较少，人际交往的有限，许多美好的东西在她们身上仍能得以保存。所以直到两千多年后的贾宝玉还对此深有感慨，说什么"男人是土做的，女儿是水做的"。更何况战国时代的南楚社会，其本身就保存着较多的氏族社会遗风①，而昆仑文化的尊坤意识在屈原身上还发生着影响，那是一点也不奇怪的。

综上所述，先秦所谓昆仑，其地理位置大致在今青海高原一带。由于这一地区远古时期的自然生态尚比较适合人类的生息、繁衍，所以楚人的祖先曾在这里创造过中华文化源头之一的昆仑文化。这不但有着文献的记载，也为近年来的考古发现所证明。而作为昆仑文化主要载体的昆仑神话，由于世代流传，已对楚文化及楚辞的创作产生了重要影响。即在今天，我们要对楚辞进行更为广泛深入的研究，昆仑文化也仍不失为一种新的视角。

（原载《兰州大学学报》2003 年第 1 期，同时收入中国屈原学会编《中国楚辞学》第二辑，学苑出版社 2003 年 1 月出版）

---

①参姜亮夫《楚辞学论文集》中《三楚所传古史与齐鲁三晋异同辨》及《楚文化与文明点滴钩沉》二篇，上海古籍出版社 1984 年，第 116—157 页。

屈原美学思想试析

屈原没有美学著作传世,也没有系统的美学理论。但是,屈原有美学思想。因为屈原不但人美(参沈亚之《屈原外传》),而且爱美,终生都在追求美,古今中外像他那样为"求美"而身殉的人实在并不多见。直到屈原死后两千多年的今天,人们提起他来,也还是赞美之声不绝于口。这样一位彻底"美"化了的人物,如说他没有美学思想,能讲得通吗?

屈原的美学思想主要是体现在他的文学作品即辉煌的诗歌中的。尽管没有上升为系统的理论,但质朴、鲜明;尽管零散,却不失精辟。下面便从四个方面来对屈原的美学思想做一分析。

一、内美与外美

内美与外美,在屈原认为是和谐统一的。先看他所说的内美:

> 帝高阳之苗裔兮,朕皇考曰伯庸。
>
> 摄提贞于孟陬兮,惟庚寅吾以降。
>
> 皇览揆余初度兮,肇锡余以嘉名。
>
> 名余曰正则兮,字余曰灵均。
>
> 纷吾既有此内美兮,又重之以修能。
>
> ——《离骚》

这儿的"内美"当作何解?联系到同句中的"纷"字和"既"字,显然应该指诗人与生俱来的美质,即高贵的出身、吉利的生日以及父亲所赐的"嘉名"。换言之,即指诗人的禀赋之美。这是"内美"涵义的一方面。出此出发,内美还有第二方面的涵义,即与道德观念上的"善"联系在一起,如:

> 秉德无私,参天地兮。——《橘颂》
>
> 善不由外来兮,名不可以虚作。——《抽思》
>
> 亦余心之所善兮,虽九死其犹未悔! ——《离骚》
>
> 世溷浊而嫉贤兮,好蔽美而称恶。——《离骚》

"无私"之"德"当然是一种"善",而"善"又不由外来,只能存在于人的内心之中,这便是一种"内美"了。第四例中的"美"与"恶"对称,自然更是指"善"无疑。

"内美"还包含有政治观念的"贤",这是它的第三种涵义。如:

> 謇吾法夫前修兮,非世俗之所服。
>
> ——《离骚》
>
> 憎愠怆之修美兮,好夫人之慷慨。
>
> 众踥蹀而日进兮,美超远而逾迈。
>
> ——《哀郢》
>
> 曰勉远逝而无狐疑兮,孰求美而释女?
>
> ——《离骚》

前两句中的"修"字都是"美"的同义词,"前修"即前贤、"修美"即贤美。第三句中的"美"与"众"(指众小人)对举,指有美德的贤者,自然也就是"贤"的意思。至于《离骚》的"求美",一般注家都谓求贤,即"举贤而授能"。"贤"作为一种内美,内容十分丰富,它不但包含有爱国、爱民、正道直行的意思,也包括忠君恋宗之义。而贤人当政,便是所谓的"美政"。

可见,屈原的"内美"是包含三个层次的,即禀赋之美、道德之善和思想之贤。三者之中,无疑贤是最主要的。所以求贤不得、美政难

为,屈原便只好从前修于地下了。

下面再来看看屈原所说的外美。在屈原认为,外美应包括容貌的美,如:

> 虽有西施之美容兮,谗妒入以自代。——《惜往日》
>
> 姱容修态,絚洞房些。——《招魂》
>
> 传兮代舞,姱女倡兮容与。——《礼魂》

前一句的"美"字指容貌甚明;后两句的"姱"字与前句的"美"字同义。外美又包括服饰的美,如:

> 余幼好此奇服兮,年既老而不衰。
>
> 带长铗之陆离兮,冠切云之崔嵬。——《涉江》
>
> 扈江离与辟芷兮,纫秋兰以为佩。——《离骚》
>
> 制芰荷以为衣兮,集芙蓉以为裳。——《离骚》
>
> 高余冠之岌岌兮,长余佩之陆离。——《离骚》
>
> 及余饰之方壮兮,周流观乎上下。——《离骚》

在诗人的笔下,高冠、长佩,芰荷为衣、芙蓉为裳,身披芳草、腰带长剑的服饰都被描绘成是美的,而且全都被概括为一个"壮"字。"壮"字在这里也是"美"的代字,它与"佩缤纷其繁饰兮"之"繁","纷独有此姱饰"之"姱",皆有"美盛"之义[①]。

除容貌、服饰外,外美似乎还应当包括一种意态的美,它也是可以被人感知的。如:

> 美要眇兮宜修,沛吾乘兮桂舟。——《湘君》
>
> 满堂兮美人,忽独与余兮目成。——《少司命》
>
> 既含睇兮又宜笑,子慕予兮善窈窕。——《山鬼》

---

① 参闻一多《离骚解诂》,闻一多《古典新义》,古籍出版社 1956 年版,第 295 页。

娥眉曼睩,目腾光些。——《招魂》

"美要妙"是一种文静的美,亦即"窈窕";"目成""含睇""曼睩""腾光"皆指人的眼神,俗谓之"秋波流盼";"宜笑"言人笑貌,谓笑的恰到好处。虽说"意态由来画不成",但在屈原的笔下,人物的意态之美还是被形象地描绘出来了。

合而言之,屈原所谓"内美"是指本质的美、心灵的美、思想的美,所谓外美是指现象的美、形式的美、感知的美;而屈原对美的总的要求,便是这两者的和谐统一,即"完美"。他以之律己,也以之求人,他的"愿荪美之可完"(《抽思》),即是表达了这样的美学观点。在这一点上来说,他与墨家的反对"盛容修饰"①,韩非的"好质而恶饰"②,老庄派的"五色令人目盲"③都不相同,倒与儒家的"文质彬彬,然后君子"(《论语·雍也》)相近。而且,屈原在作品中也确实使用过"文"与"质"的概念。《怀沙》中说:

文质疏内兮,众不知余之异采。

在《橘颂》中,诗人也借颂橘(实是颂人)表达了这样的观点:

青黄杂糅,文章烂兮。

精色内白,类任道兮。

纷缊宜修,姱而不丑兮。

正因为橘有内美,又有外美,所以屈原才称赞它是"姱(美)而不丑。"

---

①《墨子·非儒下》:"孔某盛容修饰以蛊世。"孙诒让《墨子间诂》,上海书店1986年影印本《诸子集成》第4辑,该书第185页。

②《韩非子·解老》:"夫君子取情而去貌,好质而恶饰。"梁启雄《韩子浅解》,中华书局1960年版,第142页。

③《老子》第十二章:"五色令人目盲,五音令人耳聋。"任继愈《老子新译》,上海古籍出版社1985年版,第84页。

然而，在内美与外美的关系方面，屈原并未完全停留在"文质彬彬"上，而是又向前发展了。首先，他认为"文""质"之间有主有次，内美（即"质"）是起主导作用的，外美（即"文"）仅是内美的一种表现形式，即所谓"满内而外扬"（《思美人》）。由此出发，他认为，缺乏外美固然算不上是"完美"，而仅有外美，缺乏内美，则从根本上就是不美的。例如他在《离骚》中斥责蜕化的贵族子弟时便说：

> 余以兰为可恃兮，羌无实而容长。
>
> 委厥美以从俗兮，苟得列乎众芳。

"兰"之所以被斥为"无实而容长"，就是因为它委弃了自己的内在美质。此外，在评价宓妃时诗人也指出了这一点：

> 保厥美以骄傲兮，日康娱以淫游。
>
> 虽信美而无礼兮，来违弃而改求。
>
> ——《离骚》

宓妃虽然外貌很美，但心灵不美，所以屈原不得不"违弃而改求"。

其次，在屈原认为，除了禀赋之美是与生俱来的之外，其他一切内美和外美都是可以靠后天的修养即学习和锻炼来得到的。所谓"重之以修能"的"修能"，即指这种"修治之力"（林云铭《楚辞灯》）。原来没有的，可通过"修"来完备；原来已有的，也要通过"修"来保持。那些青年贵族之所以会中道变质（"兰芷变而不芳兮，荃蕙化而为茅"），就是"莫好修之害也"。在这个意义上也可以说，"修"的是否得力，直接关系到"完美"的程度。而屈赋中所谓"灵修""謇修""前修"，实际也都应理解为屈原对不同修养的人的代称（参亮夫师说）。正因为"修"是如此的重要，所以屈原"独好修以为常"。用今天的话来说，便是活到老、学到老、修养到老。这样的认识在两千多年前的战国时代，实在是难能可贵的。

内美与外美的和谐统一,是屈原美学思想的核心,也是他处理一切美学问题的出发点。

二、自然美与人格美

由内美与外美统一的基本观点出发,屈原认为,人格美与自然美也应是和谐统一的。

屈原是充分意识到了自然之美的。这与他的重视外美是分不开的。屈原认为,自然美有其客观的属性。他说:"何所独无芳草兮"(《离骚》)、"兰芷幽而独芳"(《悲回风》)。芳草不管生在何处,总是芳香的,它的美决不因人的无视而不存在。正是基于此,屈原在作品中热情地歌颂了大自然之美。屈赋中,描写日月山川以及各种动、植物的句子,几乎俯拾皆是,而其中或由形、或由色、或由音、或由味,无不将自然物的美好特性表现殆尽。例如,他歌颂太阳始出时的瑰丽辉煌:

> 暾将出兮东方,照吾槛兮扶桑。
> 抚余马兮安驱,夜皎皎兮既明。

> ——《东君》

这是色彩的美。再如:"高堂邃宇,槛层轩些。层台累榭,临高山些"(《招魂》)是外形的美;"緪瑟兮交鼓,箫钟兮瑶虡,鸣篪兮吹竽"(《东君》)是音乐的美;"芳菲菲兮满堂"(《东皇太一》)、"芳菲菲兮袭予"(少司命》)是味觉的美。即使对于同一种自然美,屈原也能从不同的角度来加以欣赏。例如《离骚》中写"佩"(即后世之所谓花环。余有另文考证),"长余佩之陆离"言外形,"佩缤纷其繁饰"言色彩,"芳菲菲其难亏兮,芬至今犹未沫"言气味。这样一来,自然物的美的特性便被充分地显示出来了。

屈原不仅认识到了自然美的客观性,也还认识到了它的社会性。在欣赏美的过程中,他发现自然美的被感知,除了生理学意义上的因

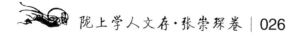
素外,也还有人的因素。正如车尔尼雪夫斯基所说:"凡是在自然中使我们想起人来的东西,就是美的";"自然中美的事物,只有作为人的一种暗示才显示出美。"①屈原在《离骚》中正是不止一次地提到了这种现象:

> 户服艾以盈要兮,谓幽兰其不可佩。
>
> ……
>
> 苏粪壤以充帏兮,谓申椒其不芳。

"党人"披艾盈腰、粪土充帏,却反谓申椒无芳、幽兰不可佩。可见,人的好恶不同,对自然美的感受也会是互异的。屈原认识到了这一点,所以他在自己的作品中有意将自然美的客观性与社会性统一起来,并用自然美来表现道德的善,用自然丑来表现道德的恶,即所谓"善鸟香草以配忠贞,恶禽臭物以比谗佞……虬龙鸾凤以讬君子,飘风云霓以为小人"(王逸《楚辞章句》)。而且,这种手法在屈赋中的运用是大量的,以至我们很难找出不含道德善的自然美,也很难找出不用自然美来表现的道德善。例如,"木兰去皮不死,宿莽拔心不死"(蒋骥《山带阁注楚辞》)固然表现着人的品德的坚贞不渝;而"三后"君德的"纯粹",又何尝不是以"杂申椒与菌桂兮,岂惟纫夫蕙茞"来体现的呢!

应该说,屈原以自然美来表现道德善的作法,与儒家的"比德"有着某些相似之处。但是,屈原还是又向前发展了。这主要表现在屈原不但以自然物来比"德",而且还以之比"人",即以自然美来表现完美的人格。如果说儒家的"比德"还只是一种单纯的比兴的话,那末,屈原已将它发展为一种象征,即将自然物的美与人格的美内在地融为一体了。而且,这种象征又形成体系。这样便极易用来表现人格美的

---

① 车尔尼雪夫斯基《生活与美学》,人民文学出版社 1957 年版,第 7 页。

各个方面。例如,屈原在《离骚》中所描绘的抒情主人公便是:荷叶为衣,芙蓉为裳;身披江离,胸佩秋兰;朝搴木兰,夕揽宿莽;滋兰树蕙,琼枝继佩;行于兰皋,止于椒丘;"朝饮木兰之坠露兮,夕餐秋菊之落英";甚至连拭泪用的也还是"茹蕙"("揽茹蕙以掩涕兮")。可见,芳草已成为屈原完美人格的象征了。而自此以后,屈原在人们的心目中,遂与芳草永远结下了不解之缘。

自然美与人格美和谐统一的例子,在屈赋中最典型的莫过于《桔颂》了。在屈原的笔下,桔的"绿叶素荣""青黄杂糅",象征人的外表美好;桔的"精色内白"象征人的内心纯洁;"纷缊宜修,姱而不丑"象征人的气质、风度;而桔的"受命不迁""深固难徙""苏世独立,横而不流""秉德无私"则象征了人的某些美德。可以说,桔这个自然物的形象,体现了屈原理想的人格,或者说就是他本人品格的化身。而且在这里,自然物的美与人格的美有机结合,不可或分,以至人们一提起桔便会想到屈原,而谈起屈原,也往往会有桔的形象浮现出来。这在文学上,便开了托物言志的先河。

屈原就是这样以自然美来表现人格美,又用人格美赋予了自然美以完美的含义,并将两者交融在一起,为人们塑造出了许许多多鲜明生动而又"使我们想起人来"的完美形象的。当然,两者之中,人格美是主要的,因为"自然中美的事物,只有作为人的一种暗示才显示出美"。像"惟草木之零落兮,恐美人之迟暮"(《离骚》),草木的零落如果不是与美人迟暮联系在一起,那么它便失去了在美学上的意义。

三、情感美与理性美

情理统一是中国美学的优良传统,而屈原在这方面很早就已经取得了极高的成就。

首先,屈原是主张情感的宣泄的。他在《惜诵》中说:"惜诵以致愍兮,发愤以抒情。"在《思美人》中说:"申旦以舒中情兮,志沉菀而莫达。"在《离骚》中说:"怀朕情而不发兮,余焉能忍与此终古。"司马迁在《史记》本传中也指出:"屈平嫉王听之不聪也,谗谄之蔽明也,邪曲之害公也,方正之不容也,故忧愁幽思而作《离骚》。离骚者,犹离忧也。"在《太史公自序》中,司马迁还将屈原的《离骚》列入"圣贤发愤之所为作"之列。而我们无论读《离骚》,还是读《九章》《天问》,也都能从字里行间体会得到屈原那内心所郁积着的真挚、美好而又丰富的感情。

应该承认,强烈的情感抒发是艺术美的基本特点之一。我国古代也一直是十分重视情感对于艺术美的作用的。《礼记·乐记》说"情动于中,故形于声,声成文,谓之音"。《汉书·艺文志》也提出:"哀乐之心感,而歌咏之声发。"《淮南子》更说:"文者,情系于中而欲发外者也"。①不能设想,艺术的美会离开情感的抒发。诗赋也一样。"诗赋者,所以颂善丑之德,泄哀乐之情也。"②而屈原在辞赋中正是大量地宣泄了这种"哀乐之情",从而使他的作品具有了强烈的艺术感染力。

其次,屈原也是十分富有理性的。他是一个清醒的现实主义者。他对人生、对国家、对天下以至周围的一切,始终都保持着清醒的认识。也正是基于这种理性的认识,所以他才提出举贤任能、修明法度、联齐抗秦的主张,表示了对旧贵族、对黑暗势力永不妥协的态度,甚至为了实现自己进步的政治理想而不惜献出宝贵的生命。这种对现实、对人生的清醒认识,在他临死之前写下的《怀沙》中表现得最为明显:

①《淮南子·谬称》,上海书店 1986 年影印本《诸子集成》第 7 辑,该书第 159 页。

②王符《潜夫论·务本》,上海古籍出版社 1978 年版《潜夫论》,第 19 页。

> 万民之生,各有所错兮。
>
> 定心广志,余何畏惧兮。
>
> 曾伤爱哀,永叹喟兮。
>
> 世溷浊莫吾知,人心不可谓兮。
>
> 知死不可让,愿勿爱兮。
>
> 明告君子,吾将以为类兮。

诗中,屈原对自己的一生进行了冷静的分析和总结,他坚信自己的理想是正确的,也十分清楚他与那个社会的矛盾是无法调和的。最后,他认为自己作为一个逐臣,在国难当头的时候,只有死才能保持完美的人格,并给后人留下效法的榜样("愿志之有像")。显然,屈子之死,决非"忿怼沈江",意气用事,而是深思熟虑的结果。一个人直到临死,还能保持这样清醒的头脑,你能说他是缺乏理性观念吗? 至于屈原在《天问》中对宇宙万物以及众多的自然和社会问题所提出的发问,除了表明他的知识渊博外,更体现了他理性思维的发达。正如刘梦鹏《屈子章句》所指出的,屈原的提问,不是糊涂无知,而是"引而不发、令人自悟、不质言而若疑难"罢了。

屈原既主张感情宣泄,又注重理性修养,那么,这是不是矛盾的呢? 我们说,非但不矛盾,而且恰恰相反,这正是屈原美学思想最高明的地方。我们知道,单纯的感情宣泄或纯理性的认识都成不了美的艺术,只有情理结合才有美的艺术产生。屈原正是将这两者有机地结合起来,并使之达到了和谐的统一。这种结合,既不像儒家的"以道制欲"(荀子《乐论》),让理性君临于个体的感情之上;也不像道家的"任其性命之情","达于情而遂于命",任凭感情的自由泛滥。质言之,屈原是"使理性从处于个体情感之上或之外的东西,变为个体情感内在固有的东西。这就是说,个体的情感的要求本身就是理性的要求,理性的要求不是处在情感的要求之外,和情感的要求相对立,对情感的

要求加以窥伺防范的东西"①。而只有当理性和情感达到这种内在的互相融贯和和谐统一的时候，也才可能有真正意义上的审美和艺术创造。

应该说，在屈原的作品中，这种情理的和谐统一表现得是十分完满的。我们不妨举《离骚》的例子来加以说明。《离骚》的末尾，正当诗人幻想他驾飞龙、乘瑶车，升腾远逝的时候，忽然于无意间瞥见了祖国的大地：

> 陟升皇之赫戏兮，忽临睨夫旧乡。
>
> 仆夫悲余马怀兮，蜷局顾而不行。

于是，诗人去国的念头终于不能不打消了。如果说诗人在现实中不肯离开灾难深重的祖国是反映了他清醒的爱国主义，是为理念所制约；那么，在幻想中也不愿离开"旧乡"，便不能不是为深厚的爱国之情所陶冶的结果了。在这里，爱国之情与爱国之理是互相融贯并和谐地统一在一起的。理念不是外加的，而情感也是发自内心的。再如《哀郢》描写诗人被迫离开郢都的情形：

> 望长楸而太息兮，涕淫淫其若霰。
>
> 过夏首而西浮兮，顾龙门而不见。

诗人渐行渐远，当郢都最高的树木"长楸"也在视野中逐渐消失的时候，他伤心的泪水便如雪珠般洒落下来。他为了再看一眼郢都的东门（龙门），虽过了夏首，却还要再乘舟"西浮"。这种对郢都的牵肠挂肚的系念，固然反映了诗人对生于斯、长于斯的故土的深厚感情，但同时也可以看出，诗人对郢都陷落的严重后果是充分估计到了的。在这里，理念与情感又和谐地统一了。

---

① 李泽厚等主编《中国美学史》第一卷，中国社会科学出版社 1984 年版，第381 页。

总之，在屈原的美学思想中，理性与情感是同时具有，而又相互融合的。在这种融合中，前者赋了了后者以清醒的认识，而后者又为前者提供了丰富的艺术创作所必需的"哀乐之情"。两者相互融贯，和谐统一，不但孕育出了"惊采绝艳"的"骚"体文学，同时也将先秦的美学思想推向了一个新的高度。

<h3 style="text-align:center">四、优美与壮美</h3>

优美与壮美作为美的两种不同类型，在屈原的作品中也是被和谐地统一着的。

从美学的角度来说，优美是主体与客体的和谐统一所呈现出来的一种美。"宁静和谐的审美感知和情感上的平静的愉悦等心理功能突出，是优美感的基本特点"①。车尔尼雪夫斯基也说过："美感的一个主要特征，是一种温柔的喜悦。"②车氏所说的"美感"，就是指狭义美，即优美。这种优美在屈赋中是确实存在的，而在《九歌》中表现尤为明显。《九歌》通过对各类神及其生活环境的描写，既向人们展现了楚地美丽的风光，诸如辽阔的楚天，绚烂的云霞，神秘的巫山，苍翠的九嶷，幽深的密林，以及明艳的湘水、浩渺的洞庭等；又塑造出了一系列美丽动人，富有生活气息的神的形象。我们读《九歌》，就仿佛踏进了一座美丽的百花园，仿佛聆听了一组优美的带有古典风味的轻音乐，又仿佛披览了一卷卷淡雅的彩墨山水画。而其中无处不显示着人物（即是有人情味的神鬼）的外貌、心灵、情感、理想与周围环境交融一体的和谐美。如历来传诵的《湘夫人》的开首一段：

帝子降兮北渚，目眇眇兮愁予。

---

① 刘叔成等《美学基本原理》，上海人民出版社 1984 年版，第 182 页。

② 车尔尼雪夫斯基《论崇高与滑稽》，《车尔尼雪夫斯基论文学》中卷，人民文学出版社 1965 年版，第 73 页。

嫋嫋兮秋风,洞庭波兮木叶下。

在一个清秋的傍晚,美丽的女神下降到了烟波微茫的湖中小岛上,秋风阵阵吹来,洞庭湖泛起粼粼水波,周围树上的叶子也在飘摇而下。这是多么动人的情景,又是多么优美的画面!在这里,人与景,景与情完全和谐地统一在一起了。再如《少司命》中的一段,也创造了一种极其美妙的意境:

秋兰兮青青,绿叶兮紫茎。

满堂兮美人,忽独与余兮目成。

画面中,不但堂前绿叶紫茎的秋兰与堂中窈窕的"美人"相互辉映,为读者勾画出了一幅素雅、淡洁的色彩;而且,秋兰的芳菲袭人与"美人"的眉目传情,又为画面增加了一种馨香醉人的气氛。而这一切又都统一于对人类未来的美好理想之中。再如《橘颂》中所塑造的"橘"的形象,无论就其本身而言,还是就所象征的人格和理想来说,也都是能给人以宁静和谐的美感的。

当然,我们也要承认,优美在屈赋中虽不少概见,但大量存在的却还是壮美。而且这种壮美又常常与悲剧的美交织在一起,以致被人们称作"悲壮之美"。如果说优美的最根本的美学特征是和谐的话,那么,这种悲壮之美则是以严峻、冲突为其特征的。这方面最典型的例子当然还是《离骚》。《离骚》前一部分是诗人对自己大半生斗争经历的回溯,后一部分是对未来道路的探索,而无论回溯还是探索,都贯穿了美与丑、善与恶、光明与黑暗的矛盾冲突。冲突的结果,既"将人生有价值的东西毁灭给人看"(这是"悲"的一面),同时也为读者树立起了一个光辉峻洁的正面人物形象(这又是"壮"的一面)。再如《国殇》写军队的战斗生活和将士的奋勇杀敌:

带长剑兮挟秦弓,首身离兮心不惩。

诚既勇兮又以武,终刚强兮不可凌。

身既死兮神以灵,魂魄毅兮为鬼雄。

这种为保卫祖国而英勇献身的精神,当然也应属于壮美无疑。此外,像《天问》《招魂》以及《九章》中的大多数篇章,也都属于这一类。

可以看出,优美与壮美在屈赋中是纷呈的,然又是各有侧重的。如果说《离骚》《天问》《招魂》《九章》是以壮美为主的话,那么《九歌》则是以优美为主。而《九章》中的《橘颂》与《九歌》中的《国殇》又分别与它们所属的一组作品各异其趣。然而这一切又都被和谐地统一于屈原的美学思想之中了。即使在同一篇作品中吧,这种统一也可以看得十分清楚。例如《离骚》中,当诗人以滋兰树蕙来比喻培养人才,以上下求女来比喻求贤的时候,你能说这不是一种优美的境界吗?再例如《山鬼》中,山鬼的形象本身就有两重性。她既有含睇宜笑、窈窕美好的一面,又有缠绵悱恻、甚至怨怒的一面;既有憧憬未来的喜悦,又有希望破灭的悲哀。这难道不可以说是优美与壮美在这一形象上的和谐统一吗?

那末,为何在同一个作家的作品中会出现这些不同类型的美呢?前面说过,壮美与优美的不同特征仅在于前者的严峻、冲突与后者的温柔、和谐,而屈原的一生虽与黑暗社会毫不妥协,但并不总是在斗、斗、斗的,他有斗争的间歇,也有心情相对平静和愉悦的时刻。而那些优美的作品,大概就是在这种情况下产生的吧!

综上所述,可以看出,屈原的美学思想在重内美、重人格美、重理性美等方面是与儒家美学相通的;而在强调情感的抒发、注重自然之美方面又与道家有着某些相似。至于屈赋中较多表现出来的壮美,倒应该视作是屈原对中国古典美学的独特贡献。因此,我们可以认为,屈原的美学思想是以儒为主、以道辅之,而又将这两者和谐地融合进楚文化的产物。在这个意义上也可以说,屈原是美学史上最早的"儒

道互补"者。

（原载《兰州大学学报》1986年第3期，中国人民大学《中国古代近代文学研究》1986年第9期全文转载，并收入中国屈原学会编《楚辞研究》一书，齐鲁书社1988年出版）

"山鬼"考

《九歌·山鬼》之"山鬼",自来研究者说法不一。或谓"山神"(如汪瑗、刘梦鹏、马茂元),或谓"人鬼"(如胡文英、王闿运),或谓"怪兽"(如洪兴祖、王夫之),或谓"物妖"(如朱熹、蒋骥),或谓"巫山神女"(如顾成天、陈子展),迄未一致。其实,对"山鬼"之不同理解,早在宋代以前就已开始了,故朱熹《楚辞辩证》云:"《山鬼》一篇,谬说最多,不可胜辩,而以公子为公子椒者,尤可笑也。"所谓"以公子为公子椒者"即王逸,王逸《楚辞章句》注"思公子兮怅忘归"一句云:"公子,谓公子椒也。言己所以怨公子者,以其知己忠信,而不肯达,故我怅然失志而忘归也。"王逸以"山中人"为"屈原自谓",故遂以"公子"为"公子椒",其说自然牵附之甚,以是后世罕有从之者。

窃以为,《九歌·山鬼》篇之"山鬼",乃一"复合形象"。其原型即近年来所盛传之"野人"(古代有关"野人"的传说也甚多,详后),后被附丽于"巫山神女"的传说;到了屈原的笔下,又被融入了楚人爱情生活的内容,遂成一多情动人的少女形象。这正如"二湘"之原型为湘水配偶神,后被附丽于舜与二妃的传说,到了屈原的笔下又成为一对缠绵悱恻的恋人形象一样。

以下便对"山鬼"这一"复合形象"作些考察。

一

从诗篇的描写来看,"山鬼"这一形象虽已高度文学化了,然仍保存有若干"野人"的痕迹。请看——

篇首"若有人兮山之阿"一句,即已暗示了"山鬼"的真实身份。王逸《楚辞章句》及朱熹《楚辞集注》都说:"若有人,谓山鬼也"。王夫之《楚辞通释》更进一步解释说:"仿佛似人,故曰若有人。"可见,山鬼不是鬼,而是"人";但又不是真正的人,仅是"仿佛似人"。那么,这似人而非人的动物又是什么呢?实不免会令人想到"野人"。

再看"山鬼"的日常装束。她"被薜荔兮带女萝","被石兰兮带杜衡"。即是说,"山鬼"常常身披薜荔和石兰,并以女萝和杜衡为带。此四者皆为香草,而其中尤值得注意的是"女萝"。女萝即兔丝,是一种棕红色的丝状寄生植物。"山鬼"身系棕红色的兔丝,与文献记载(如湖北《房县志》)及近人目睹的"红毛野人"的形象也十分相似。

再看"山鬼"的居住环境。她居于"山之阿","处幽篁兮终不见天";她"乘赤豹兮从文狸",即出入与野兽为伍;她时而奔走于"石磊磊兮葛蔓蔓"的涧谷,时而又独立于"风飒飒兮木萧萧"的山巅。这与传说为神农架"野人"的生存环境不也大致相同吗?

再看"山鬼"的生活习性。她"采三秀兮於山间","饮石泉兮荫松柏",即采食灵芝,啜饮山泉,并时常荫身于松柏之中;她"既含睇兮又宜笑",却又"然疑作",即生性多疑;她既"留灵修兮憺忘归","怨公子兮怅忘归",即渴望能遇上"公子""灵修"等迷于山中的"情郎",而又常常陷于"多情却被无情恼"的境地,在"雷填填兮雨冥冥"的夜晚独自躲在树丛中忧伤。这多么像历史文献及当今的科学工作者为我们所描绘的神农架地区的"野人"啊!尤其是"宜笑"及"多疑"的习性,古代有关"野人"的所有文献中,几乎都提到了。还有《山鬼》篇中"折芳馨兮遗所思"一句,也很值得玩味。《永嘉记》说"山鬼""好盗伐木",李时珍说"独脚鬼"(即"野人",说见后)能"放火盗物",王夫之也说"今俗谓山缫(即'野人')能富人,故贪夫事之"(《楚辞通释》)。此或即"山鬼""折芳馨","遗所思"之本义吧。

总之,《九歌·山鬼》篇,除去其表层的多情少女形象外,的确还有一位原型在其中时隐时现着。而这一"原型",即是自古及今人们所传说的"野人"。

二

现在我们来看看古今有关"野人"的传说吧。

郭沫若《屈原赋今译》曾将"采三秀兮於山间"一句译作"巫山采灵芝",并注云:"於山即巫山。凡《楚辞》'兮'字每具有'於'字作用,如於山非巫山,则'於'字为累赘。"其说甚辨。这样说来,"山鬼"的活动区域便可定在巫山一带了。而有意思的是,古今有关"野人"分布范围的记载,也大多在鄂西及南方一带。请看文献:

1.《周书·王会》:"州靡费费,其形人身反踵,自笑,笑则上唇翕其目。食人,北方谓之吐蝼。"

2.《山海经·海内经》:"南方有赣巨人,人面长臂,黑身有毛,反踵,见人笑亦笑,唇蔽其面。因即逃也。"

3.《山海经·海内南经》:"枭阳国在北朐之西。其为人,人面长唇,黑身有毛,反踵,见人笑亦笑,左手操管。"郭璞注:"《周书》曰州靡狒狒者,人身反踵,自笑,笑则上唇掩其面。《尔雅》云狒狒。《大传》曰周成王时州靡国献之。《海内经》谓之赣巨人。今交州南康郡深山中皆有此物也。长丈许,脚跟反向,健走,被发,好笑。……土俗呼为山都。"

4.《国语·鲁语下》引孔子之言曰:"木石之怪曰夔、魍魉。"韦昭注:"木石,谓山也。或云夔,一足,越人谓之山缲,音骚,或作猱。富阳有之,人面猴身,能言。"

5.《尔雅·释兽》:"狒狒如人,被发、迅走、食人。"

6.《淮南子·泛论训》:"山出枭羊。"高诱注:"枭阳,山精也。人形,长大,面黑色,身有毛,足反踵,见人而笑。"

7.《神异经·西荒经》:"西方深山中有人焉,身长丈余,袒身,捕虾蟹,性不畏人,见人止宿,暮依其火以炙虾蟹,伺人不在而盗人盐,以食虾蟹,名曰山臊。"

8. 干宝《搜神记》:"庐江大山之间,有山都,似人、裸身,见人使笑。有男女,可长四、五尺,能啸相唤,常在幽昧之中,似魑魅鬼物。"

9. 张华《博物志》:"日南有野女,群行觅夫。其状晶且白,裸袒无衣襦。"

10. 刘义庆《幽明录》:"东昌县山岩间有物如人,长四、五尺,裸身被发,发长五、六寸,能作呼啸声,不见其形。每从涧中发石取虾、蟹,就火炙食。"

11. 任昉《述异记》:"南康有神曰山都,形如人,长两尺余,黑色,赤目黄发。深山林中作窠,状如鸟卵,高三尺余,内甚光彩,体质轻虚,以鸟毛为褥,二枚相连,上雄下雌。能变化隐形,罕睹其状,若木客、山缫之类也。"

12.《方舆志》:"狒狒,西蜀及处州山中亦有之,呼为人熊。人亦食其掌,剥其皮。闽中沙县幼山有之,长丈余,逢人则笑,呼为山大人,或曰野人及山魈也。"

13. 邓德明《南康记》:"山都,形如昆仑人,通身生毛。见人辄闭目,开口如笑。好在深涧中翻石,见蟹食之。"又云:"木客生南方山中,头面语言不全异人,但手脚爪如钩利。居绝岩间,死亦殡殓。能与人交易,而不见其形也。"

14.《永嘉记》:"安国县有山鬼,形如人而一脚,仅长一尺(丈)许,好盗伐木,入盐炙石蟹食。人不敢犯之。能令人病及焚居也。"

15.《玄中记》:"山精如人,一足,长二、四尺,食山蟹,夜出昼伏,昼日不见,夜闻其声。"

16.《白泽图》:"山之精,状如鼓,色赤,一足而行,名曰夔,呼之,可使取虎豹。"

17.《海录碎事》:"岭南有物,一足反踵,手足皆三指。雄曰山丈,雌曰山姑,能夜扣人门求物也。"

18.《酉阳杂俎》:"山萧,一名山臊……犯者能役虎,害人,烧人庐舍。俗言山魈。"

19. 罗愿《尔雅翼》:"古之说猩猩者,如豕、如狗、如猴。今之说猩猩者,与狒狒不相远,云如妇人被发祖足,无膝群行,遇人则手掩其形,谓之野人。"

20. 周密《齐东野语》:"野婆出南丹州,黄发椎髻,裸形跣足,俨然若一媪也。群雌无牡,上下山谷如飞猱。自腰以下有皮盖膝,每遇男子必负去求合。尝为健夫所杀,至死以手护腰间。"

21. 李时珍《本草纲目》卷 51:"诸说虽少有参差,大抵俱是怪类,今俗所谓独脚鬼是也。迩来处处有之,能隐形入人家淫乱,致人成疾,放火窃物,大为家害。法术不能驱,医药不能治,呼为五通、七郎诸神而祀之。"

22.《聊斋志异·五通》:"南有五通,犹北之有狐也。然北之有狐祟,尚可驱遣;而江浙五通,则民家美妇,辄被淫占,父母兄弟,皆莫敢息,为害尤烈。"

23.《子不语·缚山魈》:"门外有怪,头戴红纬帽,黑瘦如猴,颈下绿毛茸茸然,以一足跳跃而至。见诸客方饮,大笑去,声如裂竹。人皆指为山魈,不敢近前。"

24. 清代《房县志》："房山高险幽远,石洞如房,多毛人,长丈余,遍体生毛,时出啮人鸡犬,拒者必遭攫搏。"

以上所引资料中, 虽其名称有种种, 如州靡费费、狒狒、枭阳(羊)、吐蝼、赣巨人、昆仑人、山都、山精、山缲、山鬼、山魈、夔、独脚鬼、木客、人熊、山大人、山丈、山姑、野女、野婆、野人、毛人、五通、七郎,然其所指,却都是一种生存于深山中的人形动物,而这种"人形动物"到了近代便被人们通称为"野人"。

"野人"在近代的出现也屡见报道。只不过它们的生存区域已由南方的广大山区而逐渐缩小到鄂西北一带, 即距离屈原故里秭归不远的神农架地区。1925 年到 1942 年间,房县曾有活捉或打死"野人"的多次记载。1949 年以来,神农架地区对"野人"的目击者,总数已达240 多人次①。例如:

1974 年 5 月 1 日,房县桥上乡清溪大队殷洪发到青龙寨上砍葛藤遇上"野人";②

1975 年 5 月中旬,兴山县榛子乡龙口大队甘明之上山打猪草,一个浑身是毛,约六七尺高,头发棕黑色,脸上宽下窄,腿和手都比人长的"巨人"突然站在了他面前,并踩住他的左脚,眯着眼、露着牙笑了起来,甘明之好不容易才脱险;③

1976 年 5 月 14 日凌晨,神农架林区革委会副主任等一行六人乘吉普车至林区与房县交界的椿树权, 发现一身长约五尺,脸长,嘴略突出,腿又粗又长,屁股肥大,身体很胖

---

①②③张良:《他们在寻找"野人"——访神农架的科学考察者》,《甘肃日报》1980 年 9 月 5 日。

的野人"孕妇"①；

　　1976 年 6 月 19 日，房县桥上乡女社员龚玉兰看到山上一红棕毛"野人"站立着倚树搔痒，见龚即尾随不舍，龚竭力奔逃始得脱险；②

　　1980 年 2 月 27 日下午，神农架考察队员黎国华在林区雪地发现一个高达七尺的红棕色"野人"。③

"野人"的最近一次被发现是在 1994 年 9 月 3 日。这天下午 6 时 20 分，铁道部科学研究院高级工程师钟美秦、关礼杰、王俊发等一行十人，正乘车行驶在神农架林区燕子垭风景区以东七八公里的公路上（209 国道 1550 公里里程碑处），突然与迎面来的三个"野人"相遇。当汽车停下来时，距"野人"站立的地方仅五米。"野人"见有人从车上下来，随即冲下公路边的陡坡，向 30 米开外的原始森林钻去。据目击者说，这三个"野人"高约 1.56 米至 1.70 米，头发披肩，全身布满红色或棕红色毛，其中一个红得很，以致目击者事后开现笑说："见到了一个穿红色毛衣的野人花姑娘。"它们面部都很像人，只是眼睛比人大一些，嘴巴突出一点，额头宽一点④。

　　根据科学工作者的长期考察，这些"野人"的体征大致可以综合为以下几点：一是直立行走，但受惊或登坡时也能四肢并用；二是成年体高约 2 米左右，后肢比前肢略长，大腿比小腿粗，手指比人的手

　　①③张良：《他们在寻找"野人"——访神农架的科学考察者》，《甘肃日报》1980 年 9 月 5 日。

　　②刘民壮：《沿着奇异的脚印——鄂西北山区"野人"考察》，《百科知识》1979 年第 2 期。

　　④见《文汇报》1993 年 9 月 16 日及《人民日报》海外版 1993 年 9 月 7 日专题报道。

指略粗,脚掌长约一尺,前宽后窄;三是头发披散,全身是毛,以棕色为主,也有棕黄色或棕红色的;四是脸长,上宽下窄,嘴巴突出,鼻骨低而长,门齿较人齿为大,犬齿发达;五是雌性乳房、雄性生殖器自然下垂①。至其习性,一般比较温和,不主动伤人;然多疑善笑,喜攫妇女。它们多单独活动,最多三"人",而很少群体在一起。他们用手挖马铃薯,采野果,偷玉米、蔬菜、蜂蜜,也抢走鸡、狗、小猪等。它们冬天住在靠近峭壁的山洞里,夏季则栖身于大树荫下的草堆里。这种"人形动物"虽具有人的一些特征,但还不会劳动,没有语言(虽然有二十余种发音符号),没有社会分工。它们介乎人与世界上已搞清楚的四种类人猿之间,是从猿到人的过渡形动物的孑遗,是人类祖先尚未进化到人的一个最近旁支②。

可以看出,"野人"的这些特征与屈原在《山鬼》中所描写的"山鬼"形象,实有着若干的相似。而且,在有些文献中(如《永嘉记》),"野人"已被明确地称作"山鬼"了。大约在屈原的时代,"野人"的分布要比现代更广,数量也更多,而民间关于"野人"的传说也更为丰富。但无论气候及生态环境如何变迁,自古至今,鄂西一带无疑是"野人"集中分布的区域。而鄂西"野人"与巫山"山鬼"在分布区域上的相近,似乎又向我们暗示了这两者之间二而一的关系。

三

其实,以"山鬼"为"野人"的看法并非始自今日。"野人"一词的出现虽然较晚(始于宋代),但古人对"野人"的认识及记载却早就开始

---

①参见杜宣《神农架上探"野人"》,《羊城晚报》1980年4月3日。
②刘民壮:《沿着奇异的脚印——鄂西北山区"野人"考察》,《百科知识》1979年第2期。

了。1977年房县红塔公社高碑大队出土的西汉古墓中有一株铜摇钱树,上面就刻有 个浑身长毛的"野人"形象①。杜甫《有怀台州郑十八司户》诗云:"山鬼独一脚,蝮蛇长如树。"更明确地指出了"山鬼"即"夔"亦即传说中的"野人"。此后,洪兴祖在《楚辞补注》《山鬼》解题中说:"《庄子》曰山有夔,《淮南》曰山出枭阳。楚人所祠,岂此类乎?"又将"山鬼"与"夔"和"枭阳"这两种被古人当作"野人"的动物联系起来。清代王夫之也坚持"山鬼"为动物的看法,他在《楚辞通释》《山鬼》解题中说:

> 山鬼,旧说以为夔、枭阳之类,是也。孔子曰:"木石之怪夔、魍魉。"盖依木以蔽形,或谓之木客,或谓之缲,读如霄。今楚人有所谓魈者,抑谓之五显神,巫者缘饰多端,盖其相沿久矣。此盖深山所产之物类,亦胎化而生,非鬼也。以其疑有疑无,谓之鬼耳。方书言其畏蟾蜍。楚俗好鬼,与日星山川同列祀典。而篇中道其娇媚依人之情,盖贱之也。

王氏明确指出,"山鬼"是"深山所产之物类,亦胎化而生,非鬼也"。而作为"山鬼"的"夔""枭阳",与"木客""缲""魈""五显神"等,虽名称不同,实为一物。只是因"楚俗好鬼",所以便将此物与日星山川一同列人祀典了。

由今观之,枭阳即狒狒。虽然它与"野人"尚有一定区别,但俱为高级灵长动物,故古人常将两者混同起来,统以"山鬼"称之。而"夔"被当作"山鬼",则是有一个过程的。《山海经·大荒东经》中的"夔"是一种"状如牛,苍身无角"的一足怪兽,据说"黄帝得之,以其皮为鼓,橛以雷兽之骨,声闻五百里,以威天下"。由于黄帝势力在中原的持久

①刘民壮:《沿着奇异的脚印——鄂西北山区"野人"考察》,《百科知识》1979年第2期。

与巩固,所以有关"夔一足"的神话也便广泛流传开来。到了孔子,从其"不语怪力乱神"的观点出发,硬将"夔一足"解释为"夔有一而足,非一足也"[①]。这样,"夔"又仅仅被当作舜的典乐之官而存在。不过,直到战国时期,有关"夔一足"的故事仍在流传。如《庄子·秋水》中便有"夔怜蚿"的寓言,其中的"夔"仍是"一足踸踔而行"。汉代,人们又开始把"夔"当作一种人形动物,如《说文》释"夔"即谓"有角、手、人面之形",并与"耗鬼"(能搬运、消耗财物的动物)相联系(夔即魖、魖即耗鬼)。最早将"夔"视作"山缲"(山魈)的是三国时的韦昭(见前引《国语》韦昭注)。此后,葛洪在《抱朴子》中又将山精描绘成为独足动物,实与"夔"等同。其《登涉篇》云:"山中山精之形,如小儿而独足,足向后,喜来犯人"。到了唐代,杜甫明言"山鬼"即"夔"。此后历经宋、元、明、清,"夔"遂与山姑、山丈、野婆、山魈等一样,成为"山鬼"的名称之一。不过值得指出的是,古代民间传说的夔即"山魈",并非今天动物园里的哺乳纲猴科动物山魈,而是指的"野人"。至于"夔一足",章太炎先生在《小学答问》中倒有一种非常好的解释:

> 山鬼即夔。……山缲为物,今贵州、四川有之。声如小儿,足迹似人,民呼为"山神子",畏惮焉,诚所谓木石之怪者。古谓"夔一足",或如鹤有两胫,常缩其一,非真一足也。

这样说来,"夔"也应该是一种能靠两足直立行走的人形动物,只不过它常缩其一足罢了。

四

从进化论的观点来看,"野人"作为人与猿之间的一个物种,它在地球上的存在应该有很长时间了。而有关"野人"的传说,也应该早都

---

① 《韩非子·外储说左下》,梁启雄《韩子浅解》,中华书局 1960 年,第 300 页。

播于民间了。但正如不少古代神话和传说都会被附丽于后世的人物和故事一样，"野人"的形象也被与"巫山神女"的传说联系往了一起。这当然首先是地域的原因，即"巫山神女"传说的发生地与"野人"出没地区的一致（已见前述）；其次，也当与"野人"和"巫山神女"的共同特性有关。

从现存资料来看，"巫山神女"的故事最早出现于《山海经》中。《中次七经》云：

> 姑瑶之山，帝北之有狐，其名曰女尸。化为䔄草，其叶胥成，其华黄，其实如菟丘，服之媚于人。

稍后，化为"䔄草"的"女尸"又变为"瑶姬"，并与巫山发生了地域上的联系。如《文选·别赋》李善注引《高唐赋》所记瑶姬之言云（今本无）：

> 我，帝之季女，名曰瑶姬，未行而亡，封于巫山之台，精魂为草，实曰灵芝。①

又，《文选·高唐赋》李善注也引《襄阳耆旧传》说：

> 赤帝女瑶姬，未行而卒，葬于巫山之阳，故曰巫山之女。②

而所谓"䔄草"（即"灵芝""三秀"）也好，"瑶姬"也好，它们的主要特征都是"媚于人"，亦即今本《高唐赋》所说的"愿荐枕席"。这与雌性"野人"的"如妇人被发袒足"，"群行觅夫"，"每遇男子必负去求合"的习性何其相似乃尔！姜亮夫师曾指出，"山鬼为神女庄严面，而神女为文士笔底之山鬼浪漫面③"。看来，"神女"的"浪漫面"倒是更接近于事情的本来面目的。

---

① 萧统编、李善注《文选》，中华书局 1977 年，第 238 页下栏。
② 同上，第 265 页上栏。
③ 姜亮夫《屈原赋校注·山鬼注》，人民文学出版社 1957 年，第 264 页。

《山海经》与《九歌》成书的孰先孰后,当然可以讨论。我是主张《山海经》的成书应在战国初期,即早于屈原的《九歌》的。因之,从时间上来说,也应该是"巫山神女"的传说在先,而《九歌》"山鬼"的形象在后。再进一步说,正是"野人"与"巫山神女"形象的叠合,才成为楚人所说的"山鬼",并被作为民间祭祀对象。待到屈原据民间祭歌以创作《九歌》,又对这一形象进行了艺术加工,并揉进了楚人爱情生活的内容,这便是《九歌·山鬼》一篇的由来。顾成天《九歌解》说:"楚襄王游云梦,梦一妇人,名曰瑶姬。通篇辞意似指此事。"①顾氏能够指出"山鬼"与"巫山神女"间的联系,这是很有见地的。然对"山鬼"原型的考察却不能止于"巫山神女",它还应该与此前的"野人"相联系。

不过,同任何改造都不会彻底一样,屈原虽在"野人"及"巫山神女"的基础上塑造了多情动人的"山鬼"形象,却也为我们留下了许多有关"山鬼"原型的痕迹——而这些都是可以与后人所记载的"野人"的特性相对照的。除前已述及者外,再如"山鬼"的"乘赤豹兮从文狸",实即"野人"的"犯者能役虎","呼之,可使取虎豹"也;"山鬼"的奔走于"石磊磊兮葛蔓蔓"的涧底,实际是"野人"在"从涧中发石取虾、蟹",以"就火炙食";而"山鬼"的"饮石泉兮荫松柏",则更是"野人"于"深山树中作窠"的真实写照了。

由"野人"而"巫山神女"、而多情动人少女,这便是"山鬼"形象演进的轨迹。而《九歌·山鬼》篇创作的成功,不但标志着"山鬼"这一"复合形象"的最后完成,而且也向人们说明了这样一个事实:屈原是中国文学史上最早以"野人"作为描写对象的伟大诗人。

(原载《宁波大学学报》1998 年第 4 期)

---

①转引自陈子展《楚辞直解》,江苏古籍出版社 1988 年,第 112—113 页。

楚人卜俗考

一

楚人信巫鬼而重淫祀。故荆楚之地非特巫风盛行,其卜筮之俗亦有可观。孔子云:"南人有言曰:'人而无恒,不可以作巫医'"[①]。孔子所说的"南人",应即楚人[②]。而所谓"巫"者,除兼行医外,卜筮、祭祀更为其专司之事。

其实,早在孔子之前,楚人即以卜筮闻名,也出现了一些以卜筮著称的家族。春秋时期,鲁国有一位卜楚丘,当时的贵族们就曾多次向他问卜。如《左传·文公十八年》记齐侯有疾,鲁国的惠伯令龟(即命龟,以所卜之辞告龟),卜楚丘占之,曰:"齐侯不及期,非疾也;君亦不闻。令龟有咎。"又如《左传·昭公五年》记鲁国的叔孙庄叔(名得臣)在他的次子叔孙穆子(名豹)初生的时候也占了一卦,遇《明夷》之《谦》,也去请卜楚丘为他解说。卜楚丘即楚丘之卜人。而所谓"楚丘"者,盖缘楚人曾居此丘而得名。考春秋之"楚丘"有二:一在今河南滑县东,即《左传·僖公二年》"诸侯城楚丘而封卫焉"的"楚丘",史家称"北楚丘";一在今山东曹县东南,即《左传·襄公十年》"宋公享晋侯于楚丘"

---

①《论语·子路》。
②《九章·思美人》"观南人之变态",王逸注即以"南人"指楚人。

的"楚丘",史家称"南楚丘"①。楚人自西东来后,先居北楚丘,后迁南楚丘,尔后又辗转而徙至江汉一带;至其未徙者,则仍散居于曹、鲁一带。其中或不乏以卜为业者,而卜楚丘即其一也。据《左传·闵公二年》载,卜楚丘之父亦能操卜。鲁桓公的小儿子(友)将要下生的时候,桓公曾使卜楚丘之父卜之:

> 成季之将生也,桓公使卜楚丘之父卜之,曰:"男也,其名曰友,在公之右,间于两社,为公室辅。季氏亡则鲁不昌。"
> 又筮之,遇《大有》之《乾》,曰:"同复于父,敬如君所。"

可见,卜楚丘之家族不但能卜,亦且能筮,楚人之善卜筮,于此可见端倪。

迨到南迁江汉之后,楚人重卜宝巫之风益甚。楚平王有功臣曰观从,平王曾任其自择官职,结果这位观从竟以"臣之先佐开卜"为由,选择了"卜尹"一职②。其后他的子孙也世守此职。楚惠王时有一位曾卜公孙宁(子国)为右司马的观瞻,据杜预说即是"观从之后"③。又据《国语·楚语》载,楚国的王孙围出使晋国,赵简子问楚之国宝,王孙围不以珠玉为对,而举观射父、左史倚相及"云连徒洲"之薮为国宝。而这位善占卜,"能作训辞,以行事于诸侯"的观射父,亦是观氏家族中人。可见观氏家族之"佐开卜",所由来者久矣。而由观从的以"卜尹"为荣耀,王孙围的以卜巫为国宝,更可见楚人卜风之盛了。

直至汉初,楚地之治《易》者仍不乏其人。西汉列于学官之易家有施、孟、梁丘、京氏四家,而"施"家之施雠即是沛(原为楚地)人。施雠

---

①参清人顾栋高《春秋大事表·春秋两楚丘辨》及何光岳《楚源流史》。
②《左传·昭公十三年》及《史记·楚世家》。
③《左传·哀公十八年》杜预《集解》。

不但诏拜博士,宣帝甘露中尚"与五经诸儒杂论同异于石渠阁"①,参加了著名的石渠阁经学辩论大会。还有一位"其学亦无章句,专说阴阳灾异"的沛人高相,只在民间传《易》,与当时的费直并称"费高二家"②。又据《史记·仲尼弟子列传》,孔子曾传《易》于其弟子商瞿(子木),商瞿传楚人馯臂子弓,郭沫若先生甚至认为这位子弓就是《周易》的作者③。此事虽难以定谳,然楚人易学传统之久远,似是可见的。又,《史记·日者列传》还记汉初有一位楚人司马季主,为"楚相司马子期、子反后,芈姓"④,"游学长安,通《易经》",曾率弟子三四人,"卜于长安东市"。当时的中大夫宋忠、博士贾谊观其"辩天地之道,日月之运,阴阳吉凶之本","列吉凶之符,语数千言,莫不顺理",皆为叹服。直至汉元帝时的褚少孙尚在津津乐道"南方老人用龟支床足,行二十余岁"。此虽方俗末节,然亦可见楚人宝龟重卜之意了。

要之,楚虽蛮夷,不与于中国,然其卜筮之风气,实较中原有过之而无不及。

二

楚人卜筮之风俗,征诸文献,其特征约有以下各点:

1. 卜、筮结合,而以卜为主

楚有太卜之官,而太卜决疑之法即有卜有筮。《楚辞·卜居》云:

> 屈原既放,……往见太卜郑詹尹,曰:"余有所疑,愿因先生决之。"詹尹乃端策拂龟,曰:"君将何以教?"……詹尹

---

① ②《汉书·儒林传》。
③《周易之制作时代》,载《青铜时代》;又见《十批判书·儒家八派的批判》。
④《史记·日者列传》《索隐》。

乃释策而谢，曰"夫尺有所短，寸有所长，物有所不足，智有所不明，数有所不逮，神有所不通。用君之心，行君之意，龟策诚不能知事。"

屈原所见的郑詹尹即楚之太卜；而这位太卜决疑所用的方法便是"端策拂龟"，即卜和筮，亦即《史记·龟策列传》之所谓"搰策定数，灼龟观兆"也。显然，这种决疑方式是由诸夏传至南楚的。而从詹尹所说的"数有所不逮，神有所不通"看来，其占卜的具体方法亦似与诸夏无大异。句中之"数"，王逸注作"天不可计量也"，洪兴祖更引《史记》释为"人虽贤，不能左画圆，右画方"，均不得其义。实际上，这里的"数"即《周易》"象数"之"数"，是用来显示"筮"之结果的。《易传·系辞》说得很清楚：

> 天一，地二，天三，地四，天五，地六，天七，地八，天九，地十。天数五，地数五，五位相得而各有合。天数二十有五，地数三十。凡天地之数五十有五，此所以成变化而行鬼神也。

《周易》即是通过这"天地之数"的变化来显示其吉凶休咎的。至其"搰策定数"的具体演变过程，《系辞传》又云：

> 大衍之数五十，其用四十有九。分而为二以象两，挂一以象三，揲之以四以象四时，归奇于扐以象闰，五岁再闰，故再扐而后挂。……是故四营而成易，十有八变而成卦。

"十有八变"而成的卦为"本卦"，在此基础上还要求取"之卦"，然后才能完成《周易》蓍筮的全过程。而无论求取"本卦"还是"之卦"，实际上都是一种"数"的演变和显示。我们试观卜楚丘及其父的占卦和说卦便可以看出，他们所遵循的，正是《周易》的这种"搰策定数"的路子。郑詹尹之"筮"，所用当然也是《周易》。但由于屈原的人生观、价值观与时人不同,且其卜问的是"居世何所宜行"①,故詹尹只好敬谢"数"之"不逮"了。

其实何止是蓍筮,即令龟卜,亦不能决屈原之疑。所谓"神有所不通"的"神",即指"龟卜"。古人谓龟能通神,故常以龟卜。据《史记·龟策列传》所载褚少孙所集古太卜占龟之说,其龟卜的具体方法是:

> 卜先以造(灶)灼钻,钻中已,又灼龟首,各三;又复灼所钻中曰"正身",灼首曰"正足",各三。即以造三周龟,祝曰:"假之玉灵夫子。夫子玉灵,荆灼而心,令而先知。而上行于天,下行于渊,诸灵数䇶,莫如汝信。今日良日,行一良贞。某欲卜某,即得而喜,不得而悔。即得,发乡我身长大,手足收入皆上偶。不得,发乡我身挫折,中外不相应,首足灭去。"

> 灵龟卜祝曰:"假之灵龟,五巫五灵,不如神龟之灵,知人死,知人生。某身良贞,某欲求某物。即得也,头见足发,内外相应;即不得也,头仰足肣,内外自垂。可得占。"

这是以钻灼之后龟甲的形象如何来判定吉凶。例如,"卜求当行不行",其龟兆是:"行,首足开;不行,足肣首仰,若横吉安,安不行"。又如"卜居室家吉不吉",其兆是:"吉,呈兆身正,若横吉安;不吉,身节折,首仰足开"。此种卜法与《周礼·春官·太卜》所记中原地区的"三兆"之法不尽一致,故唐人司马贞说:"褚先生所取太卜杂占卦体及命兆之辞,义芜,辞重沓,殆无足采。"②然观其占法及祝辞之风格,实带有较浓厚的楚地特征。窃以为,郑詹尹之卜,观氏之卜,以及那位"投龟,诟天而呼曰:'是区区者而不余畀,余必自取之'"的楚灵王之卜③,

---

①王逸《楚辞章句·卜居》。
②《史记·龟策列传》《索隐》。
③《左传·昭公十三年》。

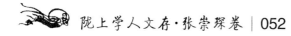

其所用方法,或与此相类。

卜与筮比较,楚人似乎更加重卜。这与诸夏"筮短龟长"的看法是一致的。所不同的是,诸夏"凡国之大事,先筮而后卜"①;而楚人遇有大事,却往往只用龟卜,而很少见筮。如楚昭王出奔隋,隋人之"卜予吴"②;昭王二十七年之"卜而河为祟"③;以至那位"投龟诟天"的楚灵王之卜,卜前均不见有先"筮"的记载。《左传·昭公十七年》还载,吴伐楚,楚令尹阳匄卜战不吉,司马子鱼请求"改卜",而所用之方法也仍是"令龟",而不用蓍筮。这种重卜轻筮的风习,既与楚地多龟,卜具随其地之所有相关;同时,亦与楚人曾居于殷商故地,受殷人崇尚龟卜的影响是分不开的。

2.占卜方式的多样化

司马迁曰:"蛮夷氏羌虽无君臣之序,亦有决疑之卜。或以金石,或以草木,国不同俗。然皆可以战伐攻击,推兵求胜,各信其神,以知来事。"④楚人之卜,除了传统的龟、蓍外,亦有多种多样:

1)草卜与竹卜

《离骚》中,灵氛为屈原占卜所用的方法即是草卜与竹卜。《离骚》曰:

> 索琼茅以筳篿兮,命灵氛为余占之。

《离骚》此句,自来注楚辞者难得其解。王逸说:"索,取也;琼茅,灵草也;筳,小折竹也。楚人名结草折竹以卜曰篿"。⑤王逸训"索"为

---

①《周礼·春官·筮人》。

②③《史记·楚世家》。

④《史记·龟策列传》。

⑤王逸《楚辞章句·离骚》。

"取""琼茅"为"灵草""筳"为"小折竹"是对的;而言"楚人名结草折竹以卜曰篿"则不确。后人不辨,相沿其误,而又强为之说,致使这一古老的卜法至今真相难明。实际上,"琼茅"与"筳篿"皆应为卜具。"琼茅"即《禹贡》荆州所贡之"菁茅",亦即《左传》管仲责楚"尔贡包茅不入"之"包茅"。以其气味芬芳,或谓之香茅。《水经·湘水注》引《晋书·地道志》,言零陵郡桂阳县有"香茅",即此物。此物可用以缩酒,亦可用于为卜。"筳篿",方以智《通雅》谓"筳为直竹茎,篿为团竹格",皆判竹(即竹片)也,其义得之。"以""与"一声之转,以犹与也。这样,《离骚》此句的意思便是:取香茅与竹片,让灵氛为我占卜。可见,卜以琼茅与卜以筳篿为两样卜法,非两物同为一卜也。明人汪瑗《楚辞集解》谓"既取琼茅而占之,又取筳篿而占之,再三反覆,欲其审也",很是。而所谓"取琼茅而占之",即是草卜;"取筳篿而占之"则为竹卜。

屈原时代的草卜、竹卜之法,今虽难得其详,然后世风俗有可征者。庞元英《文昌杂录》云:"余昔知安州,见荆湘人家多以草、竹为卜"。是草、竹之卜,宋时犹存。宋人周去非《岭外代答》中更详细记载了草卜之法:

> 南人茅卜法,卜人信手摘茅,取占者左手,自肘量至中指尖而断之,以授占者,使祷所求。即中摺之,祝曰:奉请茅将军、茅小娘,上知天纲、下知地理云云。遂祷所卜之事,口且祷,手且掐。自茅之中掐至尾,又自茅中掐至首。乃各以四数之,余一为料,余二为伤,余三为疾,余四为厚。"料"者,雀也,谓如占行人,早占遇料,行人当在路,此时雀已出巢故也;日中占遇料,则行人当晚至,时雀至暮当归尔;晚占遇料,则雀已入巢,不归矣。"伤"者,声也,谓之"笑面猫",其卦甚吉,百事欢欣和合。"厚"者,滞也,凡事迟滞。茅首余二,名曰"料贯伤";首余三,名曰"料贯疾"。余皆仿此。南人卜此最

验。精者能以时辰与茅折之委曲,分别五行,而详说之。大抵不越上四余,而四余之中,各有吉凶,又系乎所占之事。当卜之时,或遇人来,则必别卜,曰:外人踏断卦矣。

周氏所述,即所谓"掐茅卦"也。曩者湖湘乡间,往往见之。此种"掐算"之法,北方民间也有,然不以茅,径以手指代替。《离骚》"索琼茅"以"占",极可能就是这类的卜法。

楚人竹卜之法,胡文英、王闿运均曾言及。胡氏《屈骚指掌》云:"筵篿,掷玫以卜,俗云讨筶子是也。玫或用木,或判竹,或以蜃蚌,各随风土用之,故字或从'玉'、从'竹'"。王氏《楚辞释》云:"今卜者以竹签书吉凶繇词,摇得,以判竹掷地,视其俯仰,其筵篿与?"此俗至辛亥革命前犹盛行于湘西一带,不过方法稍趋简化。沈从文《自传》记辛亥革命期间,湘西镇筸的清朝衙门捉得西北苗乡造反的人,就是用这种方法判罪的:

> 把犯人牵到天王庙大殿前院坪里,在神前掷竹筶。一仰一覆的顺筶,开释;双仰的阳筶,开释;双覆的阴筶,杀头。生死取决于一掷,应死的自己向左走去,该活的自己向右走去。……看那些乡下人,如何闭了眼睛把手中一副竹筶用力掷去,有些人到已应开释时还不敢睁开眼睛。

镇筸又名凤凰厅,民国后改为凤凰县。其地正处沅水流域,距屈原当年流放时经过的辰阳(今辰溪)不远。沈先生所述,也许为屈原时代竹卜的遗风吧!

2)玉卜:

玉在诸夏是最重要的佩饰。《礼记·玉藻》云:"古之君子必佩玉","君子无故玉不去身"。然不见以玉为卜的记载。南楚佩玉之风虽不及北土之盛,但占卜用之,且方式独特。如《左传·昭公十三年》便记载了这样一个颇富神秘色彩的"埋璧卜嗣"的故事：

> 初，共王无冢适，有宠子五人，无适立焉。乃大有事于群望，而祈曰："请神择于五人者，使主社稷。"乃遍以璧见于群望，曰："当璧而拜者，神所立也，谁敢违之？"既，乃与巴姬密埋璧于大室之庭，使五人斋而长入拜。康王跨之，灵王肘加焉，子干、子皙皆远之。平王弱，抱而入，再拜，皆压纽。

这故事亦见于《史记·楚世家》。意思是说：楚共王为从五子中选立王嗣，便派人拿了一块玉璧去遍祀名山大川，然后与其妾巴姬一同把这块璧埋于祖庙的庭院里，使五子依次而拜，凡"当璧而拜者"，便是"神所立也"。结果老大（康王）两脚各跨璧之一边，老二（灵王）的肘碰到了玉璧，老三（子干）、老四（子皙）离璧都远；只有老五（平王）幼小，被人抱进来，拜了两次，都压在了璧的纽上。这样的占卜方式真是太神秘了！而更出奇的是，此后事情的发展，竟完全证实了这一次玉卜的结果。据《史记·楚世家》说：

> 故康王以长立，至其子失之；围为灵王，及身而弑；子比为王十余日，子皙不得立，又俱诛。四子皆绝无后。唯独弃疾后立，为平王，竟续楚祀，如其神符。

由今观之，这故事虽不排除后人附会的可能，然在客观上却可以证明，玉卜之俗在南楚是确实存在的。

3）枚卜

南楚卜俗，临战由"司马令龟"，选官则用枚卜。枚本筹之名，"枚卜者"，"历卜之而从其吉"也[1]，即一个个地卜下去直到得吉兆为止。《尚书·大禹谟》曾记大禹有"枚卜功臣，惟吉之从"之语，然并不见实行。倒是楚人继承了这一古老的占卜方法。例如《左传·哀公十七年》

---

[1]《尚书·大禹谟》《孔传》。

载,楚人欲伐陈,楚惠王求帅,因太师子谷与令尹叶公诸梁意见不一,便实行枚卜,于是武城尹公孙朝得了吉兆,楚王便任命他为统帅。有时,"枚卜"的结果也并不是最终的结论,倘不满意,还可以实行"改卜"。例如《左传》同年又载,楚惠王与老令尹叶公诸梁"枚卜"新令尹,子良得了吉兆,然叶公认为子良作令尹会对惠王不利,说:"王子而相国,过将何为!"于是,"他日改卜子国而使为令尹"。由于"枚卜"之法涉及的人员较多,选择的余地也大,带有一定的"民主性",故其法虽不适于北土之宗法社会,却在南楚那样一个保存氏族社会遗俗较多的国家里流传了下来。

4)梦占

楚有占梦之官。《招魂》云:

> 帝告巫阳曰:"有人在下,我欲辅之。魂魄离散,汝筮予之。"巫阳对曰:"掌梦。上帝,其难从。若必筮予之,恐后之谢,不能复用。"

这儿的"掌梦",王逸即以为是"掌梦之官"。由于"招魂者,本掌梦之官所主职"[1],故职司著筮的巫阳遂告"上帝其难从"。按《周礼·春官》,"太卜"之下有"卜师""龟人""占人""筮人""占梦"之设,其中"占梦"的职责是:"掌其岁时观天地之会,辨阴阳之气,以日月星辰占六梦之吉凶:一曰正梦,二曰恶梦,三曰思梦,四曰寤梦,五曰喜梦,六曰惧梦。"意楚之"掌梦",或即诸夏之"占梦",只是其职掌除如上所述外,又兼管"招魂"。

"掌梦"为王室专司之官,而民间的分工则没有这样明确,故占梦之事也常使巫者为之。《楚辞·九章·惜诵》云:

> 昔余梦登天兮,魂中道而无杭。

---

① 王逸《楚辞章句·招魂》。

> 吾使厉神占之兮,曰有志极而无旁。

屈原梦中登天,而灵魂在中途便没有了渡船。他请厉神为他占梦,厉神告诉他说:这是有志达到目的,却没有辅助者。这儿的"厉神",王夫之《楚辞通释》即以为"大神之巫"。

比较而言,楚人对占梦的相信程度远不如卜筮。晋楚城濮之战前,楚国的主帅子玉自制了琼弁、玉缨,尚未服用,一夕,"梦河神谓己曰:'畀余!余赐女孟诸之麋。'"①无奈这位子玉就是不肯相信梦兆,更不愿将琼弁、玉缨投诸河神,结果打了败仗。《左传》作者的本意是想借此说明子玉不信占梦,"实自败也"。然而,倘不是梦占,而是"令龟",子玉也许不至于如此固执,甚至会表现出另外一种虔诚的态度吧!

3. 占卜与祭祀、招魂的融合

楚人之占卜活动常伴有祭祀。如《离骚》中,诗人为了决定自己的去留,除命灵氛占卜外,又求巫咸降神。诗中这样写道:

> 欲从灵氛之吉占兮,心犹豫而狐疑。巫咸将夕降兮,怀椒糈而要之。百神翳其备降兮,九疑缤其并迎。皇剡剡其扬灵兮,告余以吉故。

巫咸为楚人所信奉之大巫,能通人神两界之意。他的占卜方式即是先邀请诸神下降,然后通过神的启示,以卜人的吉凶祸福。其邀神所用之物为"椒"和"糈",王逸《章句》云:

> 椒,香物,所以降神。糈,精米,所以享神。言巫咸将夕从天上来下,愿怀椒糈要之,使占兹吉凶也。

这种占卜方式实际上已包含有祭祀活动在内。香椒降神、精米享神,更与《诗经·大雅·生民》之"取萧祭脂"、蒸米煮饭以使"上帝居歆"

---

① 《左传·僖公二十八年》。

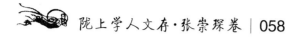

相类。所不同的是楚人既祭且卜，而周人则仅是祭祀而已。楚人的这种祭、卜合糅的占卜方式，随着汉的统一（实即楚人统一中国），一直被保存了下来。汉初，贾谊、宋忠于长安卜肆中所见的卜者仍是以糈求神，以至他们相引屏语，发出"卜而有不审，不见夺糈"之叹。[①]《淮南子·说山训》也说："病者寝席，医之用针石，巫之用糈藉，所救钧也"。这种"重糈"之习，寝假而由卜医波及于其它方技领域，故《史记·货殖列传》云："医方诸食技术之人，焦神极能，为重糈也。"

　　楚人之祭祀活动也多带占卜意味。楚人以淫祀著称，而其所祀者又多是自然之神，这与中原之以祭天、祭祖为主颇不一致。象持璧遍祀群望，然后"埋璧卜嗣"的故事，便只能发生在南楚。在楚人的心目中，日月星辰、云霞雷风、名山大川、洞庭云梦都是人格化了的，他们相信这些天神、地祇确能掌管并预知人的寿夭祸福，因而便不断地作歌乐鼓舞以娱诸神，并在娱神的过程中卜其休咎。《九歌》作为祭歌，其创作之最初目的便是基于此。现行《九歌》虽是经屈原加工过的，但仍能看出这方面的痕迹。如《九歌》所崇祭之"东皇太一"，据《洪补》引《天文大象赋》注云："太一一星，次天一南，天帝之臣也。主使十六龙，知风雨、水旱、兵革、饥馑、疾疫。占不明反移为灾。"这是说，楚人之祭东皇太一，实兼有占知天灾、人祸之目的。又，《九歌》之祭祀，其仪式上也会有种种征兆，人们也可据此作出预卜。像"君欣欣兮乐康"[②]，自然象征着"身蒙庆祐，家受多福"[③]；而"鸟萃兮蘋中，罾何为兮木上"[④]，则又喻"所愿不得，失其所也"。[⑤]甚至祭祀场面上一阵秋风的扫过，一

①《史记·日者列传》。
②《九歌·东皇太一》。
③王逸《楚辞章句·东皇太一》。
④⑤王逸《楚辞章句·湘夫人》。

片树叶的飘落,一次眼光的投射(扮神之巫的眼光),都能预示爱情和生活的某种结局。这种祭中寓卜的占卜方式,不但盛行于当时的南楚民间,甚至也影响了此后的封建帝王。秦皇、汉武的封禅活动即其显例。据说"始皇上泰山,为暴风雨所击,不得封禅"①,这便预示了秦的统治不长,故当时即遭诸生之讥;而汉武帝"封泰山,无风雨灾"②,遂卜其帝业之绵远。

至于占卜与招魂的融合,则在南楚更是显见的。楚人认为,人死则魂魄离散,而要招魂,则须先卜其魂之所在。楚国旧例,巫者掌卜筮,而"掌梦"主招魂。故《招魂》篇中,有人"魂魄离散",上帝让巫阳"筮予之",巫阳便回答说难以从命。然而,尽管巫阳如此说,可事实上他仍要执行上帝的命令,前去招魂。可以看出,巫阳作为巫者,实际已兼有"筮"与"予"(即招魂以予失者)的双重职责了。这也从另外一个角度告诉了我们卜筮和招魂在南楚的融合与统一了。这种先卜其失魂之处,然后招之的作法,此后几成招魂之普遍形式。稍不同的是,后世对于失魂之处的判断,已很少采用占卜,而径以询问、回忆乃至臆测而定了。如高启《征妇怨》云:"纸幡剪得招魂去,只向当时送行处。"③又,钱钟书《管锥编》亦记"倘人患病,家人疑为受惊失魂者,则详询或臆测受惊之处,黄昏往而呼患者名"。余少时居齐、鲁间,即曾亲睹此俗,至今犹记小妹溺水被救,老母往池塘边为其招魂的情景。

三

楚人卜风之盛,实有其历史的渊源。

<hr/>

①②《史记·封禅书》。
③《青邱诗集》卷一。

楚之先,出自古帝颛顼,即所谓"帝高阳之苗裔"。据《史记·楚世家》记,楚人的先祖重黎、吴回都曾作过帝喾的火正,并被命为"祝融"。火正即司火之官,祝融乃"朱明"之转语,二者含义基本一致,即"能昭显天地之光明,以生柔嘉材者也"①。可见,楚人的先祖即已与太阳、火光等原始人认为神秘的事物结下了不解之缘。又据《国语·楚语下》说,重黎之后"不忘旧者",在夏朝还作过司天之官。夏代曾发生过一次日食,搅得人群遑遑,"瞀奏鼓,啬夫驰,庶人走"②,据说就是因为负有司天之责的羲和饮酒过度,没有及时发出预报所致。《尚书·胤征》及《史记·夏本纪》所说的"羲和湎淫,废时乱日"即指此。而这位羲和③,照《史记·历书》的说法,便是"重黎之后,不忘旧者"。可见,重黎的后人已成为能掌管天文历法,并推算日食发生的占日之官了。"文史星历近乎卜祝之间"④,楚人之尚卜,可谓源远流长。

楚人卜风之盛,除了其世袭的原因之外,从渊源上说,亦与他们曾接受过殷周文化的影响是分不开的。楚为夏后⑤,当楚人自西东迁并居于楚丘一带之后,因为与商人比邻⑥,便在风习上不能不受些殷商的浸染。商人迷信、崇祭以至决疑多用龟卜的特点,楚人似乎都接受了。以后,楚人又辗转而西、而南,并曾长期依附于周,至被周文王封为楚子⑦,这样一来,周文化的薰陶也就在所难免了。周人重筮,所

---

①《国语·郑语》。

②《左传·昭公十七年》鲁太史引《尚书·夏书》。

③关于羲和,古书约有三说:《山海经》谓帝俊之妻,即生十日者;楚辞谓日御或日神;《尚书》《史记》则以为占日之官。此取后说。

④司马迁《报任安书》。

⑤参姜亮夫师《夏殷民族考》,载《民族杂志》第1册。

⑥早期的甲骨文记载有"戊午卜,又伐羋"可证,见《安阳考古报告》第1期。

⑦此不详述,可参何光岳《楚源流史》《荆楚的迁移》一节。

谓《周易》，即周人占筮之书。楚人之能操筮，亦当与此一段经历有关。观《周易·乾卦》之以"龙"的变化取象，及楚辞之多言龙①，似可发现这中间的内在联系。当然，周、楚皆夏后，而夏又是龙族（即以龙为图腾），这种相似也还可以追溯的更远。

楚人南迁江汉之后，其文化的渊源中又加进了三苗文化的影响。三苗本江汉、洞庭、彭蠡一带的土著，"其俗信鬼而好祠"②，"而其阴阳人鬼之间，又或不能无亵慢淫荒之杂"③。这种"民神杂糅，家为巫史"④的风习，对于本来就已习惯于卜筮的楚人来说，无疑又起了推波助澜的作用。兼以楚地山水之易启幻想之思，物产之多能用为卜具（如竹、茅、龟、玉之类），更为这种颇具神秘意味的卜俗的发展提供了条件。质言之，楚人之重巫尚卜，既有其自身传统的因素，也是华夏文化与蛮夷文化结合的必然产物。

从另一方面来说，荆楚的这种带有原始性、自然性、神秘性的卜俗之一经形成，又必然会影响到整个中华民族的风习。这是因为，卜筮之术虽是人类社会早期生产力水平和思维水平都很低下的产物，虽是采取了神秘、怪诞的形式，但它毕竟涵盖了早期人类要求征服自然和改造自然的强烈愿望，涵盖了初民积极探索的科学倾向。而且，在一定的历史时期内，这种卜筮之术还能起到调节人们心理和生理不平衡状态的作用，帮助人们重新塑造完整的人格，从而给人以生活的信心和奋斗的勇气。完全可以设想，当年的楚人在"筚路蓝缕，以启山林"的奋斗中，倘通过占卜而获得吉兆，该是如何的义无反顾、勇往

①屈宋赋言"龙"者凡十六处，参姜先生《楚辞通故》"龙"字条。
②王逸《楚辞章句·九歌序》。
③朱熹《楚辞集注·九歌序》。
④《国语·楚语》。

直前了。正是基于这样的原因,在今天看来似乎是滑稽可笑的荆楚卜俗,却在楚人统一中国之后弥漫于大江南北了。试观汉天子的"敬鬼神之祀"[①],隆祭太一,以及仿《九歌》而作《郊祀歌》,甚至连武帝之王夫人卒后亦用巫术而"致王夫人及灶鬼之貌"[②],不正是把楚人的一套完全搬到了汉朝吗? 至于在民间,虽没有这样的气派,但自汉之后,形形色色的占卜术却如同雨后春笋般冒了出来,而且越来越走向了它们的反面。诸如竹卜、草卜、蚌卜、镜卜、钱卜、指卜、鞋卜以至星占、梦占等等不一而足,甚至连荆楚的"国宝"——巫(巫婆)和觋(神汉)也纷纷走出沅湘,流向各地农村。考其本源,实皆由楚地民间之原始的占卜术衍变而来。北土民性本自质实,经此一番风化,也就所向披靡了。原先正统的所谓"龟卜""蓍筮",逐渐为名目繁多,然而却是简便易行的占卜术所代替,迨至后世,竟连许多专门的经师对卜筮也不甚了然了。这不能不说是南楚卜俗的一大胜利,同时也是它的可悲了。

(原载《兰州大学学报》1991 年第 2 期,《高等学校文科学报文摘》(上海)1991 年第 5 期详细转载)

---

①②《史记·封禅书》。

楚骚咏"兰"探微

楚骚之多咏"兰",向被视为一大特色。据王逸《楚辞章句》,《楚辞》中"兰"字凡四十二见①,居众香草之首。《离骚》云:"余既滋兰之九畹兮,又树蕙之百亩。畦留夷与揭车兮,杂杜衡与芳芷。"按《说文》,田三十亩曰"畹",五十亩曰"畦",如此,则兰之滋计二百七十亩,蕙之树才百亩,而留夷、揭车以下,杂杜衡与芳芷仅五十亩。是所贵者不厌其滋,宜乎骚人之多咏也。然屈骚所咏之"兰"究为何物? 其咏"兰"之微义又是什么? 此则尚有待吾人之发明也。

一、楚骚所咏之"兰"辨析

《楚辞》之"兰"究为何物? 王逸《楚辞章句》于"兰"仅注为"香草",义甚笼统,令人莫辨。洪兴祖《楚辞补注》在《离骚》"纫秋兰以为佩"下引颜师古《汉书注》云:"兰,即今泽兰也。"又引《本草注》云:"兰草、泽兰,二物同名。"其以《楚辞》之"兰"为兰草或泽兰既得之矣,然旋引黄

---

① 《楚辞章句》中,"兰"字凡四十二见。其中《离骚》十见,《九歌》十一见,《九章》二见,《招魂》六见,《大招》一见,《七谏》三见,《九怀》四见,《九叹》四见,《九思》一见。若以类分之,则"秋兰"三见,"兰芷"(含"芷兰"及"芷……兰")七见,"椒兰"二见,"兰皋"三见,"滋兰"一见,"兰藉"一见,"兰汤"一见,"兰旌"一见,"崇兰"一见,"皋兰"一见,"兰蕙"一见,"兰"一见,"兰生"一见,"兰芳"一见,"兰膏"二见,"木兰"四见,"兰枻"一见,"兰橑"一见,"兰薄"一见,"兰宫"一见,"幽兰"二见,"春兰"一见,"兰英"一见,"石兰"二见,"马兰"一见,都二十五类。

鲁直《兰说》，云"兰生深山丛薄之中"，"清风过之，其香蔼然。在室满室，在堂满堂"，至谓"一干一花而香有余者兰"，则又徒滋混淆，令读者莫知所指了。细玩山谷所说，乃近世之所谓兰花，非骚人所咏之"兰"也。后之言"兰"者或更引山谷说以佐之，实距骚人所咏相去益远矣。唯朱元晦于此不惑，其《楚辞辩证》云：

> 大抵古之所谓香草，必其花叶皆香，而燥湿不变，故可刈而为佩。若今之所谓兰蕙，则其花虽香，而叶乃无气；其香虽美，而质弱易萎，皆非可刈而佩者也，其非古人所指甚明。

朱子家闽，其地兰花盛之，故深知"今之所谓兰蕙""非古人所指甚明"。其实，楚辞之兰，当即《诗经·郑风·溱洧》"方秉蕑兮"之"蕑"。陆玑《毛诗草木鸟兽虫鱼疏》云：

> 蕑，即兰，香草也。《春秋传》曰"刈兰而卒"，《楚辞》曰"纫秋兰"，子曰"兰当为王者香草"，皆是也。其茎叶似药草泽兰，但广而长节，节中赤，高四、五尺。汉诸池苑及许昌宫中皆种之。可著粉中藏衣，著书中辟白鱼也。

又，《夏小正》言"五月蓄蕑"，《礼记》言"诸侯贽薰，大夫贽兰"，《本草经》云兰草"杀蛊毒、辟不祥，久服益气轻身不老"，《汉官仪》言汉时尚书奏事"怀香握兰"，而《楚辞》更言兰之可纫、可佩、可藉、可膏、可浴。观此，知古之所谓"兰"的系兰草或泽兰无疑。若夫今之兰花，有叶无枝，但花香而叶乃无气，可玩而不可纫佩、藉浴、秉握、膏焚，岂能当之？惜世俗至今犹以非兰为兰，甚至画家亦承此误，画兰花而题"香生九畹"，真所谓谬种流传矣。

楚辞之"兰"非今之兰花也明，然兰草、泽兰又为何物呢？李时珍在其《本草纲目》"兰草"条下辨析道：

> 兰草、泽兰，一类二种也，俱生水旁下湿处。二月宿根生苗成丛，紫茎素枝，赤节绿叶；叶对节生，有细齿。但以茎圆

节长，而叶光有歧者，为兰草；茎微方，节短而叶有毛者，为泽兰。嫩时并可捋而佩之，八、九月后渐老，高者三四尺，开花成穗，如鸡苏花，红白色，中有细子。雷敩《炮炙论》所谓"大泽兰"，即兰草也；"小泽兰"，即泽兰也。《礼记》"佩帨兰芷"，《楚辞》"纫秋兰为佩"，《西京杂记》载汉时池苑种兰以降神，或杂粉藏衣书中辟蠹者，皆此二兰也。今吴人莳之，呼为"香草"，夏月刈取，以酒油洒制，缠作杷子，货为头泽佩带。

李氏所言，较之《本草经》所谓"兰草、泽兰二物同名"者为精细；然其辨二者之差异，则犹有未尽。唐代陈藏器《本草拾遗》云：

兰草生泽畔，叶光润，阴小紫，五月、六月采阴干，即都梁香也。泽兰叶尖，微有毛，不光润，茎方节紫，初采微辛，干之亦辛。

宋代苏颂《图经本草》亦云：

（泽兰）根紫黑色，如粟根。二月生苗，高二、三尺。茎干青紫色，作四棱，叶生相对，如薄荷，微香，七月开花，带紫白色，萼通紫色，亦似薄荷花。三月采苗阴干。荆湖岭南人家多种之。寿州出者无花子。此与兰草大抵相类。但兰草生水旁，叶光润，阴小紫，五、六月盛；而泽兰生水泽中及下湿地，叶尖，微有毛，不光润，方茎紫节，七、八月初采，微辛，此为异尔。

刘宋雷敩的《雷公炮炙论》更从药用功能上加以区分：

大泽兰茎叶皆圆，根青黄，能生血调气；与荣合小泽兰迥别，叶上斑，根头尖，能破血，通久积。

综上诸家所言，知兰草与泽兰之别实在于根、茎、叶、花、香及生长环境、药用功能诸端。概言之，兰草生水旁或野地，根青黄，茎圆，节长，叶光润，阴小紫，且多呈三裂状，花淡紫色，状如鸡苏花，开期五、六月,香气浓,医用可生血调气;泽兰生水泽中,根紫黑,茎方,节短,叶尖,不光润,无裂,花白色,壮似薄荷花,开期七、八月,微香,医用可破血通积。据此,若以今之中草药证之,则兰草即医家尚用之"佩兰",而泽兰乃药典中仍名"泽兰"者也。人民卫生出版社 1970 年版的《常用中草药图谱》附有这两种药用植物的彩色图谱[1],并对其特征也作了较详细的描述:

佩兰,别名佩兰叶、省头草、鸡骨香、水香。本品为菊科植物兰草(Eupatorium fortunei Turcz)的全草。植物特征:(1)多年生草本,茎高 2~3 尺。(2)叶对生,下部叶常枯萎;中部叶有短柄,分裂成三个裂片,裂片长圆形,边缘有齿,表面绿色,背面淡绿色;上部叶较小通常不分裂。揉碎后有香气。(3)头状花序排列呈聚伞花序状,全部为管状花,浅紫红色。生长环境:生于河边或野外的湿地。临床应用:味辛,性平,化湿开胃。

泽兰,别名地瓜儿苗、地笋子、银条菜。本品为唇形科植物地笋(Iycopus lucidus Turcz)的干燥全草。植物特征:(1)多年生草本,高 1~3 尺,茎直立,方形而有棱角,中空,表面绿色、紫红色或淡绿色,一般不分枝。(2)叶交互对生,叶片披针形,边缘有尖齿。(3)花小,白色,密集于两叶之间成轮伞花序。小坚果倒卵形而扁,有厚边,(4)地下根茎横走,白色,稍肥厚。生长环境:生长于山野低湿地、河流沿岸,也有栽培。全国大部分地区都产。临床应用:味苦,性微温。活血破淤,通经行水。

_____

[1]见附图 1、附图 2。原载《常用中草药图谱》,人民卫生出版社 1970 年,图 78、图 156。文见第 140、268 页。

　　显然,《常用中草药图谱》所描绘的这两种植物的特征及其彩色图谱的显示,与前述"兰草"及"泽兰"的特征是完全吻合的。倘再以更精密的现代植物分类学鉴定之,则兰草应即今菊科泽兰属之"佩兰",泽兰乃今唇形科之"地瓜儿苗"(亦名"地笋")。请看中国科学院植物研究所编《中国高等植物图鉴》对此两种植物的描摹及著录①:

　　佩兰(Eupaiorium fortunei Turcz):多年生草本,高 30~100 厘米。茎被短柔毛,上部及花序枝上的毛较密,中下部脱毛。叶矩卵形或卵状披针形,长 5~12 厘米,宽 2.5~4.5 厘米,边缘有粗大的锯齿,但大部分的叶是三裂的……全部叶有长叶柄,长达 2 厘米。头状花序在茎顶或短花序分枝的顶端排列成复伞房花序;总苞钟状,总苞片顶端钝;头状花序含小花 5 个,花红紫色。瘦果无毛及腺点。……野生荒地、村旁、路边,也栽培的。全草药用。

　　地瓜儿苗(Iycopus lucidus Turcz):多年生草本。根状茎横走,顶端膨大呈圆柱形……茎高 0.6~1.7 米。叶片矩圆状披针形,长 4~8 厘米,下面有凹腺点;叶柄极短或近于无。轮伞花序无梗,球形,多花密集;小苞片卵形至披针形;花萼钟状,长 3 毫米,齿 5,披针状三角形;花冠白色,长 3 毫米,内面在喉部有白色短柔毛,不明显二唇形,上唇顶端 2 裂,下唇 3 裂,前对雄蕊能育,后对退化为棒状假雄蕊。小尖果倒卵圆状三棱形。……生沼泽地、水边,海拔 320~3100 米。变种硬毛地瓜儿苗(Var.hirtus Regel),各部多披小硬毛,几产

_____

　　①见附图 3、附图 4。原载中国科学院植物研究所编《中国高等植物图鉴》,科学出版社 1980 年。佩兰文、图见第四册,第 410 页;泽兰文、图见第三册,第 683 页。

全国各地,肥大根茎供食用,全草为妇科要药。

《图鉴》着眼于植物的科学分类,较之《图谱》所述,自然要精密得多。但有一点也是需要补充的,那就是由于地域、方音、及命名之着眼点的不同,古之植物一物多名的现象也是十分普遍的。即如兰草,既因其为草而叶似马兰被称"兰草",又因其叶生有歧而被呼为"燕尾草",又因其生于泽畔并常被妇人取以和油泽头而称"兰泽草",又因其可煮水以浴、疗风疾而名"香水兰",又因其夏月采置发中令头不腻名"省头草",又因其叶似菊、女子与小儿喜佩之名"女兰""孩儿菊",又因其盛产于都梁(今湖南省武冈市)名"都梁香"①。再如泽兰,既因其生长泽中并可为香泽而名"泽兰",又因其近水而香称"水香",又因其可以去风而被呼为"风药",又因其地下根茎肥厚可食俗称"地笋",亦因其小儿喜佩而与兰草同称"孩儿菊"②。当然,尽管名称是如此的繁异,但由于药用功能的不同,古人在大的类别上还是很注意区分的。故雷敩《炮炙论》以"大泽兰""小泽兰"来分别兰草与泽兰,而《本草经》则列兰草为"上品",仅置泽兰为"中品"。

具体到《楚辞》所咏,揆诸诗义,多应为兰草即佩兰,然其中亦不乏泽兰即地瓜儿苗。细言之,若《离骚》之"余既滋兰之九畹""步余马于兰皋""兰芷变而不芳""览椒兰其若兹",《东皇太一》之"蕙肴蒸兮兰藉",《云中君》之"浴兰汤兮沐芳",《湘君》之"荪桡兮兰旌",《湘夫人》之"沅有芷兮澧有兰""疏石兰兮为芳",《山鬼》之"被石兰兮带杜衡",《礼魂》之"春兰兮秋菊",《悲回风》之"兰芷幽而独芳",《招魂》之"泛崇兰些""兰膏明烛"(二见)、"兰薄户树""兰芳假些""皋兰披径",

---

①"兰草"异名,见李时珍《本草纲目》"草"部第十四卷"兰草"条下所举,人民卫生出版社 1978 年,第 903—905 页。

②"泽兰"异名,见《本草纲目》"草"部第十四卷"泽兰"条下所举,人民卫生出版社 1978 年,第 906—907 页。

《大招》之"芷兰桂树",《七谏》之"兰芷幽而有芳",《九怀》之"彷徨兮
兰宫""余悲兮兰生""将息兮兰皋""株秽除兮兰芷睹",《九叹》之"怀
兰蕙与衡芷""游兰皋与蕙林""怀兰芷之芬芳",《九思》之"怀兰英兮
把琼若",其句中之"兰"皆应指佩兰;而《离骚》之"纫秋兰以为佩",
《少司命》之"秋兰兮麋芜""秋兰兮青青",其句中之"兰"则为泽兰即
地瓜苗。盖泽兰花期在夏历七、八月,较佩兰为迟,时当中秋,故骚人
以"秋兰"视之。至于《礼魂》所咏之"春兰",或谓即今之兰花;然朱熹
《楚辞集注》云:"春祠以兰,秋祠以菊,即所传之蒳也。""蒳"而可以相
互传递,则其为"复伞房花序"之佩兰,而非"质弱易萎"之兰花明矣。
又如"石兰",亦有人谓即兰花,然《山鬼》明言其可以披被,是必修叶
长茎者矣。吴仁杰《离骚草木疏》云:"石兰即山兰也。兰生水旁及水泽
中,而此生山侧,荀子所谓幽兰生于深林者,自应是一种"。李时珍《本
草纲目》亦云:"山兰,即兰草之生山中者"。故"石兰"亦应归入佩兰一
类。他如"兰旌"之为兰草所作之旄头,"兰薄户树"之为丛兰种在门
口,"崇兰"之为丛兰等等,其义甚明,其所咏之"兰"也皆为佩兰无疑。

　　以上说的是佩兰与泽兰。除此而外,《楚辞》中尚有名"木兰"与
"马兰"者,显与前述二兰迥异。如《离骚》"朝搴阰之木兰""朝饮木兰
之坠露",《惜诵》"捣木兰以矫蕙",《九叹》"鹪鹏集于木兰";又,《湘
君》"桂棹兮兰枻",《湘夫人》"桂栋兮兰橑",凡所咏"兰",皆为"木
兰"。王逸于"朝搴阰之木兰"下注云"木兰去皮不死",洪兴祖《楚辞补
注》引《本草》云"木兰皮似桂而香,状如楠树,高数仞"。此外,古书之
言"木兰"者尚有数处。如《神农本草》言"立春之日木兰先生",晋成公
绥《木兰赋》言木兰"谅抗节而矫时,独滋茂而不雕"①,任昉《述异记》
云"木兰川在浔江中,多木兰。"而言"木兰"特性之最详、最确者,又无

---

①赵逵夫主编《历代赋评注》(魏晋卷),巴蜀书社 2010 年,第 213 页。

过于李时珍之《本草纲目》。李氏除指出"木兰"因"其香如兰,其花如莲"又名"木莲"、因"其木心黄,故曰黄心"外,还进行了具体的描绘①:

> 木兰枝叶俱疏。其花内白外紫,亦有四季开者。深山生者尤大,可以为舟。按《白乐天集》云:木莲生巴峡山谷间,民呼为黄心树。大者五六丈,涉冬不凋。身如青杨,有白纹。叶如桂而厚大,无脊。花如莲花,香色艳腻皆同,独房蕊有异。四月初始开,二十日即谢,不结实。此说乃真木兰也。其花有红、黄、白数色。其木肌细而心黄,梓人所重。……或云木兰树虽去皮亦不死。

上述诸家之言"木兰",综其特征似当为:状如楠,高五六丈;皮似桂而香,木质细密心黄,可以制船及作建筑材料;其花有红、黄、白数色,形如莲,香如兰;其性则滋茂不凋,去皮不死。若以此与《中国高等植物图鉴》相对照,则显即木兰科之"黄兰"也。请看《图鉴》对"黄兰"的描摹②及著录:

> 黄兰(Michelia Champaca L.):常绿乔木,高达 20 米,幼枝、嫩叶和叶柄均被淡黄色平伏柔毛。叶互生,薄革质,披针状卵形或披针状长椭圆形……花单生于叶腋,橙黄色,极香;花被片 15~20,披针形,长 3~4 厘米;雄蕊的药隔顶端伸出成长尖头,雌蕊群柄长约 3 毫米。穗状聚合果长 7~15 厘米……分布在云南南部和西南部,在长江以南各省区均有栽培。喜生长于温暖地方。花和叶是芳香油原料,可提取浸

---

①见《本草纲目》"木"部第三十四卷"木兰"条,人民卫生出版社 1978 年,第 1934 页。

②见附图 5。原载中国科学院植物研究所编《中国高等植物图鉴》第一册,科学出版社 1980 年,文、图并见第 793 页。

膏；木材优良，可供造船。

《楚辞》"马兰"仅一见，这就是《七谏》之"逢艾亲人御于床第兮，马兰踸踔而日加"。王逸注"马兰"为"恶草"，《洪补》谓"楚辞以恶草喻恶人"，并引《本草》云"马兰生泽旁，气臭，花似菊而紫。"复检《本草纲目》，则"马兰"除本名外，正有别名曰"紫菊"，盖因"其叶似兰而大，其花似菊而紫，故名"。又据《本草纲目》载，马兰二月生苗，赤茎白根，生叶有刻齿，状似泽兰，但不香耳。入夏高二、三尺，开紫花，花罢有细子。大约因其气臭，而《楚辞》遂以之喻恶人。《中国高等植物图鉴》列马兰于"鸢尾科"，并有形象的描摹及文字的著录①，其特征与《本草》所言一致，唯不以"马兰"命名，而改以"马蔺""马莲"(Lrisensata Thunb)入载也。盖"兰""蔺""莲"一声之转，呼名之异，当系语音之讹耳。

至于今之兰花，在《楚辞》中究竟有没有记载呢？《离骚》"结幽兰而延伫"，"谓幽兰其不可佩"，方以智《通雅》(卷四十一)辨之曰："凡称幽兰，即黄山谷之所名兰花也；凡称兰芷之兰，即今省头香"。而宋代的范正敏，也早在其《遁宅闲览》中指出："今人所种如麦门冬者，名幽兰"。姜亮夫师更从屈子造文之义断知，"幽兰"即今之兰花。其《楚辞通故》"幽兰"条下云：

> 今谓幽兰当是六朝宋人至李时珍所定之兰花，与泽兰、兰蕙等之为兰草者异。自屈子造文，亦可断知。曰"谓幽兰其不可佩"，意谓幽兰本为芳卉也；曰"结幽兰而延伫"，言结之而延伫也。蔺兰花在茎顶，不可为结；唯幽兰花有香气，且花茎修洁，兰叶更长为可结也。言兰蕙、兰芷、椒兰皆曰"佩"，

①见附图6。原载中国科学院植物研究所编《中国高等植物图鉴》第五册，科学出版社1980年，第579页。

佩者,可为末入缨(即今香囊)以为容佩也。而幽兰则直以花叶结之为佩,特取其芳,不以入缨囊也。①

师说至辩,可信从之。而兰花之所以名"幽兰",前述洪兴祖引黄鲁直《兰说》已道其义,即所谓"兰生深山丛薄之中,不为无人而不芳,含香体洁,平居与萧艾同生而不殊。清风过之,其香蔼然,在室满室,在堂满堂,所谓含章以时发者也"。至谓屈子当年所咏之"幽兰"为今日何种兰花,则由于千百年来兰花品种演变繁多,仅《中国高等植物图鉴》所收即已逾三百种,实难确指。要而言之,《图鉴》所载"建兰"Cymbidium ensifoliun(L.)sw.、"春兰"Cymbidium goeringii(Rchb.f.)Rchb.f.等②,当不出昔日骚人之咏。

综上所述,楚骚所咏之"兰"共五种,即佩兰、泽兰、木兰、马兰、与兰花,而尤以佩兰与泽兰为多见。此外,《离骚》"余以兰为可恃"及《七谏》"唯椒兰之不反"中的"兰"字,虽名曰"兰",而实则别有所指,今人或谓指怀王少子子兰,或谓泛指楚之贵胄子弟,总之,与本文所辨之兰已无关了。

二、楚骚咏"兰"之文化意蕴

对于楚骚之咏"兰",近世学者多以"比兴"手法释之。其实,楚骚咏"兰"乃一特殊文化现象,其文化蕴涵较之"比兴"要丰富得多。具体言之,可有以下四个方面:

1. 楚地之土宜

---

①姜亮夫《楚辞通故》,齐鲁书社1985年,第539页。

②见附图7、附图8。原载中国科学院植物研究所编《中国高等植物图鉴》第五册,科学出版社1980年,第747、746页。

楚骚所咏之兰多为佩兰(即兰草)与"泽兰"(即地瓜儿苗)。二物皆性喜潮湿,易生泽畔。而楚地河湖纵横,气候湿润,正其所宜。唐人陈藏器《本草拾遗》云:"兰草生泽畔,妇人和油泽头,故云兰泽。"并引盛弘之《荆州记》云:"都梁有山,下有水清浅,其中生兰草,因名都梁香。"①《水经注》亦云,大溪水(资水)"又经都梁县南,汉武帝元朔五年,以封长沙定王子敬侯遂之邑也。县南有小山,山上有淳水,既清且浅,其中悉生兰草,绿叶紫茎,芳风藻川,兰馨远馥。俗谓兰为都梁,山因之为号,县受名焉"②。都梁即今湖南之武岗县,为故楚腹地。又据李时珍《本草纲目》(卷十四),临淮盱眙县亦有都梁山,产此香草。是"都梁"之名非只一地,又皆不出楚境也。此外,《名医别录》尚云:"兰草生太吴池泽","泽兰生汝南诸大泽旁";而"太吴"应即吴太伯之所居,后亦并入楚国。故李时珍《本草纲目》谓"今吴人莳之,呼为香草,……与《别录》所出'太吴'之文正相符合"③。宋人苏颂《图经本草》亦谓泽兰产地,"今荆、徐、随、寿、蜀、梧州、河中府皆有之。"④可见,兰之分布多在江南一带,而尤以楚境为多见。司马相如《子虚赋》所言云梦之地,"其东则有蕙圃,衡兰芷若",固非虚也。

兰亦称"菌",《诗经·郑风·溱洧》"方秉菌兮"及《陈风·泽陂》"有蒲与菌",《毛传》并云:"菌,兰也。"然诗之咏兰,仅此两处,不似楚骚之多见;且其域一在郑之溱、洧,一在陈之泽陂,皆为近楚之地。又,"菌"或为"蘱"。《说文》云:"菌,香草,出吴林山。"《众经音义》卷二引

---

① 转引自李时珍《本草纲目》卷十四"兰草"条,人民卫生出版社1978年,第903—904页。

② 陈桥驿点校《水经注》,上海古籍出版社1990年,第711页。

③ 李时珍《本草纲目》卷十四"兰草"条,人民卫生出版社1978年,第904页。

④ 转引自李时珍《本草纲目》卷十四"泽草"条,人民卫生出版社1978年,第906页。

《字书》云:"蕳与蕳同,蕳即兰也。"卷十二又引《声类》云:"蕳,兰也。"是《山海经·中山经》所记"吴林之山其中多蕳草","青要之山有草焉,其状如蕳","洞庭之山,其草多蕳",皆谓兰草也。而所谓吴林、青要、洞庭之山者,亦皆在中南一带。

兰在南方,不但大量野生,亦有人工栽培。《淮南子》云:"男子种兰,美而不芳。"[①]可见,至迟到汉代,兰已经开始人工种植了。唐瑶《经验方》言,江南人家种兰,夏日采置发中,可令头发不粘,故兰草亦名"省头草"[②]。《唐本草》引苏恭曰:"(兰草)生溪涧水旁,人间亦多种之,以饰庭池。"[③]苏颂《图经本草》云:"(泽兰)荆湖、岭南人家多种之。"[④]盖《楚辞》"滋兰之九畹","沅有芷兮澧有兰","秋兰兮麋芜,罗生兮堂下",皆是写实,非纯浪漫之手法也。也正因为兰是楚人所习见之物,随处可睹,故其吟咏之间,最易取以入诗。此与楚人辞赋之多咏楚地山川,同样表现了一种朴素而浓厚的乡土观念及爱国恋家情绪,即后人所谓"纪楚地、名楚物"者也。而这种"深固难徙"的意念,又正是楚人强烈爱国思想的基础与源泉。

2. 健身之良药

兰也是重要的药用植物,关乎人类之身体健康。《本草经》列兰草于"上品",列泽兰于"中品",足见它们在汉代以前即已受到医家的重视了。至其药用功能,二者或不尽同。

先说兰草。《本草经》谓兰草"利水道,杀蛊毒,辟不祥;久服益气

①②③转引自李时珍《本草纲目》卷十四"兰草"条,人民卫生出版社1978年,第903—904页。

④转引自李时珍《本草纲目》卷十四"泽草"条,人民卫生出版社1978年,第906页。

轻身不老,通神明"①;《名医别录》谓其"除胸中痰癖"②;《雷公炮炙论》谓其"生血、调气、养营"③;李果《用药法象》谓"其气清香,生津止渴,润肌肉,治消渴胆瘅"④;李时珍《本草纲目》谓其"消痈肿,调月经,煎水,解中牛马毒"⑤。现代中药学的研究也证明,兰草实有醒脾、化湿与清暑、辟浊之功效,并一直被应用于临床。例如,兰草鲜叶单味开水冲泡以代茶饮,迄今仍是治疗暑湿胸闷、食减口腻之症的良药。此外,据马志《开宝本草》载,兰草尚可"煮水以浴,疗风病"⑥,此或即楚人"浴兰汤兮沐芳"(《云中君》)习俗之所由来。又,陈藏器《本草拾遗》谓兰草"香泽可作膏涂发"⑦,李时珍《本草纲目》亦谓"此草浸油涂发,去风垢,令香润",并载汉人崔寔《四时月令》所记作香泽法:

> 用清油浸兰香、藿香、鸡舌香、苜蓿叶四种,以新绵裹,浸胡麻油,和猪脂纳铜铛中,沸定,下少许青蒿,以绵幂瓶,铛嘴泻出,瓶收用之。⑧

如此制成的香泽可作膏涂发、护发,《史记·滑稽列传》所谓"罗襦襟解,微闻香泽"者是也;亦可用作制烛之添加剂,《招魂》所谓"兰膏明烛,华灯错些"是也。可见,王逸注"兰膏"为"以兰香炼膏"固非无据,而后人或讥其望文生义,则是少见寡闻了。

再说泽兰。泽兰之叶及根皆可供药用。《本草经》言泽兰叶能治"乳妇内衄,中风余疾,大腹水肿,身面四肢浮肿,骨节中水,金疮、痈

①孙星衍辑《神农本草经》,人民卫生出版社 1963 年,第 32 页。

②③④⑤⑥⑦以上皆见李时珍《本草纲目》卷十四"兰草"条,人民卫生出版社 1978 年,第 905 页。

⑧以上皆见李时珍《本草纲目》卷十四"兰草"条,人民卫生出版社 1978 年,第 906 页。

肿疮脓"①;《名医别录》言其治"产后金疮内塞"②;甄权《药性本草》言
其治"产后腹痛,频产血气衰冷,成劳瘦羸,妇人血沥腰痛"③;《日华诸
家本草》更言其治"产前产后百病,通九窍,利关节,养血气,破宿血,
消症瘕,通小肠,长肌肉,消扑损瘀血,治鼻血、吐血,头风目痛,妇人
劳瘦,丈夫面黄"④。现代中药学的研究也证明,泽兰确有活血、通经、
行水之功效。故苏颂《图经本草》云:"泽兰,妇人方中最为急用。"⑤而
妇人方中,"泽兰汤"之用也实多。如《济阴纲目》所载"泽兰汤",以泽
兰配当归、芍药、甘草,治经闭羸瘦潮热之症;⑥《医学心悟》所载"泽兰
汤",以泽兰配生地、当归、赤芍、桂心等,治产后恶露不行、胸腹胀痛
皆是。⑦又据张文仲《备急方》,泽兰、防己等分为末,醋汤下,可治产后
水肿⑧;《子母秘录》亦言小儿褥疮,"嚼泽兰心封之良"⑨。至于泽兰之
根(即地笋),《本草拾遗》言其能"利九窍,通血脉,排脓治血"⑩,《日华
诸家本草》更言"产妇可作蔬菜食,佳"⑪。此皆可见泽兰于妇女、儿童
健康关系之大了。

　　南楚地气卑湿,居人常感肿毒痈疾,而妇女亦易得血分之病。故
兰之为用,于楚人之健康与繁衍关系尤为密切。李时珍《本草纲目》
云:

　　　　兰草、泽兰气香而温,味辛而散,阴中之阳,足太阴、厥
　　　阴经药也。脾喜芳香,肝宜辛散。脾气舒,则三焦通利而正气

　　①孙星衍辑《神农本草经》,人民卫生出版社1963年,第74页。
　　②③④⑤以上皆见李时珍《本草纲目》卷十四"泽草"条,人民卫生出版社
1978年,第907页。
　　⑥⑦⑧见成都中医学院主编《常用中药学》,上海人民出版社1971年,第289
页。
　　⑨⑩⑪以上皆见李时珍《本草纲目》卷十四"泽草"条,人民卫生出版社1978
年,第907页。

和；肝郁散，则营卫流行而病邪解。兰草走气道，故能利水道、除痰癖、杀蛊辟恶，而为消渴良药；泽兰走血分，故能治水肿，除痈毒，破瘀血，消症瘕，而为妇人要药。①

至于兰之可佩于身（《礼记》言"佩帨茝兰"）、可握于手（《汉官仪》言"怀香握兰"）以拔除不正之气，可置于发以"令头不腻"（即令发不粘），可"藏衣著书中辟白鱼"（陆玑《毛诗草木鸟兽虫鱼疏》），亦皆与其药用价值相关。正因为兰有着如此重要的药用价值，故骚人之于兰，当不仅悦其外表，抑亦重其实用。而发为辞赋，遂不觉时时诵之，所谓感不去心矣。换言之，楚骚之多咏兰，实可视为楚人医药文化及健康意识的一种艺术反映。

3. 王者之香草

在中国文化史上，兰草还被视为王者之香草。晋孔衍《琴操》云：

> "猗兰操"者，孔子所作也。孔子聘诸侯，莫能任。自卫反鲁，隐谷之中，见香兰独茂，喟然叹曰："夫兰当为王者香，今乃独茂，与众草为伍！"乃止车，援琴鼓之，自伤不逢时，托辞于香兰云。②

此即"兰为王者香"之出处。后之言兰者辄引孔子此语，如吴陆玑《毛诗草木鸟兽虫鱼疏》及明毛晋《广要》皆是。其实，早在孔子之前，兰已被誉为"国香"了。《左传·宣公三年》记：

> 郑文公有贱妾曰燕姞，梦天使与己兰，曰："余为伯鯈。余，而祖也。以是为而子。以兰有国香，人服媚之如是。"既而文公见之，与之兰而御之。辞曰："妾不才，幸而有子。将不

---

① 以上皆见李时珍《本草纲目》卷十四"泽草"条，人民卫生出版社 1978 年，第 907 页。

② 《艺文类聚》卷八十一"兰"字条，中华书局 1965 年，第 1389 页。

信,敢征兰乎?"公曰:"诺。"生穆公,名之曰"兰"。……穆公
有疾,曰:"兰死,吾其死乎!吾所以生也。"刈兰而卒。

这故事告诉人们,春秋时期的郑国,不但民间有"秉蕳"之俗,即
在诸侯之家,亦视兰为胄子的象征。燕姞梦天使与己兰,既而文公又
与之兰为信物而御之,后果生穆公,并名之曰"兰"。穆公以兰而生,又
因"刈兰而卒",可见,兰之于穆公,正如玉之于贾宝玉一样,已成为这
位国君的命根子了。难怪后世的贵族之家皆欲芝兰生于庭阶,而"严
霜结庭兰"(《孔雀东南飞》)则被视为厄运的先兆了。而值得注意的
是,郑穆公名"兰",与郑毗邻的楚国,其怀王少子亦名曰"子兰"。此则
不单是偶然的相重,它与楚骚之以兰喻贵胄子弟,实皆出自一种共同
的文化心理,即所谓"兰为王者香"也。

那么,兰为何会被古人视为王者之香草呢?推其义,不外有三:

一是"兰有国香,人服媚之"。即是说,兰之香气甲于一国,人们佩
而爱之。兰(佩兰)茎叶皆带紫红色,有香气;茎顶密生头状花,排列成
复伞房状花序,香味尤清雅淡远,深受人们的喜爱。故毛晋《毛诗草木
鸟兽虫鱼疏广要》谓"江南人以兰为香祖",又谓"兰无偶,称为第一
香"①。似此,则唯有王者足以当之。

二是兰之品性,颇类古之君子。《悲回风》云:"兰芷幽而独芳。"
《孔子家语·在厄》云:"芷兰生于深林,不以无人而不芳。君子修道立
德,不为困穷而改节。"②《文子》亦云:"兰芷不为莫服而不芳,君子行
道,不为莫知而止。"③正因为兰的品性是如此之高贵,故《易·系辞》

<hr />

① 毛晋《毛诗草木鸟兽虫鱼疏广要》,"丛书集成"(初编)第 1346 册,本书第 2
页下栏。

②③《艺文类聚》卷八十一"兰"字条,中华书局 1965 年,第 1389 页。

曰:"同心之言,其臭如兰。"《荀子·王制》亦曰:"(民之)好我,芳若椒兰。"这从美学的角度来说,实际是一种"比德"。

三是兰之为用,除具疗疾功能外,其在王室,尚有特殊的用途。《毛诗草木鸟兽虫鱼疏》言"汉诸池苑及许昌宫中皆种之",而且"天子赐诸侯芷兰"。显然,这对诸侯来说,是一种荣耀。在巫风盛行的南楚王室,兰的用处就更为广泛了。"苏樧兮兰旌"(《湘君》),是以兰为饰;"蕙肴蒸兮兰藉"(《东皇太一》),是以兰供神;"传芭兮代舞"(《礼魂》),是以兰为祭仪上传递的花束;"兰膏明烛"(《招魂》),是以兰香炼膏制烛;而"彷徨兮兰宫"(《九怀》),则是以兰命名神人所居,颇类后妃之居曰椒房了。凡此,皆非民间寻常之用。此外,"怀兰英兮把琼若"(《九思》)之"兰英",还是楚王室酿酒的重要原料,所谓"兰英之酒,酌以涤口"、"此亦天下之至美"(枚乘《七发》)是也。

合言之,兰之所以被视为王者之香草,盖缘其香气、品性及特殊之用途。若再溯本求源,则兰最初实为一植物图腾,即由健身良药而升华为崇拜对象(即"命根子")者也。后世之所谓"国花""国树"者,或与此有渊源关系。具体到南楚而言,兰由植物图腾又演化为楚王族之象征,故楚骚每以之喻贵胄子弟,所谓"滋兰树蕙""以兰为可恃""惟椒兰之不反"者是也。而"眷顾楚国,系心怀王"的宗子屈原,也正是通过对兰的反复吟诵,以表现其好修的美德,并抒发其忠君、恋宗、爱国之情思的。

4. 诗思之渊薮

楚民族保留氏族社会遗风较多,楚人思维之具象性及神秘色彩即其一端。而且,由于地理环境的原因,楚人与大自然的关系亦较北土为密切。楚地气候温暖,土沃物丰,求生至易,故自"筚路蓝缕,以启山林"(《左传·宣公十二年》)以来,楚人便常有闲情逸致以乐其风土景物。兼以"楚人之多才"(《文心雕龙·辩骚》),遂致"南楚好辞"(《史记·货殖列传》）之风寝盛。"物色之动，心亦摇焉"（《文心雕龙·物色》）。楚人吟咏的对象，除日月山川外，"国树"的橘与"国香"的兰无疑又是最具吸引力的。而兰的外美与内美兼具的品格及与之相联系的文化蕴含，似更能引发骚人的种种联想与泉涌的诗思。请看《少司命》开头的描写：

> 秋兰兮麋芜，罗生兮堂下。绿叶兮素华，芳菲菲兮袭予。
> 夫人自有兮美子，荪何以兮愁苦。
> 秋兰兮青青，绿叶兮紫茎。满堂兮美人，忽独与余兮目成。

显然，堂下罗生的秋兰（即泽兰），那绿叶、紫茎、素华的美姿与芳气袭人的美质，引起了诗人对少司命职司的联想。或者说，诗人为少司命的降临而精心安排了一个秋兰丛生的典型环境亦无不可。总之，秋兰的描写是作者着意的，非泛泛言之。再加上篇中对秋兰的反复吟咏，似乎更暗示了诗人的这种用意。为什么呢？因为少司命是一位掌管人间子嗣和儿童命运的女神，而子嗣的繁衍，又直接与妇女的健康状况相关。于是，作为"妇人要药"的泽兰便会倍受女性的青睐了。故秋兰之咏，极可能是对楚地妇女生活环境的真实写照。而这样的背景描写，非但令诗篇的意境更美，其文化意蕴也更丰富了。且不说秋兰与"美人"的相互辉映所构成的素雅、淡洁的画面，也不说秋兰的芳气袭人与"美人"的眉目传情为画面所增加的馨香醉人的气息，单就诗歌创作与女性文化的有机结合一点而言，又有谁能不为之叫绝呢？可以说，由于"兰"这一文化载体的成功运用，遂使诗篇具有了多重的内涵及无尽的艺术魅力。

再如《离骚》之咏兰，也通过兰的多重象征义，有力地衬托了抒情主人公的光辉峻洁形象，并表达了诗人的政治理想。诗人"纫秋兰以为佩"，"饮木兰之坠露"；"步余马于兰皋"，"结幽兰而延伫"。"滋兰之九畹"既喻对贵族子弟的殷勤培养,而"兰芷变而不芳"又深深地寄托着诗人对人才变质的惋惜。最后,连诗人对楚国前途的彻底失望,在很大程度上也是由于"兰"之"羌无实而容长"。"兰"就是这样在启发着骚人的诗思,也增强着诗篇的表现力。他如《楚辞》各篇中有关兰的描写,若"疏石兰兮为芳""浴兰汤兮沐芳","兰薄户树""兰膏明烛","游兰皋""泛崇兰","怀兰英""悲兰生",皆不仅为造境之所必须,更将骚人的种种情思抒发得淋漓尽致,诚所谓"结撰至思,兰芳假些;人有所极,同心赋些"(《招魂》)。

总之,楚骚之多咏"兰",既因兰为南楚所习见,又因兰乃健身之良药,并进而升华为楚人所崇拜的植物图腾及王族之象征;而兰的外美、内美兼具的品格及与之相关的多重文化蕴含,更启迪了楚人的诗思,唤起了骚人的创作欲望,从而成为楚骚抒情的理想载体。

三、楚骚咏"兰"之余韵

汉代,楚辞作家的咏"兰"传统仍未断绝。若东方朔之《七谏》、王褒之《九怀》、刘向之《九叹》、王逸之《九思》,其中都有咏兰的句子。这一方面固然是出于对屈、宋之作的模拟,但同时也可以看出汉人对楚文化重要载体的"兰"在一定程度上的认同。而作为楚人的汉统治者,对"兰"似乎更有一种特殊的感情。如汉武帝所作《秋风辞》中,便有"兰有秀兮菊有芳,怀佳人兮不能忘"之句,至被沈德潜称为《离骚》遗响(《古诗源》卷二)。至于汉赋的咏"兰"(如《子虚赋》之"衡兰芷若"),更是非止一处。汉人的这种咏"兰"传统,一直持续到汉末。东汉郦炎《咏兰诗》曰:

灵芝生河洲,动摇因洪波。

兰荣一何晚,严霜瘁其柯。

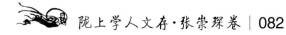

艾哉二芳草,不植太山阿。①

此外,《古诗十九首》之"涉江采芙蓉,兰泽多芳草"(《涉江采芙蓉》);"伤彼兰蕙花,含英扬光辉"(《冉冉孤生竹》);《玉台所咏》所载题为枚乘《杂诗》的"兰若生春阳,涉冬犹盛滋";以及《文选》所载题为苏武诗的"烛烛晨明月,馥馥我兰芳。芳馨良夜发,随风闻我堂",也都是咏"兰"的名句。李善于"随风闻我堂"下注云:"秋月既明,秋兰又馥,游子感时,弥增恋本也。"②可见,汉末诗人所咏(枚乘《杂诗》及"苏李诗"实可视为汉末人所作)仍是秋兰,只不过此时的咏兰已不再具有楚骚浓厚的文化意蕴了,仅是托物言志而已。

直至三国魏晋,兰仍是人们心目中美好事物的象征。《三国志·蜀志·周群传》载蜀人张裕多才,善占卜,然因多次冒犯刘备,刘备遂下决心诛之。诸葛亮表请其罪,刘备回答说:"芳兰生门,不得不锄。"兰是美好的,但不能当门而生,只能长于阶庭。故当东晋的谢安问子侄们,为何人们都希望子弟好时,谢玄便应声答道:"譬如芝兰玉树,欲使其生于阶庭耳。"(《世说新语·言语》)。而所谓"芝兰玉树"之"生于阶庭",也就是"秋兰兮麋芜,罗生兮堂下"之义了。

魏晋时期咏兰的诗篇,当以《玉台新咏》所载傅玄的《秋兰篇》为代表:

秋兰荫玉池,池水清且芳。

芙蓉随风发,中有双鸳鸯。

双鱼自踊跃,两鸟时回翔。

君期历九秋,与妾同衣裳。③

①《后汉书·郦炎传》,范晔《后汉书》,中华书局1965年,第2647页。

②萧统编《文选》,中华书局1977年,第413—414页。

③徐陵编《玉台新詠》,成都古籍书店影印本,第45页。

"秋兰"而可以"荫玉池",则傅玄所咏,仍是学名为地瓜儿苗的泽兰无疑。

南北朝时期,文人的咏兰虽然不废,但随着咏梅之风的兴起,咏兰渐为咏梅所取代了。这一时期的咏兰之作已不多见,较有名的是陈周弘让的《山兰赋》:

> 爰有奇特之草,产于空崖之地。仰鸟路而裁通,视行踪而莫至。挺自然之高介,岂众情之服媚。宁纫结之可求,兆延伫之能洎。禀造化之均育,与卉木而齐致。入坦道而消声,屏山幽而静异。独见识于琴台,窃逢知于绮季。①

从"挺自然之高介,岂众情之服媚"的句子看来,篇中所赋之山兰,实是"当为王者香"的佩兰。

唐代诗人咏兰的更少,而且多属用典,即取骚人咏兰之意以入诗。如李白的"直木忌先伐,芳兰哀自焚"(《古风》三十六)、"光风灭兰蕙,白露洒葵藿"(《古风五十二》),前者寓"兰含香而遭焚"之义,后者则直接引用《招魂》"光风转蕙,泛崇兰些"的句子。而唐人咏兰诗中,最好的也还要数李白,其《古风》三十八便是一首纯以兰来立意的古诗:

> 孤兰生幽园,众草共芜没。
> 虽照阳春晖,复悲高秋月。
> 飞霜早淅沥,绿艳恐休歇。
> 若无清风吹,香气为谁发。②

虽为仿古之作,但作者以"孤兰"自喻,感叹无人能够出类拔萃而

---

① 赵逵夫主编《历代赋评注》(南北朝卷),巴蜀书社 2010 年,第 466—467 页。
② 王琦注《李太白集》,中华书局 1977 年,第 136 页。

荐用之,亦可谓能得骚人之旨。而这首诗也便成为楚骚咏兰的最后余响了。

宋代,咏梅诗词大量出现,仅南宋黄大舆所编《梅苑》即收北宋词四百余首。相形之下,文人们对咏兰已不感兴趣。间有咏之者,亦多误兰花为兰草,全非骚人之义。此后直至明清,无论诗歌还是绘画,作为描写对象的兰,便全都是兰花了。画家和诗人们已不知三闾所咏为何物,有人甚至将《楚辞》之"兰"与时下的兰花等同起来,如郑板桥之画兰花而题"九畹兰花江上田"[1],便是明显的例子。

咏兰作为南楚的一种文化现象,为何由盛而衰,而终至发生变异呢?这首先是由于它的文化背景发生了变化。随着汉朝的统一及南北文化的融合,许多地方文化被融入了"大汉"文化之中。此时,文人们的眼光已不再局限于地域文化,他们开始转向对博大中华文化的弘扬。汉赋的兴盛便是明证。"咏兰"作为楚骚的重要特征,原本与楚文化有着密不可分的关系;而随着楚文化的被融入汉文化,"咏兰"便在一定程度上失去了它原有的文化基础,并开始被新时代的文人们所忽视。如果说这种现象在汉朝建立之初还不十分明显的话(汉的统治者为楚人,而且多善楚辞),那么,随着时间的推移及文化融合的日渐加强,作为地方文化载体的一些物象便很难在人们的观念中长存了。其次是审美情趣的变化。正如梅在先秦只被人们当作调料一样[2],后世的人们也仅视兰为药材之一种了。人们的审美情趣在变化,在更新,人们要寻求更高雅、更含蓄、更富有文化意蕴的美的载体。这便是梅被看中的原因之一。于是,自六朝以来,人们便开始对梅的美学意

---

① 郑板桥《八畹兰》,《郑板桥集》,上海古籍出版社1979年,第169页。

② 《尚书·说命》:"若作和羹,尔惟盐梅。"《十三经注疏》,中华书局1980年影印本,第175页下栏。

义不断给予新的诠释,并终于使梅跳出了传统的实用的范畴,而成为具有多种美学情趣的审美对象。而梅的不断受重视,又正是兰被忽略的原因。与此同时,人们也从楚骚所咏之兰中发现了一个可以给予新的美学诠释的品种,那就是幽兰,亦即今之所谓兰花。于是,变异后的兰便与梅、竹、菊一起,又合成了一组新的美学意象。

(本文第一部分刊于《兰州大学学报》1993 年第 2 期,题为《楚辞之"兰"辨析》;第二、三部分刊于《甘肃省广播大学学报》第 13 卷第 2 期,题为《楚辞咏兰之文化意蕴及其流变》;全文(包括附图)载于香港《屈原研究国际研讨会论文集》,2000 年 5 月光盘版。《人民日报》海外版 1992 年 12 月 17 日曾以《读骚辨兰》为题,对第一部分先期摘要刊登)

图 1 佩兰

图 2 泽兰

图 3 佩兰(菊科)

图 4 地瓜儿苗(唇形科)

图 5　黄兰(木兰科)

图 6　马莲(鸢尾科)

图 7　建兰(兰科)

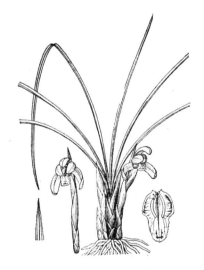

图 8　春兰(兰科)

二、诸葛亮研究

诸葛氏之祖籍在诸县

诸葛一姓之由来，说颇歧异。或谓古已有之，如《世本》云：

有熊氏之后，为詹葛氏。(《通志·氏族略》引)

詹葛氏，有熊之后，宋景公时有詹葛祁，为大夫。(《元和姓纂》引)

瞻葛氏，宋景公有大夫瞻葛祁，其后齐人语讹，以瞻葛为诸葛。(张澍辑《诸葛忠武侯文集·故事》引)

这是说，"诸葛"原为"詹(瞻)葛"，先秦即有此姓，后因"齐人语讹"，遂误作"诸葛"。然《世本》一书，久已亡佚，后人征引是否原文，以及可靠性之大小，均难验证。今查《春秋》《左传》及《史记·宋世家》《汉书·古今人表》，既无姓"詹(瞻)葛"者，更无"瞻葛祁"其人。王符《潜夫论·志氏姓》于姓氏来源考证颇悉，亦不及于"诸葛"。故裴松之注《三国志》，于"诸葛"姓氏的来源，不取《世本》，而引《吴书》和《风俗通》二说。引文见《三国志·吴志·诸葛瑾传》裴注：

《吴书》："(诸葛瑾)其先葛氏，本琅邪诸县人，后徙阳都。阳都先有姓葛者，时人谓之诸葛，因以为氏……"

《风俗通》曰："葛婴为陈涉将军，有功而诛，孝文帝追录，封其孙诸县侯，因并氏焉。"此与《吴书》所说不同。

《吴书》作者为三国时吴人韦曜，《风俗通》的作者是汉末应劭，两人均谓"诸葛"原本为"葛"，后缘"诸"而得氏。观后主刘禅尚称诸葛亮为"葛氏"(《蜀后主传》裴注引《魏略》云：禅立，谓亮曰："政由葛氏，祭则寡人。"),蜀之百姓亦称诸葛瞻为"葛侯"(《诸葛瞻传》云:每朝廷有一善政佳事,虽非瞻所建倡,百姓皆传相告曰:"葛侯之所为也。"),则其说是可信的。然韦氏云复姓"诸葛"是在葛氏自诸县徙居阳都之后,应氏则谓始于葛婴孙封诸县侯而"并氏"(即将封地"诸"与己姓"葛"相并为氏),是两说又不尽同。孰是孰非,裴松之不能决断,故将"不同"的两说并录,以贻后人。

窃以为《风俗通》说羌无故实,而《吴书》说近是。

先看《史记·陈涉世家》关于葛婴事迹的记载:

> 蕲下,乃令符离人葛婴将兵徇蕲以东。……葛婴至东城,立襄疆为楚王。婴闻陈王已立,因杀襄疆,还报。至陈,陈王诛杀葛婴。

可以看出,葛婴为陈涉将军,有功而被诛,于汉无涉。若汉家推论亡秦之功,则陈涉自在葛婴之上,然汉于陈涉亦不过"为置守冢三十家"而已,不闻曾封其子孙,婴何功德,而其孙乃食一县?应氏之言,于理有所未合,此其一。

其二,查《汉书·功臣表》,文帝所封异姓侯十人,即:阳信夷侯刘揭、壮武侯宋昌、樊侯蔡兼、沶陵康侯魏驷、南郎侯起、黎顷侯召奴、餅侯孙单、弓高壮侯韩隤当、襄城哀侯韩婴、故安节侯申屠嘉,其中并无姓葛者。

其三,终汉之世,亦不曾封过所谓"诸县侯"。考汉之诸县,治所在今山东诸城西南30里处,即枳沟镇乔庄村东。郦道元《水经注》所谓"潍水又东北迳诸县故城西",乾隆《诸城县志·山川考》所谓"潍水迳枳沟集,北有渡口。又二里,龙湾河自西南赵庄十里东注之。又东六里,迳乔庄北,其南为古诸故址",即其地。城本春秋时诸邑(属鲁),据《春秋》记载,鲁文公十二年(前615),鲁国大夫季孙行父曾"帅师城诸",故乡人亦呼曰季孙城。其地西汉隶琅邪郡,东汉属琅邪国。除高后七年(前181)至文帝元年(前179)曾两载属琅邪王刘泽封国,武帝期间曾一度为诸邑公主封地外,不曾有任何异姓封侯于此。可见,《风俗通》之言实未足信。而考其所以致误之由,或是讹东武侯郭蒙为葛婴孙。查《汉书·高、惠、高后、文功臣表》:

> 东武贞侯郭蒙,以户卫起薛,属周吕侯,破秦军杠里,陷杨熊军曲遇;入汉,为城将,定三秦,以都尉坚守敖仓,为将军破项籍。侯,三千户。高帝六年正月戊午封,十九年薨。高后六年,侯它嗣,三十一年,孝景六年,有罪弃市。

"郭""葛"音近,"齐人语讹",容或误之(沂水县之"朱郭村"被讹为"诸葛村"可证);东武(治所在今山东诸城县城)、诸县相邻,西汉并隶琅邪,后又合为一县(即今诸城县),亦易生混淆;加之郭蒙所起之地"薛"与葛婴籍贯之"符离"也相去不远,于是遂讹东武侯为诸县侯、讹郭蒙为葛婴孙了。元、明以降,复有讹东武侯为葛婴者,如明万历《诸城县志》,则是讹中出讹。然此恰可为应氏致误之由的又一佐证。

诸葛亮虽非葛婴后,然其祖先姓葛,且籍隶诸县,还是有迹可循的。清初山左著名诗人、学者李澄中(曾官至翰林院侍读并参与纂修《明史》)在其长诗《东武吟》(见《卧象山房诗集》)中曾留有这样的诗句:

> 我家东武城,因为《东武吟》。……季氏曾城石屋根,雨霖葛冢汉臣魂。天地洪荒虞帝出,千年人说诸冯村。

诸冯村即孟子所谓"舜生于诸冯,迁于负夏,卒于鸣条,东夷之人也"(《孟子·离娄下》)的"诸冯",为古帝虞舜生处。或谓诸县得名以此,今尚有其地。石屋,山名,在季孙城(即古诸县)西南约二里许。康熙《诸城县志》(卷二)说:"石屋山在县治西南三十二里,山下有桃花洞。其东北二里,潍河南岸,即古鲁诸邑。"可知,"季氏曾城石屋根"即指季孙氏在石屋山下城诸一事。联系上下文来看,则"雨霖葛冢汉臣魂"的"葛冢",当是指葛陂一带的诸葛先人坟茔无疑。今坟冢历经平田整地,已荡然无复存者,然葛陂之地名却沿称了下来。"葛陂"在何处呢?清初诸城学者张石民(1634—1713)《其楼文集》(四库有存目,题作《放鹤村文集》)中有《放鹤亭记》一文,其中提到:

> 亭西北三里为琅邪王墓,犊牸游其上,陂陀就平。南去半里曰葛陂,为孔明故里,在鲁季孙行父所城诸外。世传孔明琅邪之诸人。

放鹤亭所在之放鹤村,即今诸城县枳沟镇之普庆村。这说得很明白,自普庆南去半里即葛陂,而葛陂即孔明故里。因葛陂位于潍河北岸,隔潍水与古诸相对,故云"在鲁季孙行父所城诸外"。

此外,修成于康熙十六年(1677)的《放鹤张氏族谱》(诸城县博物馆藏)中,亦有关于葛陂为孔明故里的记载。其《序》云:

> 余始祖潍阳公,江南凤阳人。元末避地琅邪,至春秋季孙行父所城诸,因家焉。葛陂在其前,旧传为孔明里。昔孔明徙南阳,犹称诸葛。

放鹤张氏即普庆张氏,旧时其祠堂大门常书对联一副:"村邻诸葛里,门对季孙城。"谓其祖传,自明初以来不易。所谓"诸葛里"者,亦即指孔明故里也。又《东武诗存》(嘉庆间王赓言编)收有康熙时诗人张昉初《续濠梁吟》一首,中谓:"葛陂留汉月,桃洞挂秦云。行父城之北,古屋岿然存。"可见,直至清初,葛陂尚有"古屋"存在。然是否为诸葛先人之"庐",则不得而知了。

余尝亲历葛陂,见其地正处潍河北岸的肥美平原上,土沃物丰,又有潍河作为水源,确是人类生息的好地方。至今这一带村庄尚十分密集,几乎隔一二里便有一上千人的大村庄。从考古发掘来看,这一带古文化遗存也十分丰富。著名的前寨大汶口文化遗迹距离葛陂不过五里之遥,都同在潍河北岸上。就在葛陂周围数百米内(如薛家庄、蒋家庄村前），亦有大汶口文化遗址分布。至于汉墓，那更是时有发现。闻当地父老言，往昔耕田，常有拣到黑陶罐及五铢钱、新莽币者。至今薛家庄村前尚有汉瓦成堆，被弃置于田头。葛陂作为村庄今已不复存在，然葛陂周围十余里内，仍有葛姓居住，以葛姓命名的村庄也不少，如前葛庄、后葛庄、东葛庄、葛家同等。

至于诸县葛氏何时徙往阳都（阳都城故址在今沂南县砖埠乡黄疃村附近），又定居于阳都县何处，史籍不载，莫可详考。不过，从汉元帝时之诸葛丰已经复姓"诸葛"来看，其迁徙时间，当不会晚于西汉后期。

诸葛丰为诸葛亮之远祖，然其籍隶何县，亦有不同说法。王先谦谓丰阳都人（见《后汉书·郡国志集解》），而嘉靖《青州府志》及各种《诸城县志》均谓诸城人。检《汉书·诸葛丰传》：

> 诸葛丰，字少季，琅邪人也。以明经为郡文学，名特立刚直。贡禹为御史大夫，除丰为属，举侍御史。元帝擢为司隶校尉。

《传》不具何县，但云琅邪（郡）人。再查《汉书·地理志》，西汉琅邪郡内无阳都县（当时属成阳国），而有诸县，故知当以诸县为是。康熙《青州府志》卷一《山川》还有这样一段记载：

> 诸葛河出官庄社蒲沟，有诸葛泉，东北入于潍。疑诸葛丰故里。

《嘉庆重修一统志》亦云：

> 诸葛河，源出县东北三十里蒲沟，东北流而入潍。

这是怀疑诸葛丰故里在官庄社蒲沟。蒲沟今佚其名，而官庄社即今诸城县昌城乡之前、后官庄一带，与舜生地之诸冯仅隔一潍水。葛陂为诸葛先人故里，现在又出来一个官庄，岂不抵牾？故府志的作者"疑"而不敢遽定。其实并不矛盾。古时一姓所居，往往非止一地；兼以播迁移徙,故常有散在他乡者。况官庄、葛庄均距葛陂不远。

　　说到诸葛丰,还有一个疑点也是应该提出一辨的。据前引《吴书》所言,诸葛得姓是在诸县葛氏迁居阳都之后;而事实却是,诸葛丰籍隶诸县已复姓诸葛。这又当作何解释呢? 对此,乾隆《诸城县志》进行了这样的推测:

　　　　……丰《传》(琛按:指《汉书·诸葛丰传》)但云琅邪人而已。姓诸葛,岂其始者与?

　　谓诸葛丰为始徙阳都者,虽无确凿的史料可以证明,然亦并非毫无道理。从现有历史记载来看,最早姓"诸葛"的,便是这位诸葛丰。而且,我们还不妨再做这样的推想:因为诸葛丰已迁阳都,所以"时人谓之诸葛";又因他徙居未久,故仍保持着原来的籍贯。而由葛陂而官庄、而阳都、而南阳,这便是诸县葛氏迁徙的轨迹。其他未迁者,则仍留居于原地。

　　至于诸县葛氏的来源,一般多谓葛姓出自远古部落"葛天氏"(活动于今河南长葛一带),这里就不详考了。

　　(原载《诸葛亮研究三编》,山东文艺出版社 1988 年 11 月出版。修订稿刊于《寻根》杂志 1996 年第 3 期)

诸葛氏家族的文化传统

在中国历史上，中华传统文化曾经抚育了一个又一个显赫的大家族。而这些家族的文化传统，又对中华传统文化的丰富和发展产生过重要影响。被称为"将相之家"的诸葛氏，便是这样的一个大家族。

诸葛氏家族的开创者是西汉宣、元时期的诸葛丰①。此后，自东汉、三国以至魏晋、隋唐，这个家族代有名人。尤其是三国时期，诸葛瑾为吴大将军，诸葛亮为蜀丞相，而其族弟诸葛诞又为魏征东大将军并迁司空，一门三方为冠盖，并有盛名，天下荣之。诸葛氏家族成员的显赫，固有其时代的及地域的原因，但也与其家族的文化传承是分不开的。在一定意义上甚至可以说，正是诸葛氏家族特殊的文化传统，才造就了这个家族一批又一批杰出的政治家和军事家。

那么，诸葛氏作为中国历史上的一个名门望族，其由诸葛丰发端并经诸葛亮发扬光大已形成的家族文化传统，都有些什么样的内涵呢？大致说来，可以概括为以下几点：

一是学术思想的兼容性及学风的质朴和经世致用。历史上的诸葛氏家族是一个耕读世家，他们边种田，边读书。这在封建社会中当然是一种最普通的处世方式。而随着儒家独尊地位的确立，诸葛氏家族的学术思想当然也就以儒学为其主导的方面。诸葛亮的远祖诸葛

---

①诸葛丰生平事迹，见拙文《诸葛丰生平事迹考》，《羲皇故里论孔明》，甘肃文化出版社 1997 年 9 月出版。

丰,西汉时即"以明经为郡文学"。而且,我们从他所受同郡《公羊》学大家贡禹的赏识,以及他给汉元帝的上书中反复言及的"伏节死谊","杀身以安国,蒙诛以显君"等话语来看,其所治经典还很可能是《公羊春秋》。公羊学以"大一统"思想为圭臬。诸葛丰的后代诸葛亮之以"大一统"为终身追求的目标,甚至不惜"鞠躬尽瘁"以北伐曹魏,兴复汉室,在一定程度上来说,即是继承了诸葛丰的这种学术渊源。诸葛亮之父诸葛珪先任梁父尉,后为泰山郡丞;其叔父诸葛玄与鲁恭王的后代刘表"有旧",并被袁术署为豫章太守,应该说都是学有所成的读书人。诸葛亮之兄诸葛瑾少游京师洛阳,治《毛诗》《尚书》《左氏春秋》;后迁江东,又与张承、步骘、严峻等一批东吴的饱学之士相友善,并被人们视为"当世君子",其学术功底更是很深厚的。至于诸葛亮,则不但对《周易》《尚书》《公羊春秋》等经典非常熟悉[1],而且还撰有《论前汉事》等著作多种。甚至连诸葛诞的孙子诸葛恢、诸葛绪的儿子诸葛玄,乃至南朝刘宋的诸葛勖、梁朝的诸葛璩、隋代的诸葛颖等,也都有着满腹的才学。这说明,诸葛氏家族的学术传统是源远流长的。

　　诸葛氏家族的学术传统,当然与其家族所在的琅邪地区浓厚的学术氛围是分不开的。[2]尤其在两汉、琅邪地区已成为当时中国的学术中心之一。今文《尚书》的传人济南伏生(伏胜),其玄孙伏孺武帝时讲学东武,遂移家琅邪。伏孺曾孙伏理除治《尚书》外,又学《诗》于匡衡,由是《齐诗》有"匡伏之学"。伏理为当世名儒,曾以《诗》授汉成帝,并为高密王(刘宽)太傅。伏理之子伏湛,少传父业,教授数百人。光武即位,知湛名儒旧臣,征拜尚书,使典定旧制;建武三年(27),又代邓

---

①参见拙文《诸葛亮与周易》,《社科纵横》1995 年第 2 期。

②详见拙文《汉代琅邪地区的学术氛围与诸葛亮思想的形成》,《中国典籍与文化》1995 年第 1 期。

禹为大司徒,封阳都候。伏湛笃信好学,鬓发励志,白首不衰,经为人师,行为仪表,甚为时人所重。湛弟黯,通晓《齐诗》,曾改定章句,作《解说》九篇。黯兄子恭(出嗣于黯)少传黯学,又以父黯章句繁多,乃省减浮辞,定为20万言,太常试以经学,名列第一。后拜博士,迁常山太守,敦修学校,教授不辍。伏湛玄孙伏无忌亦能传家学,为东汉名儒。无忌曾于永和元年(136)与黄景一起校定朝廷所藏"五经"及诸子百家、艺术之书,并于元嘉(151—153)中与黄景、崔寔共撰《汉记》;又自采古今文献,删著事要,上自黄帝,下尽汉质帝,号曰《伏侯注》。

《易》学方面,我们今天所见到的《周易》通行本,是由齐人田何传下来的。而田何《易》即得自东武孙虞。汉代《易》学立于学官的有三大家,即施、孟、梁丘,其中的"梁丘"即梁丘贺、梁丘临父子,便是琅邪诸县人。"施"(雠)派《易》学的主要传人也有琅邪人鲁伯和邴丹。此外,汉代流行于民间的《易》学还有两大家,即费直和高相,而琅邪王璜则是费直的嫡传。至于琅邪东武人王同直接从田何受《易》而又多授生徒,更使《易》学在琅邪地区得到了广泛的流传。可以毫不夸张地说,汉代的琅邪地区是当时全国最大的《易》学中心。而诸葛亮对《易》理的精熟和成功运用,实与此种《易》学氛围是分不开的。

除《易》《书》外,习《鲁诗》者自浮丘伯后有琅邪王扶,习《齐诗》者自辕固后有琅邪人师丹、皮容,习《大戴礼》者有琅邪人徐良、王仲丘,习《谷梁春秋》者有不其(琅邪属县)房凤等。至于习《公羊春秋》者,则更多。诸葛丰的乡前辈诸县贡禹学《公羊春秋》于东平赢公、鲁眭孟,官至御史大夫,与王吉俱为琅邪地区的《公羊》学大家。琅邪人王中从东海严彭祖受《公羊春秋》,仕汉元帝,官至少府,家世传业。琅邪公孙文、东门云又俱从王中学《公羊春秋》,东门云官至荆州刺史,公孙文官至东平王太傅,门下受学者云集。琅邪莞路先后从疏广、颜安乐受《公羊春秋》,故《公羊》学自颜安乐后,复有莞氏之学。诸葛氏家族成员之所以能够"深明大义""伏节死谊",与琅邪地区《公羊》学的熏陶也是分不开的。

而且,诸葛氏家族在学术上并不保守,他们也吸收了儒家以外的多种思想。例如法、道、黄老等思想都对诸葛氏家族成员产生过影响。诸葛丰以"特立刚直"著称,元帝时为司隶校尉,执法严正,"刺举无所避",以至京师为之语曰:"间何阔,逢诸葛。"其法家思想的影响是显见的。诸葛亮作为政治家和军事家,无论治国还是治军,都赏罚分明,"善无微而不赏,恶无纤而不贬",其重法的家族学术思想渊源,似乎也可以追溯到诸葛丰。汉初,琅邪地区又是黄老思想的发源地,胶西盖公便是代表人物。《史记·曹相国世家》记曹参访盖公云:

> 参尽召长老诸生,问所以安集百姓,如齐故俗。诸儒以百数,言人人殊,参未知所定。闻胶西有盖公,善论黄老言,使人厚币请之。既见盖公,盖公为言治道贵清静而民自定,推此类具言之。参于是避正堂舍盖公焉。其治要用黄、老术,故相齐九年,齐国安集,大称贤相。

黄老思想"贵清静",诸葛氏家族成员便用它来"养性"。诸葛亮在《诫子书》中所说的"静以修身,俭以养德,非澹泊无以明志,非宁静无以致远",便是从黄老思想中得到借鉴。不过,诸葛氏家族所说的"养性",与后世道家所讲的"养生"却并不是一个概念。"养生"纯是为了追求长寿和享乐,并与世隔绝;而"养性"则是为了"励精"和致用,其最终的目的仍是"接世"。至于诸葛亮的为后主"写《申》《韩》《管子》《六韬》",以及诸葛厷的精通《老子》《庄子》,诸葛璩的"博涉经史"并协助臧荣绪著《晋书》,则更能说明诸葛氏家族成员在学术思想上的兼容性了。

由于诸葛氏家族成员的学习目的在"经世致用",是为了"识时务",所以表现在学风上也就比较质实。他们的读书方法是"观其大略",与一般穷守章句者也不同。诸葛氏家族成员中很少有皓首穷经的经学家,但却不乏著名的政治家和军事家,便足以说明他们在学风上的这种经世致用的特点。

二是人生精神境界的澹泊、宁静。诸葛氏家族成员,尤其是诸葛亮的后代子孙们,都遵诸葛亮《诫子书》的教导,注意保持一种澹泊、宁静的精神境界。应该说,这一思想最早源于《淮南子》。《淮南子·主术训》云:"非淡薄无以明德,非宁静无以致远,非宽大无以兼覆,非慈厚无以怀众,非平正无以制断。"五句之中,前两句自然是重点,而"淡薄(泊)""宁静"二语又是其核心。《淮南子》原来的意思是讲人主的用人之术,但诸葛亮却把它加以改造,将其用于普通人的人生修养了。他以此要求自己,也以此教育子孙。而值得注意的是。"澹泊""宁静"之义,经过诸葛亮的阐发,以及诸葛氏族人的实践,已被赋予了新的含义。所谓"澹",不单是指道家所说的"恬淡寡欲",也包括对名利的不刻意追求,对统治者的不趋炎附势,这是道德高尚的表现。而所谓"静",亦不单指"养生之静"和"致学之静",更不是一味求静;而是静中寓动,以静求动,以静制动,动静相辅而相成。即袁准在《诸葛公论》中所说:"亮之行军,安静而坚重。安静则易动,坚重则可以进退。"也就是朱熹所说的"静者养动之根,动者所以行其静"之义①。实际上,"静"既是一种精神境界,也是智慧和力量的源泉。

如同"中庸"为孔门的看家本领一样,"澹泊""宁静"也成为诸葛氏家训的核心和要领。后世诸葛氏之子孙们,无论贫富、穷达,从政、从军,务农、业医,也无论是否诸葛亮的直系后裔,都很注意保持此种心境。例如,浙江兰溪县诸葛村的诸葛氏后裔们,便很能体现此种特点。他们虽重视教育,甚至在其《家规》中就规定,"凡子弟资性聪敏

---

①《朱子语类》12。

者,舞勺时便当择师友,课读书,长辈稍加优礼。其有家计不足而志趣向上者,至亲宜资给以成就之";但并不刻意于科举,而是喜好读书、讲学、陶冶身心,并多建书院及藏书楼。该村于清末所建义塾"笔云轩",甚至规定学子攻读前都要从事农业劳动,以利于其澹泊、宁静心境的养成。日常生活中,该地还有不少以"诸葛"命名的农作物和物品,如"诸葛大青豆""诸葛白""诸葛瓜"及"诸葛行军鞋"(草鞋)、"诸葛行军菜"(蔓菁)、"诸葛行军散"(中药)等。这种澹泊、自然的生活一旦与"诸葛"相联系,则常不免令人联想到诸葛亮的《诫子书》,从而使自己的精神境界得到升华,并自觉地保持其澹泊、宁静的心境。

三是积极入世的从政或从军传统。诸葛氏家族成员虽重"修身""养性",然其最终目的还是为了"兼善天下",即诸葛亮在《诫子书》中所说的"接世"。当然,"接世"并不意味着追求名利,而其途径也可以有多种多样。不过,政治作为"管理众人之事",其"接世"的功能似乎显得更为直接。这就是诸葛氏家族成员一有机会便要在政治舞台上驰骋的原因。诸葛氏家族成员自其先祖诸葛丰任司隶校尉开始,中经东汉、三国以迄魏晋、隋唐,其从政(或从军)者可谓代不乏人。尤其是三国时期,诸葛瑾为吴大将军,诸葛亮为蜀丞相,诸葛诞为魏征东大将军又迁司空,一门三方为冠盖,其家族之从政势头可谓达于极盛。他们的后代子孙中,也有不少人从政。如诸葛瑾之子诸葛恪亦官至东吴大将军,孙权卒后,曾主持朝政;诸葛亮之子诸葛瞻官至蜀行都护卫将军并平尚书事,与董厥、樊建一起主持蜀国后期的军政大计。而诸葛诞之子诸葛靓原本为质于吴,不久也成为吴国的大司马,并在东吴后期的政治生活中发挥过重要作用。至于诸葛亮及其兄弟的第三代,在入晋后,也有不少人入仕。诸葛亮之孙诸葛京仕晋为眉县令、江州刺史;诸葛诞之孙诸葛恢仕晋为会稽内史、尚书左仆射,诸葛恢之兄诸葛颐亦仕晋为太常卿。曾孙一代中,诸葛诞之曾孙诸葛觊及诸葛衡,分别仕至散骑常侍及荥阳太守。至于其他诸葛氏族人之从政者,更是不胜枚举。如魏雍州刺史诸葛绪,其长子诸葛冲入晋后便曾为廷尉,次子诸葛宏官至司空主簿;而诸葛冲之长子诸葛铨(一作诠)又官至兖州刺史,次子诸葛玫更为御史中丞。再如在临沂地区出土的几件北朝造像碑和一座隋碑(隋诸葛子恒等造像碑)中,也记载了不少从政或从军的诸葛氏族人,如都督诸葛子恒、诸葛世龙,主簿诸葛荣叔等①。凡此,皆可以说明诸葛氏族人在从政方面所表现出的足够的热情。

　　四是则直不阿、宁死不屈的高尚气节。诸葛氏家族成员自诸葛丰开始,一直十分崇尚气节。诸葛丰为汉司隶校尉,见"不奉法度"者,即使皇亲国戚也严惩不贷。他还曾上书汉元帝,表达其"不待时而断奸臣之首,悬于都市,编书其罪"的决心,并倡言"伏节死谊",斥"苟合取容,阿党相为,念私门之利,忘国家之政"的小人之举。他的这种品格虽被有的史学家视为"狂瞽"②,但此后的诸葛氏家族成员却大都是以诸葛丰为榜样的。诸葛瑾出使西蜀,与诸葛亮"俱于公会相见,退无私面",便是不念私门之利的表现。诸葛亮既受刘备"三顾",即鞠躬尽瘁,帮助刘备建立蜀汉政权,并不避艰险,多次率兵伐魏,最后死在了五丈原前线。诸葛亮之子诸葛瞻、孙诸葛尚,在国难当头之际,独冒锋刃,视死如归,终于以身殉国。诸葛诞作为曹魏的忠臣,与司马氏进行了不屈不挠的斗争,至死不降。他死后,其麾下数百人也壮烈相殉,并说:"为诸葛公死,不恨。"而诸葛诞的儿子诸葛靓,因其父为司马昭所杀,遂发誓终生不见晋武帝司马炎。司马炎授予他侍中之职也固辞不

---

　　①参见刘家骥《北朝及隋出土文物记载的诸葛氏族人》,《金秋阳都论诸葛》,军事出版社 1995 年 8 月出版。

　　②《汉书·诸葛丰传》班固"赞"。

受。最后归于乡里，以与晋有仇，"终身不向朝廷而坐"。其气节之刚直，与其始祖诸葛丰可谓一脉相承。

诸葛氏家族的这种文化传统，今天早已被融入了中华文化之中，它将是永存的。而诸葛亮作为诸葛氏家族的杰出代表，不但为诸葛氏族人所奉祀，更受到了全中国乃至全世界人民的敬仰。实际上，诸葛亮已成为中华民族正义和智慧的化身了。

诸葛亮是永垂不朽的。而诸葛氏作为中国历史上的名门世家，连同其家族的优秀文化传统，也是永远不会被人们所遗忘的。

（原载《十论武侯在兰溪》，浙江大学出版社 1998 年 8 月出版）

诸葛亮的成才之路

诸葛亮不但是著名的政治家和军事家，也是中华民族正义与智慧的化身。诸葛亮的成功，在中国历史上少有人能与之相比。而这样一位伟大的历史人物，他是如何成才的？他是如何由一位默默无闻的阳都少年而成为全中国乃至全世界都家喻户晓的"智星"的？对此作些探讨，应是不无意义的。

说到诸葛亮的成才，其原因当然是多方面的。既有历史的、时代的及家族的因素，也与他个人的奋斗是分不开的。在一定意义上来说，这种主观的因素更为重要。本文便试从主观的角度，具体谈谈诸葛亮是如何走上成才之路的。

一、远大的志向

诸葛亮的成才，首先是因为他从青少年时代起就已具有远大的志向，而他的一生又是为实现这一远大志向而努力奋斗的。

诸葛亮对"立志"问题看得非常重要，他认为这是一个人能否成才的关键。他在《诫子书》和《诫外甥书》中都很强调"明志"。他说，"非澹泊无以明志"，"非志无以成学"。他主张，一个人要想成才，就必须"使庶几之志，揭然有所存，恻然有所感"。他还从反面指出，"若志不强毅，意不慷慨，徒碌碌滞于俗，默默束于情，永窜伏于凡庸，不免于下流矣"。可见，一个人如无远大的志向，非但不能成才，而且，到头来还"不免于下流"。

诸葛亮对后辈的教导，当然也可以看作是他的夫子自道。从现有资料看，诸葛亮在青年时代即已立下了远大的志向。《三国志·诸葛亮传》云：

> 亮躬耕陇亩，好为《梁父吟》。身长八尺，每自比于管仲、乐毅，时人莫之许也。惟博陵崔州平、颖川徐元直与亮友善，谓为信然。

这是诸葛亮躬耕隆中时的事情，其时他仅是一位年轻的书生。而他所"自比"的管仲、乐毅又是什么人呢？前者是曾帮助齐桓公九合诸侯、一匡天下的名相，后者则是曾率燕国军队一举而下齐国七十余城的大将。原来诸葛亮的志向就是要作一名功勋卓著的大政治家和大军事家，这在一般人看来，未免有点"狂妄"了，故"时人莫之许也"。但真正熟悉、了解他的崔州平和徐元直却"谓为信然"，即相信他会做出管仲、乐毅那样的成就的。《三国志·诸葛亮传》裴松之注又引《魏略》说：

> 亮在荆州，以建安初与颖州石广元、徐元直、汝南孟公威等具游学，三人务于精熟，而亮独观其大略。每晨夜从容，常抱膝长啸，而谓三人曰："卿三人仕进可至刺史、郡守也。"三人问其所至，亮但笑而不言。后公威思乡里，欲北归，亮谓之曰："中国饶士大夫，遨游何必故乡邪！"

这说得更清楚了，诸葛亮在"建安初"，即他还不到二十岁的时候，便已立下了远大的志向。他认为同时游学的石广元、徐元直、孟公威三人可仕至刺史、郡守，而当"三人问其所至"，他则"笑而不言"。其实，这"笑而不言"与他的"好为《梁父吟》"一样，都是"自比于管仲、乐毅"之意，只不过没有明白地道出罢了。正如裴松之所说："夫其高吟俟时，情见乎言，志气所存，既已定于其始矣。"[①]

---

① 《三国志·诸葛亮传》裴松之注。

从此后的事实来看，诸葛亮要作一名大政治家和大军事家的愿望，应该说是实现了。这当然不是历史的巧合。因为诸葛亮在"明志"的当时，即已考虑到了它实现的可能性。那么，青少年时期的诸葛亮又是本着什么样的原则来进行"自我设计"的呢？

一是高尚的人生观。诸葛亮认为，人生在世，"志当存高远"，要"慕先贤，绝情欲，弃凝滞"，"忍屈伸，去细碎"；而不可贪图享受，得过且过，碌碌无为，以至流于凡庸。简言之，一个人要想成才，就必须树立远大的志向，必须摈弃一切世俗观念和低级趣味。这并不是每一个人都能做得到的。而诸葛亮之所以能有这种"高远"的境界，除了琅邪文化及其家族文化传统对他的熏陶外，他个人的学习与自我修养当是至关重要的。

二是"接世"的原则，即根据时代的要求以确立自己的志向。建安前后，中国处于社会大变革的时代，东汉王朝名存实亡，国家逐渐走向分裂。面对诸侯争雄的局面，统一便成为当时知识分子中的精英首先要考虑的问题。而要统一中国，象管仲、乐毅那样的政治、军事人才又是必不可少的。诸葛亮的自比管、乐，从其内心来说，即是基于这样的考虑。当然，他从小所接受的儒家"大一统"思想的教育，也会促使他去为国家的统一而效力。

三是根据自身的条件，即自己的兴趣、爱好、才能和修养等。诸葛亮聪明好学、多才多艺而又生性"谨慎"、办事细心，他对政治和军事都有着浓厚的兴趣（这可能受诸葛氏家族从政和从军传统的影响），他不恋故土并倡言"遨游何必故乡"，这些在他立志的当初都是会考虑到的。而崔州平、徐元直等人对诸葛亮自比管乐的"信然"，也正是充分估量了他的这些有利条件之后才肯认同的。

远大的志向确立之后，诸葛亮便有了终生为之奋斗的目标。换言之，诸葛亮已在成功的道路上迈出了第一步。

二、深厚的积累

所谓深厚的积累,是指为了实现目标而进行的一切准备,诸如思想、学识、才能、阅历以及各种心理训练等。

诸葛亮自幼生活于琅邪文化区,故其思想的形成深受琅邪学术氛围的影响①。琅邪文化的一些显著特点,例如学术思想的兼容性和学风的经世致用,在诸葛亮的身上也体现得淋漓尽致。诸葛亮不但对儒家经典(如《周易》《尚书》《公羊春秋》等)十分熟悉,而且还吸收了儒家以外的多种学术思想,如法、道、黄老等。而从他日后的亲为后主刘禅"写《申》《韩》《管子》《六韬》②",更可见其对各家思想的谙熟。以儒为主、兼容各家的做法,使诸葛亮的思想产生出一种"聚合效应",这便为他日后所经营的事业提供了有力的思想武器。例如,诸葛亮的"先知",一般都认为与他的"明《易》"是分不开的③;而其治军治国的才能,又很得力于他思想中的法家因素;至于他刚直不阿的崇高气节,鞠躬尽瘁、死而后已的可贵精神,则更与儒家思想(尤其是公羊学)的熏陶有关。还应该指出的是诸葛亮思想中的黄老因素。黄老思想"贵清静",诸葛亮曾用以"养性",即他在《诫子书》中所说的"静以修身,俭以养德"。但诸葛亮对黄老思想的接受和运用却并非仅止于此,而是又向前发展了。且不说他已将道家和黄老纯为追求长寿与享乐的"养生"发展为用以"致远""励精"和"接世"的"养性",单就黄老所强调的"静",诸葛亮也作了新的阐释,并将它提高到了一种崭新的

---

①详参拙文《汉代琅邪地区的学术氛围与诸葛亮思想的形成》,《中国典籍与文化》,1995 年第 1 期。

②《三国志·蜀志·先主传》裴注引《诸葛亮集》所载刘备遗诏。

③详参拙文《诸葛亮与周易》,《社科纵横》,1995 年第 2 期。

境界。应该说,诸葛亮所说的"静"已不单是"养心之静"和"致学之静"了,更不是一味求静;而是静中寓动,以静求动,以静制动,动静相辅而相成。实际上,在诸葛亮那里,"静"既是一种精神境界,也是智慧和力量的源泉。而这种"每临大事有静气"的思想境界和人生修养,对于日后的诸葛亮来说,无论是进行政治形势的分析,还是对战略、战术方针的制定,以及具体战役的指挥,都具有不可估量的意义。

在知识的积累方面,出于对未来事业需要的考虑,诸葛亮除了对兵法的钻研外,也很重视对各种科学技术的学习和掌握。他曾说过,最好的将领即"天下之将",应"上知天文,中察人事,下识地理,四海之内,视如室家"①。为此,他对于天文、地理、冶铁、煮盐、兵器的打造、运输工具的制作,乃至医药、绘画、音乐等方面的知识无不涉猎,无不留心。而这些知识对于他日后的治军和治国都发挥了莫大的作用。例如,在著名的赤壁之战中,诸葛亮就是凭借他丰富的天文知识和当地的气象资料,判断出冬至前后,随着阳气的上升,江面上会有东南风吹起的。再如对"一弩十矢俱发"的"连弩"的发明,对先进运载工具"木牛""流马"的制作,以及对行军用具铜鼓的打造等,也都得力于他早年对有关科学技术知识的积累。至于他组织军队屯田所需要的农耕技术,更是源于他的躬耕实践。即使是他在平定南中途中,为解决军粮而推广种植的"诸葛菜"(即蔓菁),也是他早年生长农村时,对各种农作物细心观察的结果②。这些知识的积累,对一般人来说也许并不重要,但当它们与某个人的远大目标相联系时,其作用便不可低估了。

除了思想的形成和知识的积累外,人生的阅历也对诸葛亮的成

①《将苑·将器》。

②详参拙著《诸葛亮世家》,吉林人民出版社,1997 年 8 月出版。

才起了十分重要的作用。在一定意义上来说，阅历也是一种积累。诸葛亮十四岁以前生长于故里阳都，这期间正是他束发就学、人生观开始树立的阶段。而琅邪文化的熏陶，农村生活的锻炼，以及相继失去父母的精神折磨，都促使着年轻的诸葛亮逐渐成熟。十四岁时，诸葛亮随叔父来到豫章郡，不久便遇上朱皓进攻南昌，又经历了一次惊心动魄的场面①。待到北上襄阳，客居荆州，叔父却不幸辞世，二姊又随后出嫁，不得已，他只好与弟弟隐居隆中，躬耕陇亩。家庭的不幸和生活的艰难自然不是诸葛亮所希望的，但却令这位年轻的书生经受了磨难，增广了阅历，并促使他对人生和社会作更深层次的思考。所以，隆中时期的诸葛亮不但学问大增，视野拓宽，而且在人际交往方面也有了重要的突破。他所交往的不少亲朋，如庞统、庞林、习祯、马良、马谡、杨仪、向朗、向宠、董恢、廖化等，日后都曾在刘备政权中担任过各种大小不同的职务②。在这个意义上也可以说，未出山之前的诸葛亮，早已为后来的蜀汉政权网罗了大批人才。

思想、道德，学识、才能，阅历、交往，合而言之便是人的素质。诸葛亮在青年时期所进行的一切积累，实际都是人才素质的培养。只不过这种培养主要不是由教育机关来实施，而是通过诸葛亮本人的努力来完成的。

三、正确的选择

所谓选择，就是凭借自己的实力来选择一条能够实现远大目标的具体途径。而选择的正确与否，又往往决定着一个人的能否成功。

从历史的事实来看，诸葛亮是成功了，而他对刘备的选择也是正

---

①②详参拙著《诸葛亮世家》，吉林人民出版社，1997 年 8 月出版。

确的。那么,诸葛亮又是根据什么样的原则来选择刘备的呢?

首先,是考虑本人的志向,即这样的选择能否实现自己的远大理想。前已言及,诸葛亮的志愿是成为一名像管仲、乐毅那样的政治家和军事家,并进而为汉室的兴复、中国的"一统"而奋斗。但鉴于诸葛亮的知识分子身份,特别是儒家"穷则独善其身,达则兼善天下"思想对他的影响,他不可能单独"挑牌",而必须寻找一位与自己志同道合又有相当背景的人作为"老板"。这也是汉末许多知识分子的共同心愿。所谓"月明星稀,乌鹊南飞,绕树三匝,何枝可依"①,便是对当时知识分子情状的生动描绘。

汉末以来,诸侯纷争,群英并起。应该说,其时可供知识分子选择的对象是很多的。像袁术、袁绍、曹操、孙权乃至刘表等,都曾称雄一方。但谁是可以令自己的理想得以实现的人呢?隐居隆中的诸葛亮一直在冷静地观察着,思考着。他看到袁术、袁绍虽曾煊赫一时,但贪图享乐,庸碌无为,不久便退出了历史舞台;刘表虽处有利的地理位置,实力雄厚,人才众多,然其"外宽内忌,好谋无决,有才而不能用,闻善而不能纳"②,却还要奉行"从容自保""以观时变"的政策③,也是不能持久的。至于拥兵北方的曹操和坐镇江东的孙权,前者被时人称作"乱世之奸雄",时正挟天子以令诸侯,这自然与诸葛亮之素志相违;而后者却只知一味地保守父兄之业,并无统一中国的雄心。所以,选来选去,诸葛亮的眼光最后便落到了刘备身上。而号称"枭雄"的刘备,其时虽势单力孤,居无定所,然胸怀大志,不忘统一,这与诸葛亮的志向可谓不谋而合。于是,刘备便成为诸葛亮实现其人生理想的唯

①曹操《短歌行》。
②《三国志·刘表传》。
③《后汉书·刘表传》。

一选择了。

其次，是考虑所选择的对象是否具有发展的生机。一般地说，一个人或一个政权，当其事业如日中天之时，是很容易吸引人才的。但这样的选择虽能免除创业之苦，然其发展也就很有限了。正确的选择应是着眼于未来，着眼于发展。而诸葛亮的选择刘备，除了他们的志同道合外，很重要的一点，便是诸葛亮看到了刘备事业所具有的勃勃生机。我们从《隆中对》中便可以看出，诸葛亮通过对当时形势的分析，已经预计到了天下将要"三分"，并预见到了刘备将会成为其中的一方。于是他决心加入刘备集团，先促其"三分"格局的形成，然后再伺机统一中国。而这样一来，他要做的工作就很多了，他的人生理想也会随着刘备事业的逐渐兴旺而最终得以实现。倘非如此，则无论选择曹操或是孙权，都只能在既成事实的基础上做些局部的修整工作，而很难有开创性的事业了。

再次，是考虑自己的选择能否充分展现其才华。诸葛亮是有自知之明的，他对自己的才华也有充分的估计，他的自比管、乐便是明证。但一个人能力的发挥，才华的展现，是需要一定的客观条件尤其是当政者的配合的，这一点诸葛亮也很清楚。通过几次的考验，刘备的礼贤下士，"三顾"的诚心，都令诸葛亮感到这是一位能够重用自己的明主。于是，他终于从隆中草庐中迈出了关键的一步。后来的事实也证明，刘备不但"与亮情好日密"，称"孤之有孔明，犹鱼之有水也"[1]，而且对诸葛亮一直放手使用，言听计从，虚心相待，不存任何芥蒂。这样一来，诸葛亮便可以毫无顾忌地在三国的大舞台上纵横驰骋，任意挥洒了。据说赤壁之战中，张昭曾向孙权推荐过诸葛亮，但诸葛亮却不

---

[1]《三国志·诸葛亮传》。

肯留于东吴。人问其故,诸葛亮说:"孙将军可谓人主,然观其度,能贤亮而不能尽亮,吾是以不留。"①所谓"尽亮",其实也就是能让诸葛亮充分施展才华的意思了。

四、完全的投入

在诸葛亮的成才之路上,一旦目标确立,途径选定,他所需要的便是完全的投入了。

所谓"完全的投入",首先要有义无反顾、一往无前的决心。诸葛亮正是这样做的。当他从隆中走出之时,便对自己所从事的事业充满了信心。即使"受任于败军之际,奉命于危难之间",他也丝毫不曾动摇、犹豫和悲观过。其间,无论时局是怎样的纷乱,形势是如何的严峻,他所追求的目标——北定中原""兴复汉室",始终不渝。可以说,诸葛亮之所以能在成才的路上迅跑,与其一往无前、义无反顾地投入精神是分不开的。

其次是要全心全意地参与,并奉献出自己的全部智慧、才能和力量,也就是诸葛亮所说的"庶竭驽钝"。诸葛亮的一生,除了帮助刘备建立蜀汉政权并北伐曹魏外,可以说心无旁骛。同不少的知识分子一样,诸葛亮也有过自己的许多爱好,例如音乐、绘画、文学创作及史学研究(诸葛亮曾著有《论前汉事》一卷)等;但他为了所从事的"大业",都无暇去充分地发展了。郭沫若曾经说过,假如让诸葛亮专心从事诗歌创作,其成就也决不会亚于陶渊明②。这是完全可以相信的。但诸葛亮非但不能充分地发展各种各样的爱好,相反的,他还要利用已

①《三国志·诸葛亮传》裴注引《袁子》。
②郭沫若 1964 年为隆中题词中有句云:"如武侯终身隐逸致力于诗,谅亦不逊于陶令也。"

有的全部知识和才能来为其"大业"服务。除前已述及者外，再如，他的《周易》知识又被用来推演兵法，做八阵图；他的医药知识被用来研制"行军散"；他的民俗知识被用来发明馒头（即"蛮头"）；他的工艺才能也被用来修建栈道，等等。而且，为了事业的成功，他甚至顾不上自己的家庭，以至夫妻长期分居，晚有儿息（诸葛瞻出生时诸葛亮已47岁了）。这真可以说是全心全意了。后人在谈到诸葛亮的成功时，往往只注意其聪明与智慧，而忽视了他完全投入的精神，其看法是不全面的。

五、不懈的努力

所谓"不懈的努力"，就是要在成才的路上永不停顿，永不满足，不达目的，誓不罢休。也就是诸葛亮所说的"鞠躬尽瘁，死而后已"。

要作不懈的努力，首先必须对实现自己的最终理想有一种明确的思路，包括远期目标、近期目标以及在不同进程中的主要步骤和策略等，切不可"跟着感觉走"。只有这样，才能一步一个脚印，随时都知道自己下一步应该做的工作，从而不断逼近终点。诸葛亮为刘备所制定的"分三步走"的战略，就是他作不懈努力的明确思路和进程。所谓"分三步走"，首先是要帮助刘备站稳脚跟，然后再西取益州，最后北定中原，统一中国。而这期间的重要策略，便是"西和诸戎，南抚夷越，外结孙权，内修政理"。我们看到，诸葛亮就是顺着这样一种思路，有条不紊地向前推进着。当赤壁之战刚刚结束，一般人都还沉醉在胜利的喜悦之中时，诸葛亮便不失时机地帮助刘备南征武陵、长沙、桂阳、零陵四部，占领了江南的大片土地，并调其赋税，以充军实，从而为日后的西进打下了基础。而当刘备攻下益州，蜀中上下无不欢欣的时候，诸葛亮又在规划进兵汉中了。待到汉中及其周围地区尽归刘备所有，刘备由汉中王继而称帝，诸葛亮又在做着北伐的准备，并在刘备托孤、刘禅继位之后正式上表出征。可以说,他一刻都不曾停息,一直在为最终的目标而不懈地奋斗着。

其次,要作不懈的努力,也还需要坚强的毅力和置生死于度外的大无畏精神。诸葛亮的毅力是惊人的,他在帮助刘备创建帝业的过程中,所经历的艰难和困苦,不知要比常人多出多少倍,但他从不气馁,从不懈怠。他所面对的敌手,其力量常常超出自己许多倍,但诸葛亮从来也不曾被对方所吓倒,相反地,每一次他都能凭借自己的智慧和毅力使形势转危为安。三国时期,依国力而言,最强者当是曹魏(有十二州之地),其次为孙吴(有四州之地),最弱的是蜀汉(仅一州之地);而在战场上常常居于主动地位的,却反倒是蜀汉,这不能不说与诸葛亮的奋斗精神有关了。而且,直到晚年,诸葛亮仍不顾自己疲弱的身体,继续坚持"六出祁山",最终心力交瘁,病逝在五丈原前线。诸葛亮的这种不懈的奋斗精神与他的许多美好品德一样,即是他成才的重要原因,同时也给后人留下了光辉的榜样。

总之,从主观方面探讨诸葛亮成才的原因,实不外乎上述五端,即远大的志向、深厚的积累、正确的选择以及完全的投入和不懈的努力。这在一般人,也许可以做到其中的一两点——这自然比较容易,当然成效也就甚微;但诸葛亮却是完全地做到了。在这个意义上又似乎可以说,诸葛亮的成才也是一种"聚合效应"。

(原载《诸葛亮成才之路》,武汉大学出版社 2000 年 8 月出版)

诸葛亮为何不纳魏延之计

在一段时间里，魏延十日出子午谷以袭长安之计被不少人看作是可行的，而诸葛亮拒纳魏延之计则被认为是"战略之失"，是"心胸偏狭"、嫉贤妒能。窃以为，这是对魏蜀两国的军事形势不明且于魏延之计的可行性缺乏论证所致。今略陈己见，以就教大方之家。

一、"安从坦道""平取陇右"乃"十全必克"之策

蜀建兴五年（227）三月，诸葛亮给后主刘禅上《出师表》后不久，即率十万大军出师伐魏。蜀军从成都北上，经剑阁，走金牛道，过宁强，很快便进入汉中盆地。诸葛亮屯兵于沔北阳平、石马（今勉县西十里老城一带），以汉中为基地，让士兵加紧休整，积极备战。为此，他又将第一任汉中郡太守魏延调任丞相司马，并把诸将子弟也组织起来，往前线转运粮草。到了建兴六年（228）春天，诸葛亮见士气高昂，军需供应也已就绪，遂决定对曹魏发起进攻。可以说，此时的蜀军兵强马壮，粮草充盈，锐气十足，只等一声令下便要杀向敌后了。

而曹魏方面的情况又是怎么样的呢？诸葛亮领兵十万进驻汉中，魏明帝曹睿自然很快就知道了。他开始也同意"大发兵，就讨之"，但在听取了乐阳亭侯孙资的建议后，却改变主意了。《三国志·魏书·刘放传》裴注引《（孙）资别传》曰：

> 诸葛亮出在南郑，时议者以为可因大发兵，就讨之，帝意亦然，以问资。资曰："昔武皇帝征南郑，取张鲁，阳平之

役,危而后济。又自往拔出夏侯渊军,数言'南郑直为天狱中,斜谷道为五百里石穴耳',言其深险……今若进军就南郑讨亮,道既险阻,……力役参倍。但以今日见兵,分命大将据诸要险,威足以震慑强寇,镇静疆场,将士虎睡,百姓无事……"帝由是止。

这说明魏明帝已采纳了孙资"分命大将据诸要险"的建议,而没有采取大力发兵就讨的办法。应该说,这样的战略方针是正确的。因为当时从关中通往汉中的道路,无论褒斜道、傥骆道(即骆谷道)还是子午道,皆是穿行于山谷之中,路既狭窄险要,而且有时还要靠修栈道以行进,大部队在其中根本无法运转。尤其对于进攻方来说,不利因素太多。曹操说"斜谷道为五百里石穴",其他各道的情况也差不多。而对于守方来说,却只要把住出口,"据诸要险",便可从容御敌。四道中只有故道(又名陈仓道)地势稍平缓,其路线先由褒水谷地东北行,然后往西至凤县,再沿故道水谷地东北行至散关,出陈仓,此即刘邦自汉中还定三秦的路线。而魏军要由此进攻汉中,不仅道路迂远,而且在谷道的南口也同样会受到蜀军的狙击。所以,魏明帝的策略可谓明智之举。

从实际情况来看,当时各条道路的北口曹魏确已"分命大将据诸要险"。只有故道的北口陈仓未充分设防,但不久曹真即命郝昭、王生距守之,并治其城,修筑了坚固的防御工事。在这种情况下,蜀军应当如何进攻呢?于是诸葛亮在南郑与群下计议作战方略。而魏延的十日出子午谷以袭击长安之计,便是在这一次的会议上提出来的。究竟是靠奇袭长安取胜,还是"安从坦道"以"平取陇右",然后从魏国的背后包抄敌军以取胜?诸葛亮经过慎重的考虑,选择了后者。他先扬声由斜谷道取郿(今陕西眉县),并使镇东将军赵云、扬武将军邓芝为疑兵,据箕谷(今陕西太白县境内),以吸引魏军主力;而自己则亲率十万大军从沔阳往西北出发,经略阳,然后沿西汉水西上至建威(今甘肃西和),出其不意地攻占了今甘肃西和、礼县一带的祁山地区,并在祁山堡安营扎寨。应该说,诸葛亮的战略方针是完全正确的。

首先,诸葛亮将进攻的路线选在比故道还要往西的陇右一带,这样既避开了东线敌军的严密防守,同时又能出其不意地出现在曹魏后方,从而使蜀国军队在这一地区处于绝对优势。而且,西线的路况也远较东线为坦易,这就更易于大部队的运行和展开。前面说过,自诸葛亮进驻汉中到北上出击,为时将近一年。在此期间,蜀军既可以加紧休整,积极备战;而魏军也能以逸待劳,加强防守。如十万大军勉强走褒斜道或傥骆道或子午道,要么三路并进,军力分散;要么只走一道,致被守敌扼于谷内。这都是胜负难料的。而"安从坦道""平取陇右",路虽回远,但却可以稳操胜算,"十全必克而无虞"。这对于一生"谨慎"的诸葛亮来说,当然是首选了。

其次,陇右为襟带、咽喉之地,具有十分重要的战略地位,蜀军迟早是应该得到的。古时所谓陇右,乃泛指今甘肃陇山以西地区,这是中原通向西域的必经之地,也是关中的大后方。而天水一带又是关中进入陇右的门户。诸葛亮的"平取陇右",实际是要夺取以天水为中心的陇右门户地带。因为由天水往北,经街亭(今秦安县陇城镇)、越陇山,出大震关(今清水县东陇山东坡)、固关(今陕西陇县)以达长安,便是著名的"关陇大道",亦即"丝绸之路"的南线;往南,则由祁山堡(今礼县城东23公里)以达汉中或四川,在交通上具有枢纽的作用。所以,只要控制了天水一带,便可随时从背后出击长安,从而保持战略的主动性。而这也就是当年的曹操之所以惧怕凉州马腾的原因[1]。

---

①参见《三国志·蜀书·马超传》裴松之注引《典略》。

因之,诸葛亮早在《隆中对》中就已经有了"率益州之众出于秦川"的设想。再加上当时的陇右是魏国军力相对薄弱的地带,而从居民上来说,又属多民族聚居之地,少数民族与魏国统治集团的关系一直十分紧张,社会随时都会发生动乱,所以诸葛亮便毫不犹豫地将突破点选在了天水一带。至于收复之后,诸葛亮自信在处理民族关系上还是有经验的,他完全可以将不利因素转变为有利因素,从而使陇右成为他反攻曹魏的前线。

再次,是年北伐的初步胜利也证明了诸葛亮决策的正确性。由于诸葛亮的出其不意,再加上军队的戎阵整齐、号令严明,所以蜀军一路进展十分顺利。南安(治所在今陇西县东北)、天水(今甘谷县东)、安定(今镇原县南)三郡纷纷叛魏归蜀。直到这时,魏明帝曹睿才恍然大悟,慌忙从洛阳赶到长安坐镇,并派大将张郃率兵五万西上抵挡蜀军。诸葛亮早已料到张郃的出兵路线与他进攻关中的路线是一致的,所以事先便派兵把守关陇大道上的军事重镇街亭。这一战略举措也无疑是得当的。但问题出在诸葛亮的错用马谡上。假如马谡能够按照诸葛亮的意图守住街亭,阻住张郃,则第一次北伐的结果也许会是另外一种格局,即使不能完全获胜,至少也要将战场推至陇山以东,从而对魏军形成步步进逼之势。

概言之,诸葛亮的第一次北伐虽以失败告终,但绝不是战略上的失误,他所选择的"安从坦道""平取陇右"的方针是完全正确的。至于因某一环节的失误而导致整个战争的失败,这在古今战争史上都是常见的现象,论者决不能以此而对战略的设计产生怀疑。

二、魏延之计"悬危"

所谓"魏延之计",是见于《三国志·魏延传》裴松之注所引《魏略》的如下一段文字:

夏侯楙为安西将军,镇长安。亮于南郑与群下计议,延曰:"闻夏侯楙少,主婿也,怯而无谋。今假延精兵五千,负粮五千,直从褒中出,循秦岭而东,当子午而北,不过十日可到长安。楙闻延奄至,必乘船逃走。长安中惟有御史、京兆太守耳,横门邸阁与散民之谷足周食也。比东方相合聚,尚二十许日,而公从斜谷来,必足以达。如此,则一举而咸阳以西可定矣。"亮以为此县(悬)危,不如安从坦道,可以平取陇右,十全必克而无虞,故不用延计。

诸葛亮所谓"悬",是指魏延此计空想的成分太大,不着边际;所谓"危",则是说后果不堪设想,甚至还会导致失败。应该说,这是对魏延之计一针见血的批评。

从军事角度来说,诸葛亮称魏延之计"悬危"的理由大概有以下几点:

一是敌情不明。如前所述,诸葛亮大军进驻汉中,曹魏是知晓的,魏明帝为此还专门组织人进行了论证,最后决定采取"分命大将据诸要险"的策略。这种据险御敌的部署,自然也包括子午谷在内,至少子午谷的北口杜陵一带当会有重兵把守。既然蜀军的军事行动已毫无秘密可言,则奇袭也就谈不上了。而且,曹魏在这一带的机动部队也是不可低估的。视诸葛亮扬声由斜谷道取郿后,曹真的大军很快便赶到眉县,致使赵云、邓芝失利于箕谷可知。倘子午道有事,谁能担保魏军不会快速集结呢?而魏延以区区五千人马,要走出子午谷又谈何容易!

二是路况不明。按照魏延的计划,他所率领的五千精兵是从褒中出来,然后沿秦岭往东,最后由子午道北进。这里有两个问题:一是由褒中到子午道间约四五百里的山路,其路况便不甚明了。这一带虽是秦岭南坡,但山高路险,直到今天都没有一条横贯的公路,何况在三国时期呢？魏延即使勉强率军行进,恐怕也要遇到许多预想不到的困难。二是进入子午道后向北行进的一段,恐怕路况更差。这里全靠栈道,而栈道一旦遇雨,随时都会被冲垮。如两年后(明帝太和四年,公元230年）曹真由子午道南侵汉中,"会大霖雨三十余日，或栈道断绝"①,"曹真发已逾月,而行裁半谷"②。《资治通鉴》于是年此语下胡三省注曰:"谓子午谷之路,行纔及半也。"这也可以从反面印证魏延出子午谷之艰难。更不要说魏军如闻蜀军进入子午道,很可能会像赵云和邓芝那样,主动去烧毁栈道了。

三是军粮不继。魏延虽然考虑到了部队的后勤供应,但"负粮五千"还是很成问题的。五千人马,人均负粮一石,还怎么行军呢？假如另外派人运粮,山路奇险,车马难行,也只有靠人"负",而负粮者本身又是要消耗给养的。可见,魏延在后勤供应问题上的设想有点不够现实。而一旦粮草不继,无论在人烟稀少的秦岭山区,还是在山高谷深的子午谷内,都是无法筹集到的。这一点,魏延似乎也没有考虑到。至于魏延所寄希望的"横门邸阁与散民之谷",那是攻克长安以后的事情,远水解不了近渴。

四是时间难定。魏延说"从褒中出,循秦岭而东,当子午而北,不过十日可到长安",这也只是一种设想而已。子午谷长700余里,假如魏延从半道入,再加上自褒中至子午道间的四五百里山路,全程已有800里。这样,部队行进的速度每天都要保持在80里左右。且不说山路的难行,后勤供应的或不能及时,单是遇见雨天,也就会像曹真南侵时的举步维艰一样,三十余天仅走三百余里而已(即所谓"行纔及半")。时间问题关乎战争的命运,一旦既定的时间拖延,则不但奇袭

---

①《三国志·魏书·曹真传》。

②《三国志·魏书·王肃传》。

不成,还会使部队陷入危境。

五是长安难攻。诚然,当时镇守长安的安西将军夏侯楙确像魏延所说的那样,"怯而无谋"。《三国志·夏侯惇传》裴注引《魏略》也说他"性无武略,而好治生","多畜伎妾"。但夏侯楙只不过是以曹操的女婿、曹丕的朋友身份备位长安而已,真正的西部战场军事指挥权乃在大将军曹真手中,或者说在魏明帝曹睿手中。我们只要看斜谷一旦有事曹真即率军赶到,陈仓防守一旦出现漏洞曹真即派将把守治城,而作为安西将军的夏侯楙却毫无作为,便很清楚了。完全可以相信,一旦长安有事,曹真是会亲赴的。再加上此前魏明帝已"分命大将据诸要险",所以长安的防守并不像魏延所想的那样乐观。而仅以长途跋涉后的五千军队来攻打长安,显然是很难奏效的。至于魏延所说魏明帝要"合聚"东方军队以驰援长安,"尚二十许日",这既低估了魏军的"快速反应能力",同时也是对魏国军队部署的无知。试想,诸葛亮刚一扬声出斜谷道并派赵云、邓芝为疑兵,曹真的大军便几乎与赵、邓的军队同时到达箕谷,那么这支军队又是从哪儿冒出来的呢?

质言之,无论在敌情估计、道路行进、军粮供应还是在时间安排以及袭占长安的难度等方面,魏延之计都带有明显的"悬危"特点,而诸葛亮之不用其计,也就是理所当然的了。

三、诸葛亮与华歆、王肃、陈群等人的见解不谋而合

前面谈到,魏文帝太和四年,亦即蜀建兴八年(公元 230 年),魏军曾数道南侵汉中,而曹真率部所走的路线正是子午道。此与魏延的建议时间仅隔二年,所走的道路又是同一条,故两者之间应该是有可比性的。而且,曹真的半途而废,还可排除其在敌情估计方面的失误,纯是由于道路及后勤供应方面的原因,应该说比起魏延计划中的奇袭也要容易多了。但就是这样,曹真费时三十余日,也才只走了子午

谷的一半路程(这恰好是魏延计划中要走的那一段路程)。请看《三国志·曹真传》的记载:

> (太和)四年,朝洛阳,迁大司马,赐剑履上殿,入朝不趋。真以"蜀连出侵边境,宜遂伐之,数道并入,可大克也"。帝从其计。……真以八月发长安,从子午道南入。司马宣王溯汉水,当会南郑。诸军或从斜谷道,或从武威入。会大霖雨三十余日,或栈道断绝,诏真还军。

魏明帝为何要"诏真还军"呢? 原来是听了华歆、王肃、陈群等人的建议。先看华歆的上疏:

> 太和中,遣曹真从子午道伐蜀,车驾东幸许昌。歆上疏曰:"……臣诚愿陛下先留心于治道,以征伐为后事。且千里运粮,非用兵之利;越险深入,无独克之功。……"时秋大雨,诏真引军还。①

再看王肃的上疏:

> (太和)四年,大司马曹真征蜀,肃上疏曰:"前志有之,'千里馈粮,士有饥色,樵苏后爨,师不宿饱',此谓平塗之行军者也。又况于阻险,凿路而前,则其为劳必相百也。今又加之以霖雨,山坂峻滑,众逼而不展,粮悬而难继,实行军者之大忌也。闻曹真发已逾月而行裁半谷,治道功夫,战士悉作。是贼偏得以逸待劳,乃兵家之所惮也。"……于是遂罢。②

再看陈群的建言:

> 太和中,曹真表欲数道伐蜀,从斜谷入。群以为"太祖昔到阳平攻张鲁,多收豆麦以益军粮,鲁未下而食犹乏。今既

---

①《三国志·魏书·华歆传》。
②《三国志·魏书·王肃传》。

无所因,且斜谷阻险,难以进退,转运必见钞截,多留兵守要,则损战士,不可不熟虑也。"帝从群议。真复表从子午道,群又陈其不便,并言军事用度之计。诏以群议下真,真据之遂行。会霖雨积日,群又以为宜诏真还,帝从之。①

对于曹真的出子午道,华歆、王肃、陈群的意见是一致的,即认为"深入阻险,凿路而前",较之正常行军有百倍之劳;而"众逼而不展,粮悬而难继,实行军者之大忌也"。事实也证明,曹真这样做的结果只能是半途而废。假如魏延要一意孤行,也定会犯像曹真一样的错误。而对于这一类的"行军者之大忌",连华歆、王肃、陈群之辈都能看得十分清楚,诸葛亮又怎能不深知呢!换言之,诸葛亮的不用魏延之计以北出子午道,正如两年后的华歆、王肃、陈群之反对曹真的南出子午道一样,理由是十分充足的。而诸葛亮与华歆、王肃、陈群的见解虽时有先后,又确是不谋而合的。

这里还要指出的是,魏延之所以会有"十日出子午谷"之想,实是过分地自信其"骁勇"的结果,同时又暴露了他在"规画分部、筹度粮谷"方面的弱点②,而后者恰恰是杨仪之所长。诸葛亮在汉中,正是兼用了魏延与杨仪各自的长处。本来,"亮深惜仪之才干,凭魏延之骁勇,常恨二人之不平,不忍有所偏废也③"。但由于二人间的关系"有如水火"④,而诸葛亮临终前为安全撤军计,又不得不有所选择,故遂属意于以"规画分部"见长的杨仪了。杨仪虽然生性"狷狭"⑤,不能托以后事,但只要他能将汉中的军队安全撤回,将来内有蒋琬,外有姜维,局面还是可以维持的。倘是魏延大权在握,则难保他不会再贸然出子

---

①《三国志·魏书·陈群传》。
②③⑤《三国志·蜀书·杨仪传》。
④《三国志·蜀书·魏延传》。

午谷，而那明明是一步险棋，蜀国的命运也许要葬送在魏延的手里了。这便是诸葛亮临终前的心态。

最后再回到"魏延之计"上来。由于魏延之计在敌情估计、路线选择、军粮供给、时间设想、攻城准备等诸多方面都存在着明显的"行军者之大忌"，亦即诸葛亮所说的"悬危"，故其不被诸葛亮采纳是很自然的事情。在当时的情况下，只有诸葛亮的"安从坦道""平取陇右"才是唯一正确的策略。而要使一生"谨慎"的诸葛亮放弃其"十全必克"之策而去冒"悬危"之险，那是绝对不可能的。

（原载《成都大学学报》2003 年第 2 期）

诸葛亮的廉政思想与实践

在中国吏治史上,诸葛亮堪称千古廉政的楷模。他不但有廉政思想,也有廉政实践;不但以廉政治国,也以廉政律己。诸葛亮的廉政思想与实践已成为中华民族宝贵的文化遗产,并对当今的廉政建设具有重要的启示意义。

一、对自身:淡泊名利

诸葛亮素有大志,然其志向并不是为了获取自身的名利,而是要为国家与民族献身。早在躬耕隆中时期,诸葛亮就常自比于管仲、乐毅,这是为什么呢? 因为当时的中国正处于社会大变革时代,东汉王朝名存实亡,国家已逐渐走向分裂;而要统一中国,要实现"大一统"的理想,像管仲、乐毅那样的政治和军事人才便是至关重要的。所以他的自比管、乐与他对孟公威所说的"遨游何必故乡"一样①,并不存个人私念,也没有项羽那样的衣锦还乡的愿望;他一心想的只是如何结束诸侯纷争的局面,早日安定当时的社会。这与他后来所说的"普天之下,莫非汉民,国家威力未举,使百姓困于豺狼之吻,一夫有死,皆亮之罪"②,其思想是一脉相承的。

诸葛亮为了国家和民族的大业,不但摈弃了个人的一切名利,而

---

① 《三国志·蜀书·诸葛亮传》裴松之注引《魏略》。
② 《三国志·蜀书·诸葛亮传》裴松之注引郭冲《五事》之四。

且还奉献出自己全部的智慧、才能和力量。综观诸葛亮的一生,除了帮助刘备建立蜀汉政权并北伐曹魏外,可以说心无旁骛。同不少的知识分子一样,诸葛亮也有过自己的许多爱好,例如音乐、绘画、文学创作及史学研究(《隋书·经籍志》载诸葛亮曾著有《论前汉事》一卷)等,但为了所从事的"大业",他都无暇去充分地发展了。郭沫若曾经说过,假如让诸葛亮专心从事诗歌创作,其成就也绝不会亚于陶渊明[①],这是完全可以相信的。而诸葛亮非但没有充分地去发展各种各样的爱好,相反的,他还要利用自己的全部知识和才能来为其"大业"服务。例如,他的《周易》知识被用来推演兵法并做八阵图,他的器物知识被用来发明"一弩十矢俱发"的"连弩",他的工艺才能被用来制作"木牛""流马",他的建筑才能被用来修建栈道,他的医药知识被用来研制"行军散",他的民俗知识被用来发明馒头(即"蛮头")[②],等等。为了事业的成功,他甚至顾不上自己的家庭,以至夫妻长期分居,晚有儿息。这真可以说是毫不利己了。其间他也曾面对过名利的诱惑,但他始终不为所动。如赤壁之战中,张昭就曾向孙权推荐过诸葛亮,但诸葛亮宁肯随刘备颠沛流离也不愿到东吴去做官[③]。

诸葛亮后至蜀汉丞相,刘备死后,又摄一国之政,可谓功高盖世,权大无比了。然他"专权而不失礼,行君事而国人不疑"[④]。这又是为什么呢? 因为国人皆知他并无私心。他的"专权"是为国家谋发展,为人民谋福祉,而不是为个人谋利益。所以在第三次北伐取得胜利之后,中都护李严写信劝他仿曹操之举,"宜受九锡,晋爵称王"时,便被他

①郭沫若 1964 年为隆中题词中有句云:"如武侯终身隐逸致力于诗,谅亦不逊于陶令也。"

②见宋高承《事物纪原》。

③④见《三国志·蜀书·诸葛亮传》裴松之注引《袁子》。

断然拒绝了。他在给李严的回信中写道：

> ……吾本东方下士，误用于先帝，位极人臣，禄赐百亿。今讨贼未效，知己未答，而方宠齐、晋，坐自贵大，非其义也。若灭魏斩睿，帝还故居，与诸子并升，虽十命可受，况于九邪！

> ——《三国志·蜀书·李严传》裴松之注引《诸葛亮集》

其一心为国、不谋私利的铮铮之言，可谓掷地有声！而所谓"九锡"，乃是国君赐予大臣的九种器物，即车马、衣服、乐器、朱户、纳陛（殿前特制的台阶）、虎贲（勇士）、斧钺、弓矢、秬鬯（用黑黍和香草酿成的名酒）。受九锡晋爵称王，是臣子的最高荣誉。建安十八年（213），曹操就曾自立为魏公，加九锡。但诸葛亮却不肯接受，他心中所想的只有统一大业，在国家统一之前，他将一切名利都置诸脑后了。

诸葛亮不但不追求名利，而且对于自己工作中的失误还能自行问责，自请处分。如第一次北伐失败后，诸葛亮在斩马谡的同时又上书后主刘禅，要求自贬三级。其疏曰：

> 臣以弱才，叨窃非据，亲秉旄钺以厉三军，不能训章明法，临事而惧，至有街亭违命之阙，箕谷不戒之失，咎皆在臣受任无方。臣明不知人，恤事多暗，《春秋》责帅，臣职是当。请自贬三等，以督厥咎。

> ——《三国志·蜀书·诸葛亮传》

这种遇事引咎自责，完全以事业为重，丝毫不计个人荣辱得失的精神，虽千载而下，犹令人感佩！而更为可贵的是，诸葛亮不但自行问责、自请处分，还能广泛地发动将士提出意见，帮助自己深刻反省。在著名的《劝将士勤攻己阙教》中，他语重心长地写道：

> 大军在祁山、箕谷，皆多于贼，而不能破贼为贼所破者，则此病不在兵少也，在一人耳。今欲减兵省将，明罚思过，校

变通之道于将来;若不能然者,虽兵多何益!自今已后,诸有忠虑于国,但勤攻吾之阙,则事可定,贼可死,功可蹻足而待矣。

——《三国志·蜀书·诸葛亮传》裴松之注引《汉晋春秋》

诸葛亮将"勤攻吾之阙"与北伐大业的成功密切联系在一起,在这里,哪里还有一丝一毫的个人名利存在呢!这与那些遇事文过饰非,遇名利则趋之若鹜的官员相比,又何啻天壤之别!

二、对部下:赏罚分明

公生廉,廉生明。官员遇事能出以公心,自然会廉洁;而一旦廉洁了,对部下的赏罚也就会分明。诸葛亮是这样倡导的,也是这样做的。

诸葛亮曾提出过考察贤才的七种办法,即"知人之道有七焉"①,其中一条便是"临之以利而观其廉",可见诸葛亮对官员的廉洁是非常重视的。早在入蜀之初,他便与法正、刘巴、李严、伊籍等人共同制定了《蜀科》②,并以此作为蜀汉政权实行法治的依据。他明确提出,对官员的赏罚一定要分明,即"赏不可虚施,罚不可妄加"③。而面对刘璋政权在蜀中遗留下来的腐败混乱局面,诸葛亮又力排法正等人"缓刑弛禁"、先施恩惠的主张,坚持严正执法,赏罚分明。他在答复法正的提议时说:

君知其一,未知其二。……蜀土人士,专权自恣,君臣之道,渐以陵替。宠之以位,位极则贱;顺之以恩,恩竭则慢。所以致敝,实由于此。吾今威之以法,法行则知恩;限之以爵,

① 《将苑·知人性》,见张澍辑《诸葛忠武侯文集》。
② 见《三国志·蜀书·伊籍传》。
③ 《便宜十六策·赏罚》,见张澍辑《诸葛忠武侯文集》。

爵加则知荣。荣恩并济,上下有节。为治之道,于斯而著矣。

——《三国志·蜀书·诸葛亮传》裴松之注引郭冲《五事》之一

由此出发,他在蜀中不避权贵,一切依法而行,尤其对蜀郡的反叛势力(如彭羕等人)进行了严厉打击,终于使蜀中的社会秩序好转,为蜀汉政权的稳固奠定了基础。

对蜀汉政权一些官员如来敏、廖立、李严等人的处理,也充分体现了诸葛亮赏罚分明的廉政思想。来敏原为刘璋宾客,刘备定益州,以之为典学校尉;诸葛亮驻汉中,又以其为军祭酒、辅军将军,不可谓不重用了。但当诸葛亮发现他倚老卖老并有"乱群"之罪时,即果断地将其免职,让他闭门思过去了①。廖立早年跟随刘备,年未三十被擢为长沙太守,并受到诸葛亮的器重,誉为"楚之良才"。建安二十年(215)孙权遣吕蒙袭取荆州南部三郡,廖立脱身逃走,而刘备并未深责,仍以之为巴郡太守,后又征为汉中王侍中。后主袭位,徙长水校尉。但由于廖立一贯坐自贵大,目无朝廷,并大肆攻击朝廷的用人政策,所以诸葛亮还是上表将其废为平民,并流放到汶山郡(今四川汶川县西南)去从事农耕②。李严是蜀国的高级官员,曾担任过尚书令,刘备病危,又与诸葛亮并受遗诏辅佐刘禅,被任命为中护军,统内外军事,地位仅次于诸葛亮。诸葛亮也在给孟达的信中称赞李严"部分如流,趋舍罔滞,正方性也"③。但当诸葛亮发现李严"尚为小惠,安身求名,无忧国事",甚至"横造无端,危耻不办,迷罔上下","以危大业"时④,也毫不姑息,立即上表将其废为平民,流放到了梓潼郡(今四川梓潼

①见《三国志·蜀书·来敏传》裴松之注引《诸葛亮集》。
②见《三国志·蜀书·廖立传》。
③④《三国志·蜀书·李严传》。

县）。而在处分李严的同时,诸葛亮却对李严的儿子李丰委以重任,令其督主江州,后又官至朱提太守(治所在今云南昭通)①。诸葛亮还在《与李丰教》中充分表现了他对李丰的信任,并让李丰宽慰其父"勤追前缺",痛改前非,以便将来"复还"②。对下属既赏罚分明,又关心体谅,并对受处分者之悔改寄予厚望,难怪李严、廖立等人至死都毫无怨言了。

在著名的第一次北伐中,对街亭之失的处理,更充分显示了诸葛亮对部下赏罚分明的一贯做法。马谡为诸葛亮至交马良之弟,又好论军计,平时与诸葛亮很谈得来。诸葛亮南征,马谡还曾向诸葛亮献策,劝其"攻心为上,攻城为下;心战为上,兵战为下",诸葛亮都采纳了③。但由于马谡违背节度,丧失街亭,诸葛亮还是不徇私情,挥泪斩之。而副将王平因曾规劝马谡,且于街亭之战中显示出卓越的军事才能,则被加拜参军,统五部兼当营事(总统五部军马并兼当营屯之事),进位讨寇将军,封亭侯。还有诸葛亮的长史(相当于后世之办公室主任)向朗,因素与马谡相善,对马谡兵败"逃亡"之事知情不举,亦被诸葛亮免官④。但对向朗的侄子向宠,诸葛亮则十分信任,整个北伐期间,他把后方的兵权都交给了向宠。向宠最后也升迁至中领军。

诸葛亮在廉政方面所表现出的对部下赏罚分明的做法,也受到了后人的高度赞扬。晋人习凿齿就说过:

> 诸葛亮之使廖立垂泣,李平致死,岂徒无怨言而已哉!……法行于不可不用,刑加乎自犯之罪,爵之而非私,诛

---

①《三国志·蜀书·李严传》。

②《三国志·蜀书·李严传》裴松之注引诸葛亮《与李丰教》。

③《三国志·蜀书·马谡传》裴松之注引《襄阳记》。

④《三国志·蜀书·向朗传》。

之而不怒,天下有不服者乎! 诸葛亮于是可谓能用刑矣,自秦、汉以来未之有也。

——《三国志·蜀书·李严传》裴松之注引

所谓"使廖立垂泣",即廖立流放汶山期间,闻诸葛亮卒,垂泣叹曰:"吾终为左衽矣!"[1]所谓"李平致死",即李平(李严)流徙梓潼郡时,闻诸葛亮卒,由"激愤"绝望而"发病死"[2]。两人都深信诸葛亮还会再重用他们,而一旦诸葛亮死,他们认为自己的希望破灭了。而诸葛亮为何会让受处分的官员抱有如此的信念呢? 用习凿齿的话来说便是:"以其无私也。"[3]

由于诸葛亮的廉正无私,执法如山,"尽忠益时者虽雠必赏,犯法怠慢者虽亲必罚","善无微而不赏,恶无纤而不贬"[4],所以蜀中的社会秩序井然,其社会风气在三国中也是最好的。正如陈寿所说,当时的益州"科教严明,赏罚必信,无恶不惩,无善不显,至于吏不容奸,人怀自厉,道不拾遗,强不侵弱,风化肃然也"[5]。

三、对子女:严格要求

诸葛亮因随刘备征战,故与夫人长期分居,直到入驻成都后,夫妻才得以团圆。待到他们的儿子诸葛瞻出世时,诸葛亮已47岁了。由于长期无子女,诸葛亮曾以其兄诸葛瑾之次子诸葛乔为嗣子。

诸葛乔,本字仲慎,建安九年(204)生于曲阿(今江苏丹阳市),小

---

[1]见《三国志·蜀书·廖立传》。
[2]《三国志·蜀书·李严传》。
[3]《三国志·蜀书·李严传》裴松之注引习凿齿语。
[4]《三国志·蜀书·诸葛亮传》陈寿《评》。
[5]《三国志·蜀书·诸葛亮传》载陈寿上晋武帝言。

其兄诸葛恪仅一岁,而与《吴书》的作者韦昭同年①。诸葛乔年轻时即与其兄诸葛恪俱有名于东吴,论者以为诸葛乔才虽不及其兄,而性业过之。当初,诸葛亮尚未有子,于是便求诸葛乔为嗣。诸葛瑾启告孙权后,遂"遣乔来西"。而诸葛乔一到西蜀,诸葛亮即以之为己嫡子,并易其字曰"伯松"。蜀建兴五年(227),又拜为驸马都尉,随诸葛亮北伐至汉中②。但诸葛亮并没有因为诸葛乔是自己的嗣子而加以照顾,而是使其督五六百兵,与诸将子弟一起传运粮草于谷中。为此,诸葛亮还曾写信与其兄诸葛瑾说:

乔本当还成都,今诸将子弟皆得传运,思惟宜同荣辱。

今使乔督五六百兵,与诸子弟传于谷中。

——《三国志·诸葛亮传》裴松之注引《诸葛亮集》

此即"一出祁山"之时也。然而不幸的是,诸葛乔于建兴六年(228)便卒于军中,年仅25岁,过早地结束了自己的一生,并成为诸葛亮子孙中为国献身的第一人。

从诸葛乔在东吴时即已取字"仲慎",至蜀后又易字"伯松",并拜为驸马都尉,随即参加北伐的情况来看,诸葛乔入嗣时当已过了"弱冠"(即20岁)之年,应算是一位成年人了。再加上他与蜀中诸将领的子弟一同共事,又时常奔走于山谷之中,所以,无论出于社交应酬抑或健身的需要,饮酒之事都是免不了的。窃以为,这便是诸葛亮《又诫子书》写作的缘起。

一般认为,《诫子书》与《又诫子书》是诸葛亮临终前写给他八岁的儿子诸葛瞻的。《诫子书》讲修身与为学,寄予了诸葛亮对后人的殷

---

① 据《三国志·诸葛亮传》所附《诸葛乔传》,诸葛乔卒于建兴六年(公元228年),年二十五,故知其应生于公元204年。

② 以上见《三国志·诸葛亮传》所附《诸葛乔传》。

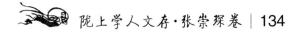

切期望,这是可以理解的。而《又诫子书》则专谈饮酒,全文曰:

> 夫酒之设,合礼致情,适体归性,礼终而退,此和之至
> 也。主意未殚,宾有余倦,可以至醉,无致迷乱。

——《太平御览》卷 497

这确是一篇讲"酒文化"的绝妙好词。但诸葛亮临终前,竟然与一个年仅八岁的小孩子大谈饮酒,则未免有点令人不可思议了。且不说八岁的诸葛瞻可能还未开始饮酒,就是偶与酒宴,也谈不到设酒宴客,更遑论"主意未殚,宾有余倦"的问题。显然,《又诫子书》不可能是写给诸葛瞻,而是写给诸葛乔的,其写作时间也不得迟于蜀建兴六年(公元 228 年)。大约在陈寿所编《诸葛亮集》散失之后,后人虽得其佚文,然对其写作背景及文章的先后次序已不甚了然了,故遂依其内容之重要程度,聊为标题区分而已。如按其写作时间之先后论,则《又诫子书》实应在《诫子书》之前也。

还要指出的是,《又诫子书》既是出于对嗣子的爱护,同时也是有感于当时蜀中诸将子弟的饮酒之风而发的。诸葛亮的真正目的,不但要教导嗣子如何正确地对待饮酒之事,更试图通过诸葛乔以去影响当时的一批"高干子弟"。这才是诸葛亮写作《又诫子书》的更为深远的用意。

对自己的亲生儿子诸葛瞻,诸葛亮更寄予了厚望。他在《诫子书》中写道:

> 夫君子之行,静以修身,俭以养德,非淡泊无以明志,非
> 宁静无以致远。夫学须静也,才须学也,非学无以广才,非志
> 无以成学。淫慢则不能励精,险躁则不能治性。年与时弛,意
> 与日去,遂成枯落,多不接世,悲守穷庐,将复何及!

——《太平御览》卷 459

诸葛亮根据自己一生的体会,着重强调了修身和为学都要静的

道理。诸葛亮所说的"静",实际是一种不含任何杂念的精神境界,只有达到这样一种境界,才能"致远",才能对万事万物都有透彻的理解;而一旦时机到来,又可以静中寓动,以静求动,动静相辅而相成,干出一番轰轰烈烈的事业来,即所谓"接世"。与"静"相反的是"躁","躁"既有碍修身,也不能治学,而且容易转化为"淫慢",终致事业无成。这既是对儿子的厚望,也体现了诸葛亮对后世子孙的严格要求。而诸葛氏后人对此也心领神会,这篇短短 86 字的《诫子书》最后竟成了诸葛氏世代流传的家训,便是明证。

至于诸葛瞻,诸葛亮去世时虽只有八岁,但从此后他曾官至蜀行都护卫将军并平尚书事,与董厥、樊建一起主持蜀国后期的军政大计,以及在国难当头之际,与其子诸葛尚独冒锋刃、视死如归、终于以身殉国的事实来看①,诸葛亮的教诲他应是牢记了。正如晋人干宝所说:"瞻虽智不足以扶危,勇不足以拒敌,而能外不负国,内不改父之志,忠孝存焉。"②换言之,诸葛亮的家教是成功的。

诸葛亮对后辈的严格要求,也体现在他对外甥庞涣的教诲上。诸葛亮有二位姐姐,早在他隐居隆中之前都已出嫁了。大姐嫁与襄阳大族蒯家,大姐夫蒯祺曾任房陵太守,建安二十四年(219)孟达攻下房陵后被杀③。二姐嫁与庞德公之子庞山民,二姐夫后来曾仕魏为黄门吏部郎,不久亦早逝④。而《诫外甥书》便是诸葛亮写给二姐与庞山民的儿子庞涣(字世文)的⑤。其文曰:

---

①见《三国志·诸葛亮传》所附《诸葛瞻传》。

②《诸葛瞻传》裴松之注引干宝语。

③万历《襄阳府志》载:"(蒯)钦从祖(蒯)祺妇,即诸葛孔明之大姊也。"

④《三国志·蜀书·庞统传》裴松之注引《襄阳记》:"德公子山民,亦有令名,娶诸葛孔明小姊,为魏黄门吏部郎,早卒。子涣,字世文,晋太康中为牂牁太守。"

⑤参拙著《诸葛亮世家》第二章、第四章有关部分,吉林人民出版社 1997 年版。

夫志当存高远。慕先贤,绝情欲,弃凝滞,使庶己之志,揭然有所存,恻然有所感;忍屈伸,去细碎,广咨问,除嫌吝,虽有淹留,何损于美趣,何患于不济。若志不强毅,意不慷慨,徒碌碌滞于俗,默默束于情,永窜伏于凡庸,不免于下流矣。

——《太平御览》卷459

这是诸葛亮在得知姐夫早逝,而外甥适当弱冠之年,正须立志时写下的。诸葛亮告诉外甥,志向应建立在远大的目标之上,要效法先贤,弃绝私情杂念和各种牵累,还要能屈能伸,广泛地向别人请教,除去怨天尤人的情绪。只要能做到这些,即使眼下还不能发达,也不会有损自己的高尚情操,不必担心事业不会成功。反之,若志向不坚毅,思想境界不开阔,只是碌碌无为地陷入在世俗之中,被一时感情所束缚,那就将永远沦于凡庸之列,很难有什么出息了。此后,外甥庞涣便谨遵舅氏诸葛亮的教诲,首先从立志做起,并终于事业有成。晋太康中,庞涣已仕至牂牁太守矣。

四、对财产:完全透明

在封建社会中,当官发财曾是很多官员的理念。而且,不少官员的财源主要不是官家的俸禄,而是靠所谓的"额外收入"。诸葛亮作为一代名相,其可贵之处既在于除官俸之外一毫莫取,而且其财产还高度透明,收入完全公开。他在晚年给后主刘禅的一封上表,实可视为他对自己家庭财产的一次正式申报。其表曰:

臣初奉先帝,资仰于官,不自治生。今①成都有桑八百

---

① 以上 14 字为《三国志·诸葛亮传》所无,兹据《北堂书钞》卷 38 补入。

株,薄田十五顷,子弟衣食,自有余饶。至于臣在外任,无别
调度,随身衣食,悉仰于官,不别治生,以长尺寸。臣若死之
日,不使内有余帛,外有赢财,以负陛下。

——《三国志·蜀书·诸葛亮传》

诸葛亮的这封上表,至少透露出以下几方面的信息:

一是"资仰于官","不别治生"。即他除官方的供给外,再未经营
任何产业,也没有其他的经济来源。这从诸葛亮《又与李严书》中也可
以得到证明:"吾受赐八十万斛,今蓄财无余,妾无副服。"[1]诸葛亮虽
然亦循例纳妾(古时妾常随夫在外),但其妾连一件像样的衣服(或谓
替换的衣服)也没有,可见其生活之俭朴。这与同时的其它官员相比,
简直是有点"寒碜"了。例如蜀国的李严,就"所在治家"[2],不但平时生
活豪奢,后"虽解任",仍是"奴婢宾客百数十人"[3]。至于当时的蜀中豪
族,更是以富相尚。据《华阳国志·蜀志》记载,蜀中的土著豪族,"家有
盐铜之利,户专山川之材,居给人足,以富相尚。故工商致结驷连骑,
豪族服王侯美衣,娶嫁设太牢之厨膳,归女有百两之徒车"[4]。诸葛亮
作为蜀国丞相,如有意敛财,则"盐铜之利"与"山川之材"皆唾手可
得,但他还是"不别治生,以长尺寸"。这种高尚的情操,自律的精神,
永远值得后人学习。

二是公布了家产的具体数字,即"桑八百株,薄田十五顷"。这份
家产在后世看来也许还不算小,但在一千七百多年前的三国时期,充

---

①《北堂书钞》卷 38。
②《三国志·蜀书·李严传》。
③《三国志·蜀书·李严传》裴松之注引诸葛亮《与李丰教》。
④刘琳《华阳国志校注》,巴蜀书社 1984 年版。

其量也不过是一份中人之产。古代地广人稀，故其人均土地占有量远较后世为多。西汉人口5000万，当时朝廷规定"民受田，上田夫百亩，中田夫二百亩，下田夫三百亩"。[①]三国时人口锐减至3000万左右，[②]而蜀国只有"户二十八万，男女口九十四万"，再加上"带甲将士十万二千，吏四万"，[③]总共也不过110万人。如按西汉的标准，则诸葛亮的十五顷（1500亩）"薄田"（即下田），仅相当于五夫受田之数，这在当时来说，并不是一个很大的数目。再从稍后西晋对官员占田的规定来看，最高的一品官可占田50顷，最低的九品官可占田10顷。而诸葛亮的15顷，若在西晋，仅相当于八品官员的占田数量而已。[④]但诸葛亮就是靠着这些土地和不到二十亩的桑田（即"桑八百株"）来维持其子弟的衣食，虽称"自有余饶"，实际上还不能说是富裕。

三是提出了对遗产的处置原则，即"臣死之日，不使内有余帛，外有赢财"。所谓"余帛""赢财"，当然是指扣除了"子弟衣食"之外的部分，即所谓"余饶"。不过从诸葛亮一贯主张节俭的原则来看，他只是希望子弟能维持最低限度的生活，所以连些微的"余饶"他都不肯留给家人了。

诸葛亮的上述申报是否属实呢？《三国志·诸葛亮传》记载说："及卒，如其所言"。可见，清点的情况与诸葛亮的申报是完全一致的。

诸葛亮财产的透明度还可以从他对自己后事的安排上体现出来。"亮遗命葬汉中定军山，因山为坟，冢足容棺，敛以时服，不须器

---

①见《汉书·食货志》。

②葛剑雄《中国人口发展史》，福建人民出版社1991年版。

③《三国志·蜀书·后主传》裴松之注引王隐《蜀记》。

④见《晋书·食货志》。

物"。①作为一位丞相,死后既不建豪华的坟墓,又不用任何的陪葬物品,这种一切从简的做法,在厚葬之风盛行的汉末三国时代,真可以说是绝无仅有了。而连丧葬之事都如此透明的诸葛亮,又诚可谓至死都保持了他廉洁奉公的高尚品格。

总之,诸葛亮作为中国历史上著名的政治家和军事家,不但智慧超群,美德集身,而且也是千古廉政的楷模。正如当年蜀汉小吏所说:"诸葛公在日,亦不觉异,自公殁后,未见其比。"②宋人罗大经更认为,诸葛亮之为人,"自三代而后,可谓绝无仅有矣"。③

(本文曾获 2009 年山东沂南举办的诸葛亮廉政思想研究全国征文一等奖,并被收入《诸葛亮廉政思想考论》一书,中国文艺出版社2009 年出版)

---

①《三国志·诸葛亮传》。
②殷芸《小说》(鲁迅《古小说钩沉》辑本)。
③《鹤林玉露》乙编卷 5。

三、《聊斋志异》研究

清初知识分子心态的绝妙写照
——蒲松龄《画像题志》发微

一

一般地说,由于精神产品的丰富性,从事这一生产的知识分子,其心态也往往是复杂的,而在社会大变革之际尤甚。例如,清代初期,不少汉族知识分子的心态即是如此。而蒲松龄也是其中的一个①。

知识分子的心态是深层次的东西,带有一定的隐秘性,他们不愿让人发觉,但有时却又故意露出一点迹象,去发人深思,耐人寻味。例如《金瓶梅》的作者,他大概是不愿让人知道他的真实姓名的,但却又署了一个"兰陵笑笑生"的化名。殊不知这一来倒忙坏了后人,考来考去,谜底已有了几十个,而事情却还远远没有了结。

利用化名来进行某种程度的暗示,这固然是一种"迹象";然而,在更多的情况下,文人的隐秘心态则是通过文化的形态以流露出来,而服饰便是其中的重要因素之一。尤其在异族入侵的背景下,服饰几乎成了文人们民族思想和民族气节的象征了。从孔子"微管仲,吾其披发左衽"②的感叹,到顾炎武"生女须教出塞妆"③的讥讽,无不是以

---

①关于蒲氏的民族成分,我取汉族说。

②《论语·宪问》。

③《蓟门送子德归关中》诗,《顾亭林诗文集》第 402 页,中华书局 1983 年版。

言服饰而表示对异族入侵的反感情绪的。

服饰的问题到了清初似乎格外的敏感，尤其是在知识分子中间。清人顾公燮《消夏闲记》"钱牧斋"条云：

> 乙酉王师南下，钱率先投降。满拟入掌纶扉，不意授为礼侍。寻谢病归，诸生郊迎，讥之曰："老大人许久未晤，到底不觉老（原注："觉"与"阁"同音）。"钱默然。一日谓诸生曰："老夫之领，学前朝，取其宽；袖依时样，取其便。"或笑曰："可谓两朝领袖矣。"

钱谦益因"两朝领袖"而被诸生取笑，可见人品与服饰关系之密切，而其时知识分子于服饰之格外注意，亦似不难理解了。

如果说钱谦益的"两朝领袖"显示了他的无行，那末，某些逸民耆旧的不忘汉家衣冠则又标志着他们气节的坚贞。尝观诸城县博物馆所藏《观瀑图》，图中所画张陶昆（侃）、张石民（侗）二老人便皆着汉家衣冠，而且陶昆还有题画诗两首，其二曰：

> 二人同辟卧象山，世事纷纷不忍看。
>
> 今日总为清民子，随时莫忘汉衣冠。

此画据同时人王沛思跋语称，为渠丘郭浯滨（牟）先生手笔，约作于康熙十五年（1676）。石民、陶昆为清初诸城遗民集团之中坚，其品节之峻，于此可见。

蒲松龄当然不同于钱牧斋之类的"贰臣"，而且也与张石民那样的遗民有异。严格讲，蒲讼龄还算不上是遗民。因为明亡之时他才只有五岁，而且其直系亲属中也并无人在明朝作过官。从这一点来说，他不但可以毫无顾忌地"依时样"而着装，而且也可以在新朝仕进，以博取荣华富贵。但作为一名深受儒家思想熏陶的汉族知识分子，面对异族的入侵，"夷夏之防"的观念又会唤醒他的民族意识，从而对清人的入主也会产生一定的抵触情绪。这种复杂而矛盾的心态，在其尽力科举,追逐功名的年代也许被掩盖,但当他"白首穷经志愿乖"①的暮年,却是不能不暴露出来了。蒲氏丁七十四岁时在自己画像上所做的两则《题志》,便是这种心态的绝妙写照。

关于蒲氏的画像,王培荀《乡园忆旧录》早有著录,然世人多未之见。其发现过程,据路大荒先生说②:

> 抗日战前,藏于蒲氏后裔,密不示人,其族众亦多有未曾见者,解放后即不知所在。一九五三年春,余同山东文联陶钝同志前往调查,始由群众从蒲姓一地主家中追找出来;即在当地约集群众商谈,由蒲氏族中推举数人,共同保管。

此画像现存淄博市蒲松龄纪念馆,笔者亦曾有幸寓目。画像系长幅绢本,画中的蒲松龄着清代公服即贡生服,左手拈须,端庄椅坐。蒲氏题志在画像上方。其一曰:

> 尔貌则寝,尔躯则修,行年七十有四,此两万五千余日,所成何事,而忽已白头?奕世对尔孙子,亦孔之羞。康熙癸巳自题。

其二曰:

> 癸巳九月,筠嘱江南朱湘鳞为余肖此像,作世俗装,实非本意,恐为百世后所怪笑也。松龄又志。

癸巳即康熙五十二年(1713),时蒲氏年七十四。据题志,画像乃是年九月蒲松龄季男蒲筠请江南朱湘鳞所绘。朱湘鳞为江南丹青高手,后卜居济西,时至淄川,蒲筠遂请来为父亲画影。关于朱湘鳞其人

---

①《聊斋诗集》卷五《十一月二十七日大令赠圃》,蒲松龄著、路大荒整理《蒲松龄集》,上海古籍出版社1986年版,以下所引《聊斋诗集》《聊斋词集》《聊斋文集》,皆据此书。

②路大荒《蒲松龄年谱》第62页,齐鲁书社1980年版。

及画技,蒲松龄有《赠朱湘鳞》诗一首①,从中可见一斑:

> 江南快士朱湘鳞,携家北渡黄河津。
> 卜居济西崦山下,近傍泺水买芳邻。
> 生平绝技能写照,三毛颊上如有神。
> 对灯取影真逼似,不问知是谁何人。
> 东来辱与康儿戏,推衿送抱如弟昆。
> 重门洞开无柴棘,义气万丈干青旻。
> 相对将人入云雾,谈笑满座生阳春。
> 再到山城仅一悟,懆心如渴生埃尘。

可见,这位朱湘鳞不但艺技高超,而且人品也颇为蒲松龄所称许,而对于画中的蒲松龄形象,前人亦有描绘。《乡园忆旧录》引清人马子琴之题诗曰:

> 双目炯炯岩下电,庞眉大耳衬赤面。
> 口辅端好吟须长,奕奕精神未多见。

这与今存画像,也是颇相吻合的。

至于蒲氏题志,则前一则系感叹一生碌碌,老而无成,有羞对子孙之意,其义自明。后一则乃专为所着服饰而辨,粗看似不甚可解,然仔细体味,实有微义存乎其中也。容于下文发之。

二

蒲松龄的画像连同其《题志》,实际是一个矛盾的统一体。画像上的蒲松龄俨然而着清代公服,而写《题志》的蒲松龄则力辨其"作世俗装,实非本意"。两者显然矛盾,然却统一于同一幅画之中。而"恐为百

---

①《聊斋诗集》卷五。

世后所怪笑"一句,又是发自内心地对"大清"的微词。可以说,蒲松龄的后一则《题志》,虽只寥寥三句,然即是他复杂、矛盾乃至隐秘心态的真实写照,又是他一生遭际、思想、品格的缩影。在这个意义上也可以说,三句之中,少一句便不成其为完整的蒲松龄了。

先说"作世俗装"。前面说过,服装是反映文化传统的,而当异族入侵之际,知识分子的着装尤非随意。大清定鼎,国人皆异服饰而改发型,名曰"依时",实则是一种接受民族压迫的标志。蒲松龄及其家族"依时"了没有呢?"未能免俗,亦云聊复尔尔"①,他们依从了,电视连续剧《蒲松龄》在这一点的表现上大体是真实的。不过,对蒲松龄来说,尤其"未能免俗"的却还在科举。

说到科举,学术界有一种颇为流行的看法,似乎蒲松龄一直是在揭露和批判科举制的,不少论者还举出《聊斋志异》中的若干篇章以为佐证。但事实却是,蒲松龄几乎一生都在频频出入场屋,自十九岁入学,直至六十四岁时的最后一次应乡试②,前后四十余年,虽是屡次铩羽也在所不悔。既批判之,又追求之,这岂不矛盾?应该说,事实胜于雄辩。蒲松龄对待科举的真实态度不是反对,而是积极地参与。至于论者所常列举的批判科举名篇,如《司文郎》《于去恶》《考弊司》《叶生》等,倘加分析便可发现,多是在嘲骂一班"眼鼻俱盲"的糊涂考官而已,很难说是从根本上否定科举制。即在《聊斋志异》中涉及科举的全部二十余篇作品中,这样的主题似乎也还没有出现。

蒲松龄的拥护并热衷科举,当然有其生计方面的考虑,但主要还是由他文人的身份所决定的。文人要"学而优则仕",而明清时期,科

---

① 蒲松龄《大江东去·寄王如水》,见《聊斋词集》。
② 此据高明阁《蒲松龄的一生》,见《蒲松龄研究集刊》第二辑,齐鲁书社 1981年版。

举几乎已成为文人仕进的唯一途径。舍此而外，什么光宗耀祖、"兼善天下"之类，全是空话。正如章学诚所说："三代而下，士无恒产，举子之业，古人出疆之赘也。孔、孟生于今日，欲罢不能矣。"①而就蒲松龄言，也是十九岁即以县、府、道三第一的优秀成绩考中了秀才，并深得学道施闰章的赏识。于是乎，社会的环境，知识分子的使命，以及蒲松龄自身的才华，遂驱使他在科举的道路上奔驰了几十年。

然而，"陋劣幸进而英雄失志"②，"富贵功名由命不由俺"③，蒲松龄终生所追求的目标一次又一次地落空了。直到七十二岁高龄时，他才算博取了一名岁贡。在科举的时代，这岁贡虽算不了什么，但在蒲松龄来说，还是颇为看重的。所以他在出贡半年之后，即上书县令讨出贡旗匾及贡银，且谓"贡士旗匾，原有定例。虽则一经终老，固为名士之羞；而有大典加荣，乃属朝廷之厚"④。他"恳祈老父母劳心旁注，青眼微开，俯赐华衮之褒，少留甘棠之爱"⑤。至于贡银，更望"将两年所应发，尽数支给"⑥。其急迫之心情，溢于言表。大约蒲松龄的贡生衣顶已如期颁给，所以《聊斋文集》中不见有讨衣顶的上书，仅存一篇代别人所做的《代讨衣顶呈》。不过其中所陈，亦可视为是蒲松龄当时心境的一种反映：

> 但忽抛半生旧业，则垂死者已欲终穷；若不留一线虚名，则读书者并无究竟。……恳祈大宗师恩怜病废，准给衣顶，则有生之日，皆感恩之年。

①《文史通义》外篇二《与朱沧湄中翰论学书》。
②《聊斋志异·于去恶》。
③蒲松龄《琴瑟乐》，《蒲松龄研究》1989 年第 1 期。
④⑤《聊斋文集》卷六《讨出贡旗匾呈》。
⑥《聊斋文集》卷六《请讨贡银呈》。

可见,这衣顶对于像蒲松龄这样的落拓文人来说,是如何的重要了。由此也可以想到,蒲松龄晚年画像上的那身贡生服,正是他一生在科举道路上努力攀登的终极成果和象征。所以,倘要他不"作世俗装"又怎么可能呢?换言之,蒲松龄的着"世俗装"画像,原本是他自愿的。

再说"实非本意"。蒲松龄既"作世俗装",又言其"实非本意",这又当作何解释呢?照一般的理解,这似乎是蒲松龄在暗示他不愿着清装而要着汉装,这当然是蒲松龄民族气节的表现了。而且,有的画家也在此理解的基础上,又重新为蒲松龄绘制了画像,将朱湘鳞原作上的贡生服改为汉人常着的长衫。这样的"本意"虽不能说没有,但与上述蒲氏当时的心境毕竟是不能全部吻合的,尤其与蒲氏讨出贡旗匾、衣顶及贡银的那种劲头相左。而且,人们也或不禁要问:到底是谁拂了蒲老先生如此高尚的"本意"呢?

窃以为,要揭示画像与题志的这一矛盾,不能不考虑蒲松龄当时的实际心态。蒲松龄考取岁贡之后,心情一直是十分复杂和矛盾的。《聊斋诗集》卷五中有一首作于康熙壬辰之年(1712)的《蒙朋赐贺》,即表达了他的这种心情:

> 落拓名场五十秋,不成一事雪盈头。
>
> 腐儒也得宾朋贺,归对妻孥梦亦羞。

可以看出,蒲氏对于晚年所获得的这份岁贡功名,既感欣慰,亦觉羞惭。作为读书者之"究竟"的"一线虚名",他甚珍惜;然以自身之"绝顶聪明"(孙蕙语)而竟不能博一第,又实在令他羞愧。再进一步说,羞愧更胜过欣慰。所以,在他闻听长孙立德进学之后所写的《喜立德采芹》①中,也出现了这样的句子:"无似乃祖空白头,一经终老良足

---

① 《聊斋诗集》卷五。

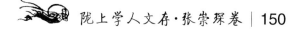

羞。"

蒲松龄的这种羞愧心情大约一直持续到了他穿贡生服来画像的时候。作为一生科场拼搏结晶的贡生服，他画像时是要穿戴的；但一想到别人的飞黄腾达，而自身却仅能以贡生终，则"实非本意"的念头也就油然而生了。而且，由自身的不得志，还会联想到科举的弊病，政权的腐败，以及清人的定鼎，最后便与他潜藏于内心深处的民族思想合流了。

那么，蒲松龄的本意到底是什么呢？当年在宝应县衙中，当孙蕙也提出这种问题时，蒲松龄是如此回答的①：

> 重门洞豁见中藏，意气轩轩更发扬。
>
> 他日勋名上麟阁，风规雅似郭汾阳。

原来，他要效法唐代那位出将入相、名标麟阁的郭子仪，这抱负真可谓非凡了。然到头来，他非但不能仕宦于台阁，而且连举人也未曾中得。置身世俗，白头终老，这叫他怎能不感慨"实非本意"呢！

至于"恐为百世后所怪笑"一句，从字面看，似是蒲松龄在担心身后会遭人"怪笑"。"笑"他什么呢？当然首先是笑他未能考中举人、进士，而仅以岁贡终。但这还只能是表面的意思。而更深层的内容，怕只有联系蒲氏的民族思想来考察了。

前面说过，蒲松龄入清后是"免俗未能"的，但这并不等于说他的内心深处就不存民族的观念了。尤其是当他一次又一次地踬于场屋，抱负难申、命途多艰的时候，这种对于入主者的反感情绪，实是难免会流露出来。这方面的例证，除了论者所常列举的《聊斋志异》中的若干篇章外，这里还想对《野狗》篇再作些阐发。

---

① 《聊斋诗集》卷一《树百问余可仿古时何人，作此答之》。

明清之际，汉人常骂满人为"骚奴野狗"或"奴""狗奴""骚狗奴"之类。如钱谦益《牧斋初学集》卷四十四《莱阳姜氏一门忠孝记》云：

> （崇祯十六年）二月初六日，奴突至，城陷，巷战被执。奴就索金帛，臣父（琛按：即姜埰父姜泻里）骂曰："吾二十年老书生，二子为清白吏，安得有金帛饱狗奴腹？"以马捶捶之，嚼齿大骂，奴攒刃刺之乃死。

又，同书卷四十七《特进光禄大夫、左柱国、少师兼太子太师、兵部尚书、中极殿大学士孙公行状》亦云：

> （崇祯十一年十一月一日）二酋挟公（琛按：即孙承宗）至城南三十里圈头桥老营，酋首拥公上座，呼孙丞相。公跃坐大骂："骚狗奴，胡不速杀我！"……一酋曰："不降，胡不出金银赎死？"公复骂曰："骚狗奴，真无耳者，尚不知天朝有没金银孙阁老耶？"

在汉人心目中，满人尚不开化，且其风俗亦与中原大异，故遂以山猫、野狗视之。而"骚狗奴"云云，实是当日汉人对于满人的最为卑视的称呼。明乎此，则《聊斋志异·野狗》篇之微义始可发覆，而"野狗"之形象实为满人入侵者的化身，也就不难理解了。再联系到《张氏妇》之称蒙古兵为"猪"，《磨难曲》之骂"蒙古骚达子"，可以说，在蒲松龄的内心深处，民族思想是并不曾泯灭的。

蒲松龄的这种民族思想，在他孜孜汲汲地奔竞科场的年代，也许并不明朗，然到了"一经终老良足羞"的晚年，却是自觉不觉地要涌上心头了。不仅如此，他还更进一步地想到了身后，想到了异族王朝的终不能持久，想到了将来的人们会怎样评判有清一代的人物，当然也想到清代公服的终会遭人"怪笑"。为现世计，他作为孔孟之徒，在科举的道路上已奋斗了整整一生，似乎应当有所交代；而为身后计，为

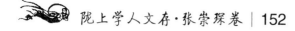

子孙计，则最好要摆脱掉与大清的干系。这种复杂、矛盾而又隐秘的心态，若在平时也许可以深埋心底；然在画像之时却是不能不露出"迹象"了。大约在画像之初，蒲松龄为表现自身的价值，穿起贡生服以接受写真，心意还是颇为自愿的，所以画成之后他的第一则题志也并无甚微义，只是自我谦抑一番罢了。但一想到画像要传于后世，这才又多出一层考虑，于是遂加上了后一则的题志。这从现存画像上的字迹大小及行款格式也可以说明，两则题志并非写于同时。而所谓"作世俗装，实非本意，恐为百世后所怪笑"云云，在很大程度上倒是留给后人看的。换言之，这是为了保持自己形象的完美与久远，借此以作心迹的表白罢了。

总之，蒲松龄的画像及其题志，实是研究蒲氏晚年思想及其心态的第一手资料。它既反映出蒲氏一生努力科举的苦衷，也隐隐道出蒲氏的非凡抱负，更流露了蒲氏内心深处所潜藏的民族思想情绪。而特别是"恐为百世后所怪笑"一句，话虽说的委婉，然倘遇文字狱较盛之雍、乾时代，也是无疑会被视为"违碍"言辞的。真无怪乎蒲氏后裔一直将此画像"秘不示人"了。

三

清初，像蒲松龄这样既不忘功名、仕进，而内心深处又对清人入主不满的知识分子，在当时实有一定的典型性。他们既不同于钱谦益、周亮公等"贰臣"的甘仕新朝，也不同于顾炎武、阎尔梅等人的奔走联络、图谋恢复，亦与傅山、张尔岐等人的坚守不仕有别。他们是一种特殊类型的知识分子，然在当时却是占了大多数。即以蒲松龄所在的山左一隅而言，较早的如丁耀亢，较晚的如孔尚任，便都具有这样的特点。

丁耀亢于顺治五年入京师，得刘正宗等人之助，由顺天籍拔贡，先后充镶白旗及镶红旗教习；三年考满，又改授容城教谕；最后迁惠安知县，以母老不赴。尽管他的入仕可能还杂有"避仇"等因素，但这位野鹤先生无疑是经由科举而实实在在地做过清朝的官了。然他在写成于顺治十三年（1656）的《出劫纪略》中，却又对清人的暴行进行了不遗余力的揭露。如《航海出劫始末》篇写清兵于崇祯十五年（1642）十二月至次年三月间洗劫诸城的情形是：其时"县无官，市无人，野无农，村巷无驴马牛羊"，"白骨成堆，城堞夷毁"。丁氏自己虽"载孥近百口，车马驴五十余"，走避斋堂岛；然"东兵连营"，"少顷三十骑至，掠马骡衣囊尽，杀一车夫而去"。这是何等恐怖的景象！又《皂帽传经笑》篇写丁氏所教习之旗人子弟的形象也是极可笑的：

> 环立而进拜，虎头熊目之士班班也。弓矢刀䂕，伏甲而趋。出其怀，则有经书刀笔以请益。韦冠带剑，少拂其意则怒去。……大抵羁縻少，训习终不能雍雍揖逊也。

在丁氏眼中，这些旗人子弟实是粗俗不堪，难以训习的，故他于此一段"传经"生涯经以"一笑付之"，只差还没有骂出"骚奴野狗"就是了。至于丁氏晚年所作之《续金瓶梅》，虽曰"遵今上圣明颁行《太上感应篇》，以《（续）金瓶梅》为之注脚"[①]，然实是以宋、金征战的历史背景来影射现实的明、清易代，并不时地流露了他作为一个遗民所有的黍离之悲。而书中描写"北方鞑子"屠掠的景象，如"城郭人民死去大半，家破人亡，妻子流离"，"野村尽是蓬蒿，但闻鬼哭，空城全无鸡犬，不见烟生"，更是不禁令人联想起满洲大兵洗劫的一幕。当然，由于丁耀亢晚年曾被下狱，受尽折磨，而且其《续金瓶梅》也被付之一炬，所以他的民族思想较之蒲氏晚年也就更为强烈和外露。试观其《焚书》

[①]西湖钓叟《续金瓶梅集序》。

一诗[①]：

帝命焚书未可存，堂前一炬代招魂。
心花已化成焦土，口债全消净业根。
奇字恐招山鬼哭，劫灰不灭圣王恩。
人间腹笥多藏草，隔代安知悔立言。

诗中，不但愤激之情溢于言表，而且“人间腹笥多藏草，隔代安知悔立言”两句，简直是在向清统治者表示一种不屈不挠的精神了。这与蒲松龄《画像题志》的暗示性语言风格也是大不相同的。

孔尚任小蒲松龄八岁，而且是圣人之裔。他虽受过康熙皇帝的知遇之恩，并因此而被破格提拔为国子监博士，后又升户部主事、员外郎，但其内心深处的“夷夏之防”观念却是依然存在的。尤某是湖海四年的治水生涯，使他有机会密切接触了扬州一带的遗民，即所谓“生平知己，半在维扬”[②]，从而更激起了他民族思想的浪花，萌发了对清人入主中原的不满情绪。所以，当他读到“肝膈信口说”[③]的狂放遗民黄逵（仪逋）的《元日见怀诗》，见其中有“大笑茅蓎春兴发，题诗先寄汉公卿”之句时，便忍不住地写信说：“足下诗一篇，换酒一斗者也。今日之汉臣无张骞之葡萄，而只有苏武之冰雪，何贺之有？[④]”径直表露了他郁积于心的感慨。至于他最后的“罢官”，虽不排除与“借离合之情，写兴亡之叹”[⑤]的《桃花扇》有关，然他的与诸遗民交结以及由此而

①《归山草》卷二。
②《孔尚任诗文集》卷七《答张谐石》，中华书局 1962 年版。
③《孔尚任诗文集》卷二《酒间赠何龙若，兼示黄仪逋》，中华书局 1962 年版。
④《孔尚任诗文集》卷七《与黄仪逋》，中华书局 1962 年版。
⑤《桃花扇》之《先声》一出中老赞礼语。

带来的民族意识的觉醒，无疑也是重要原因之一。①

应该说，像丁耀亢、蒲松龄、孔尚任这一类型的知识分子之特殊心态的形成，首先与当时的社会环境及清统治者的怀柔政策是分不开的。异族入侵，满人定鼎，汉人无论如何不会心悦诚服的，扬州、江阴人民的反抗斗争就是明证。故除全无心肝者外，民族思想在一般人的心中都是存在的。然而，清统治者所实行的并非只是镇压，也有怀柔的一手。即是说，武化政策之外，又辅之以文化的策略。早在入关之初，清统治者即打出了"尊孔祀圣"及替汉族地主"报君父之仇"的招牌，并隆重安葬了故明的崇祯皇帝。对于降清的明朝官员，一般也都保留原来的官职。而且，除继续实行科举外，康熙十八年还特开博学鸿词科，大量罗致汉族知识分子。于是，随着时间的推移，越来越多的汉人知识分子进入仕途，清人的统治日益巩固了，民族对立情绪则逐渐减弱了。这时期，尽管一部分知识分子的内心深处还存在着隔阂和不满，但在表面上却是不敢去肆意宣扬了。这就是从丁耀亢，到蒲松龄，再到孔尚任，时间越晚，其民族思想也就越不明朗的原因。

其次，造成这种复杂心态的原因，也应该从知识分子本身的特点去考虑。中国的封建知识分子，既要坚守孔孟之道，以显示其信仰与节操；又要面对现实，去寻求一条谋生的道路。而这两者在有的情况下（尤其是异族政权之下）却并不能统一。于是乎，为着物质的生活，有些人的灵魂便不能不被扭曲了。这对于那些在科举和仕宦中发迹的知识分子来说，也许并不难过；然对于大多数颠于考场的落拓文人来说，则是无疑又增加了一重痛苦。这种复杂、矛盾乃至隐秘的心态当然不敢公开地宣称，故而只能假借文化的形态以作某种程度的流

---

① 参拙文《"岸堂发微"——兼谈孔尚任的罢官》，《兰州大学学报》1985 年第4 期。

露了——而后世的人们也正是透过这若干文化的"迹象",去追溯当日知识分子们的心态的。《续金瓶梅》《桃花扇》和《聊斋志异》曾起到了这样的作用,而蒲松龄《画像题志》的真正意义也在于此。

（本文初稿刊于《蒲松龄研究》1992 年第 4 期,修订稿刊于《固原师专学报》1993 年第 2 期。《人民日报》(海外版)1992 年 9 月 24 日"蒲松龄专版"摘要刊登,人大复印资料《中国古代近代文学研究》1993 年第 8 期全文转载）

《聊斋志异》中的甘肃故事

号称"短篇小说之王"的《聊斋志异》,在其四百多篇故事中,涉及甘肃的竟有七篇。这大概是一般人所不曾想到的。而且,这些篇章中既有着蒲松龄所精心创作的故事,也具有一定的写实成分,因而,无论从文化蕴涵还是艺术成就的角度来说,都是值得我们去深入研究的。

(一)

《聊斋》中涉及甘肃的七个篇章大致可以分为两种类型:一是对有关甘肃的奇人异事的记载,如《杨千总》《土化兔》。《杨千总》写毕民部公(按:即毕自严)"即家起备兵洮岷时",有千总杨花麟来迎,途中见一人遗便路侧,杨即飞矢射去,正中其髻,"其人急奔,便液污地"。此篇意在宣扬杨千总射术之高超,然未免太有点恶作剧了。杨化麟史有其人,时任岷州守备。大约蒲松龄认为这故事很有些"噱头",故遂笔之于《聊斋》。此亦可见蒲氏创作时对情趣的追求了。《土化兔》则是写靖逆侯张勇镇兰州,出猎时获兔甚多,其中有些兔子的半身或两股尚为土质,故"一时秦中争传土能化兔"。这从生物学上来说是不可能的事情,蒲松龄也认为是"物理之不可解者"。然《聊斋》却这样明明白白地记载着,不知是出于误传,抑或还有什么别的意思。总之,这一类的故事篇幅都较短小,情节也很简单,其写作的目的主要在于"志异"。

二是在传闻的基础上,由蒲松龄加工创作的故事。这样的篇章有《八大王》《姚安》《贾奉雉》《申氏》《苗生》等。而值得注意的是,这种取其一点因由随意点染的故事,既有着《聊斋》作者的艺术创造,同时也表现出一定的地域文化色彩。也就是说,这类的故事在文化蕴涵上往往具有两重性。而它们与《聊斋》中的许多名篇比较起来,一点也不逊色。如《八大王》写临洮冯生曾将一额有白点的巨鳖放归洮水,谁知所放竟是鳖精"洮水八大王"。后冯生于日暮时分与化为醉者的八大王在途中相遇,八大王即跟跄下拜,并引冯生至一小村盛情款待,最后还将"鳖宝"植入冯生臂内。自此,冯生便有了"特异功能","目最明,凡有珠宝之处,黄泉下皆可见;即素所不知之物,亦随口而知其名"[①]。终于,冯生掘得财宝无算,富比王侯,还娶了肃王的三公主为妻。蒲松龄写作这则故事的本意大约是为了讽刺和警戒酒人,正如他在"异史氏曰"中所说:"醒则犹人,而醉则犹鳖,此酒人之大都也。顾鳖虽日习于酒狂乎,而不敢忘恩,不敢无礼于长者,鳖不过人远哉?若夫己氏,则醒不如人,而醉不如鳖矣。"你看,人一旦沉醉之后,竟连鳖都不如了,这挖苦也真是够尖刻的。

《贾奉雉》与《苗生》两篇都是揭露科举制的弊端的。《贾奉雉》写

①关于传说中的"鳖宝"事,纪晓岚《阅微草堂笔记》卷五(上海古籍出版社1980年版)中有一段记述文字与此相类,兹录以备参阅:四川藩司张公宝南,先祖母从弟也。其太夫人喜鳖臛。一日,庖人得巨鳖,甫断其首,有小人长四五寸,自颈突出,绕鳖而走。庖人大骇仆地。众救之苏,小人已不知所往。及刨鳖,乃仍在鳖腹中,已死矣。先祖母曾取视之,先母时尚幼,亦在旁目睹:……帽黄色,褶蓝色,带红色,靴黑色,皆纹理分明如绘;面目手足,亦皆如刻画。馆师岑生识之,曰:"此名鳖宝,生得之,刨臂纳肉中,则唼人血以生。人臂有此宝,则地中金银珠宝之类,隔土皆可见。血尽而死,子孙又剖臂纳之,可以世世富。"庖人闻之大懊悔,每一念及,辄自批其颊。……

平凉人贾奉雉"才名贯世,而试辄不售",后经一郎姓异人指点,故以陋劣之文应试,结果,榜发竟中经魁。但贾某却因此而愧怍无比,汗透重衣,自言曰:"此文一出,何以见天下士乎?"于是看破功名,闻捷即遁,随异人修道去了。后因情缘未断,一度又返人间,结果备受磨难,最后还是由那位郎姓异人打救,复又遁去。《苗生》则是写岷州龚生赴试西安途中,与一自称苗姓而实为虎精的伟丈夫相识。后龚生考试完毕,与三四友人同登华山,藉地作筵,方宴笑间,苗生忽至,并与众人一同联句。酒至半酣,考生们互诵闱中之作,个个得意扬扬。而苗生听后却厉声斥曰:"此等文只宜向床头对婆子读耳,广众中刺刺者可厌也。"众人虽有惭色,然益高吟,苗生实在忍无可忍,遂"伏地大吼,立化为虎,扑杀诸客,咆哮而去"。所余者唯龚生等二人。此与《贾奉雉》恰可称为前后篇:前者写考官的水平低下,不能公明衡文;后者写考生的闱中之作也陋劣不堪,非但不能公之于众,而且连兽类也不耐听。它们与《叶生》《司文郎》《王子安》等同为《聊斋》中揭露科举弊端的名篇。

《姚安》与《申氏》则是劝善惩恶之作,前者批判在婚姻问题上的喜新厌旧,后者赞扬人的正道直行。具体说,《姚安》写临洮美男子姚安已有妻室,但听说同里宫姓美女绿娥把他作为择偶的标准后,便借机将自己的妻子推坠井中,遂娶绿娥。然因绿娥长得太美,又常放心不下,终由"闭户相守,步辄缀焉",而发展到"扃女室中",不让妻子与外界接触。一日绿娥昼眠畏寒,以貂冠覆面上,姚安开锁启扉见之,疑为男子,竟力斩之。结果姚安被收官并遭破产,幸以金钱打点,得不死。但"由此精神迷惘,若有所失",最后"怏怏而死"。《申氏》所记泾河之间的士人子申氏,其德行却正与姚安相反。申氏虽"家屡贫,竟日恒不举火",然一直不愿做出"辱门户、羞先人"的不义之举。后来在一个偶然的机会将为崇富室之女的巨龟击毙,遂得谢金三百以脱贫。而

"自此谋生产,称素封焉"。这与《姚安》故事,也可以说是主题相反相成的前后篇了。

(二)

《聊斋》中七篇甘肃故事的梗概约略已如上述。现在,我们要进一步探讨的问题是,蒲松龄并没有到过大西北,那么,这些甘肃故事是如何进入《聊斋》的呢?从传播学的角度来说,它们的传播途径又是怎样的呢?

窃以为,此当与蒲松龄坐馆西铺村有关。西铺村位于淄川县城西面约六十华里,蒲松龄就在该村的毕际有家坐馆,而且自康熙十八年(1679)至康熙四十八年(1709),一坐就是三十年。其间,除了赴省城应试及年关短暂回家外,他几乎全在毕家生活。用蒲松龄撤帐归来后的一句诗说,就是"怜我趁食三十年"(《斗室》)。而毕际有又是何许人呢?据《淄川毕氏世谱》载,毕际有,字载积,号存吾,明末荫为官生,清顺治二年(1645)拔贡入监,考授山西稷山知县,后升江南通州知州。康熙二年(1663),"以通州所千总解运漕粮积年挂欠,变产赔补不及额,罢归"。从毕际有的经历来看,他并未涉足甘肃,往西最远也只到过山西。但再查毕氏世谱却可以发现,毕际有的父亲毕自严倒是在甘肃做过官的。

毕自严在《明史》卷二百五十六有传,略谓自严字景曾,淄川人,万历二十年(1592)进士。先除松江推官,因年少有才干,又征授刑部主事,历工部员外郎中,迁淮徐道参议、河东副使。稍后曾一度引疾归里,然不久又起任洮岷兵备参政,旋以陕西按察使徙治榆林西路,再进陕西右布政使。泰昌(1620)时召为太仆卿,天启间进右都御史,崇祯元年(1628)召拜户部尚书。崇祯十一年(1638)卒于家。统观毕自严一生的仕途经历,其中有两段都是与甘肃有些关系的:一是他曾任过洮岷兵备道参政,二是以按察使徙治榆林西路。

明代的所谓"参政",乃布政使下属官员(从三品)。布政使掌一省之政,而参政(还有参议)则分司各道。明代甘肃尚未独立设省,故其地皆隶属陕西布政使司(从监察系统来说是陕西提刑按察使司),洮岷道即其辖地之一。具体说,"洮"指洮州卫,治所在今甘肃临潭县;"岷"指岷州卫,治所在今甘肃岷县。而作为管辖洮、岷地区的洮岷道,其治所也设在岷县。洮岷地区正处洮河流域,位于今甘肃省的南部,这里既是军事要冲,又邻接少数民族地区,战略位置十分重要。故明代自洪武年间便在此设兵备道,而毕自严即于万历四十三年(1615)任职于此。岷县周围多山,又有洮河自西北绕县城流过,故这一带自古以来就多奇闻异说,尤其是与洮河有关的故事,一直在民间流传。而雅好诗文的毕自严(有《石隐园集》行世)既然居官于此,对此也不会不有所闻。当然,作为朝廷命官的毕自严不一定会将它们载入自己的诗文集中,但当他晚年致仕还乡之后,作为异事讲给自己的儿孙们听听,倒是完全可能的。再说毕自严之子毕际有,罢归之后也一直是一位富贵闲人,喜欢饮宴倡酬,而且有事没事总爱找他的西宾蒲松龄聊天,这样,毕自严所见所闻的那些洮岷地区的故事,作为谈资,便经由毕际有之口而入于蒲松龄之耳了。这就是《聊斋志异》中那些甘肃故事的传播途径。

从现存《聊斋》中的甘肃故事来看,其中有四篇即《杨千总》《八大王》《姚安》《苗生》,其故事的主人公或发生地都与洮河流域有关。这绝不是偶然的。换言之,这些故事的入载《聊斋》,与毕自严的任职洮岷兵备道是分不开的。而且,其中的《杨千总》一篇更直接地点明了这层关系,所谓"毕民部公即家起备兵洮岷时",便是这一系列洮岷故事的来源背景。至于《贾奉雉》与《申氏》两篇发生在平凉和泾河一带的故事,虽与洮岷无涉,然却与毕自严的另一段经历即"以按察使徙治

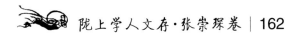
榆林西路"密切相关。

按察使掌一省刑名按劾之事(正三品),与布政使、都指挥使俱为封疆大吏。而毕自严以陕西按察使身份所徙治的榆林西路道,其辖地西至今陕西的安边及宁夏回族自治区的盐池,南至今甘肃省庆阳地区的北部(见《明史·地理志》),与平凉相距并不远。而且,泾河及其支流就在境内流过。因之,流传于平凉地区的《贾奉雉》故事及"泾河之间"的《申氏》故事,都是有可能传进毕自严的耳中的,而它们之与洮岷故事一起经由毕自严的子孙又被蒲松龄所闻知,更是情理中事。

《聊斋》甘肃故事中只有一篇兰州故事即《土化兔》与毕自严无关。因为故事的背景是"靖逆侯张勇镇兰州时",而其时毕自严早已作古数十年了。张勇,《清史稿》有传,略谓勇字非熊(一作飞熊),陕西咸宁人,善骑射,多智谋,顺治间曾以战功超授甘肃总兵及云南提督等职,康熙二年(1663)还镇甘肃,任提督。康熙十四年(1675)又以镇压三藩之乱有功而封靖逆侯,仍领甘肃提督。其时甘肃提督的驻地虽在甘州(今张掖),但张勇却常到兰州来,其府邸旧址即在今兰州市张掖路中段南侧(后改为皋兰县文庙)。张勇为人,"不耻下交,从游多岩穴隐者"(李因笃《靖逆侯靖逆将军谥襄壮张公传》,载《续刻受祺堂文集》)。例如,据张穆《顾亭林年谱》记,康熙十七年(1678)冬,张勇还曾命其子张云翼往关中去迎取顾炎武来兰州,只是由于顾炎武的"坚辞"才未能成行。而《土化兔》中所说的张勇出猎兰州,应即他任甘肃提督期间的事情。至于这故事的传播,似与"从游"之"岩穴隐者"不无关系(如与张勇家族关系密切的李因笃、王宏撰诸人),因为这些所谓"隐者"大都带点遗民色彩,而清初遗民又是最喜欢到处奔走的。

(三)

最后,关于《聊斋》中的甘肃故事,除前已述及者外,还有两点亦颇值得注意：

一是作品中所呈现出的地方文化色彩。蒲松龄虽未到过西北，但却将西北的人文地理、风俗物产、奇闻逸事都融入了七篇甘肃故事之中。无论那奇幻而多怪异的洮河，还是洞府幽深的道教圣地崆峒山；也无论是野兔遍地的兰州、戒备森严的肃王府（即今甘肃省人民政府所在地）及美丽的三公主，还是那豪放的"八大王"、崇人的巨龟及因不耐听制艺文而食人的老虎，都会令人感受到大西北那古老而神秘的文化氛围。至于《贾奉雉》中对深山洞府的描写，更是令人神往：

> （贾奉雉）飘然遂去，渐入深山，至一洞府……房亦精洁，但户无扉，窗无棂，内唯一几一榻。贾解履登榻，月明穿射；觉微饥，取饵啖之，甘而易饱。因即寂坐，但觉清香满室，脏腑空明，脉络皆可指数。

这里所说的"深山"，当即《八大王》中肃王府三公主所游之"崆峒"，即位于甘肃省平凉市西三十华里处的崆峒山。崆峒山为天下道教第一名山，传说黄帝曾到此问道于广成子，而秦始皇、汉武帝等都曾登临过。其山有八台、九宫、十二院、四十二座建筑群，至今犹存。而山名"崆峒"，即取道家空空同同、清净自然之意。《贾奉雉》中的这一段描写，可谓是对崆峒洞府的形象写照了。

蒲松龄对于西北风物为何会有如此出色的描写呢？我想，除了这些故事在传播时其本身所带有的地方色彩及蒲松龄杰出的文学才能外，还有一点也是不应忽视的，那就是清代西北学的兴起及西北文化的开始引人注意。这是一种大的文化背景。一般认为，清代西北学之兴当在晚清，其实，随着清人的入主及边境用兵，清初已有很多人就开始对四夷、边疆之学感兴趣了，顾炎武便是其中的一个。顾氏身为南人，却长期居于西北；不愿乘船，而喜欢坐车。他的《天下郡国利病书》分叙各省的地理形势、水利、屯田、设官、边防、关隘，对西北地区尤为看重。这种对西北史地大感兴趣的学术空气,当然也会影响到其他领域(包括文学领域),并波及于蒲松龄所在的山东地区。而素喜谈奇说异的蒲松龄,在得到有关西北的创作素材后,即凭借其渊博的知识和过人的才华而精心进行加工,遂成为《聊斋》中独具特色的甘肃故事了。

二是这些篇章在生态学上的意义。众所周知,西北地区生态环境恶劣。但这只是近代的事情,古代却并非如此。就拿兰州来说吧,明人还描写过皋兰山的"天晴万树排高浪"(周光镐《皋兰山》),清人也说后五泉是"千章夏木翠凌空"(吴镇《后五泉》),而今安在哉? 同样的,《聊斋志异》中所描写过的"八大王",其后代子孙至今竟无一存者。今天,研究甘肃生态的人也都说洮河流域无鳖。但《聊斋志异》中的"八大王"故事,其根据却实实在在是洮水鳖! 再看这一带出土的母系氏族社会时期的彩陶器皿,其中竟也有龟鳖之类的造型。这样说来,《聊斋志异·八大王》一篇,应是可以作为洮河流域曾经有鳖的佐证了! 而更有意思的是,1992年夏天,在濒临洮河的临洮县一个名叫"大王嘴"的地方,还发现了一块酷似龟鳖的巨石(重约1000公斤),至被当地人视为"八大王"的化身石。该处现已建成一座神龟园,而"八大王"石即卧居其中①。此与蒲松龄故里聊斋园中的"八大王石",真可以说是遥相呼应,灵异同现了。

(原载《聊斋学研究论集》,中国文联出版社2001年出版)

---

①参见王德温、黄静编《神秘的龟文化》一书中《神龟园记事》部分,宁夏人民出版社1996年版。

中西交通视野下的《聊斋》狐狸精形象
——从《聊斋》中狐狸精的"籍贯"说起

《聊斋志异》中的狐狸精形象之所以一直放射着它迷人的光彩，并成为人们永久的话题，与其形成过程中多种因素的融合是分不开的。除了数千年的民俗积淀，历代文人的描绘，以及蒲松龄的精心加工与再创造外，也与中西交通的文化背景有关。本文便试从《聊斋志异》中狐狸精的"籍贯"入手，从中西交通的文化视野来审视这些可爱的狐狸精形象。

一

阅读聊斋常会发现一种十分有趣的现象，那就是聊斋中的狐狸精在自报家门时往往称其为陕西人。如：

《娇娜》中的狐男自称："仆皇甫氏，祖居陕。"

《焦螟》中狐女言："我西域产，入都者十八辈。"

《潍水狐》中的狐翁租潍邑李氏别第，主人李氏"问其居里，以秦中对"。

《红玉》中的狐女红玉谓冯相如曰："妾实狐，适宵行，见儿啼谷口，抱养于秦。"

《狐谐》中的狐女语万福曰："我本陕中人。"

《胡相公》中的狐男胡四相公谓张虚一曰："弟陕中产，将归去矣。"

《张鸿渐》中的张鸿渐"至凤翔界",遇狐女施舜华。

《真生》中的长安士人贾子龙,遇狐男真生,"咸阳僦寓者也"。

《浙东生》中的浙东生房某,"客于陕",遇狐女。

上述篇中之狐狸精为何都自称为陕西人呢? 这便不得不让我们作深入探究了。

二

《聊斋》中的狐狸精之所以自称其为陕西人,实与中西交通的大文化背景是分不开的。

首先与历史上的西域胡人大批来华,而这些胡人又多居住于长安及其周围一带有关。在中国历史上,汉、唐为盛世,也是与外界联系最为密切的两个朝代。其时来华的外国人,除日本与朝鲜外,最多的便是沿丝绸之路或南方海路而来的西域人,他们在当时被称为"胡人"(当然其中也包括一部分少数民族之人)。这些胡人所从事的工作主要是经商、餐饮和伎艺等,故又被称为"胡商""胡妇""胡姬""胡伎"。《汉乐府·羽林郎》所描写的就是汉代胡姬当垆的情形:

> 胡姬年十五,春日独当垆。
>
> 长裙连理带,广袖合欢襦。
>
> 头上蓝田玉,耳后大秦珠。
>
> 两鬟何窈窕,一世良所无。
>
> 一鬟五百万,两鬟千万余。

这位开酒店的胡姬,头上戴的"蓝田玉"自然是中国所产;其耳后的"大秦珠"则是产自罗马帝国,其时的罗马帝国正通过西域与中国贸易,故大秦珠实可为中西交通之佐证。而胡姬头上的首饰竟能值千万余,则又反映了在华胡人的富有。再如东汉张衡的《二京赋》描写皇帝驾幸平乐观时所举行的大规模杂技、魔术表演:

临回望之广场，程角抵之妙戏。乌获扛鼎，都卢寻撞。冲狭燕濯，胸突铦锋。跳丸剑之挥霍，走索上而相逢。……蟾蜍与龟，水人弄蛇。奇幻倏忽，易貌分形。吞刀吐火，云雾杳冥。

其中有些表演，如索上相逢、钻刀圈（冲狭）、抛接丸剑、水人弄蛇、吞刀吐火等，其表演者部分可能也来自西域的伎人。《后汉书·西南夷传》云：

永宁元年（公元 120 年），掸国王雍由调复遣使者诣阙朝贺，献乐及幻人，能变化吐火，自支解，易牛马头。又善跳丸，数乃至千。自言我海西人。海西即大秦也，掸国西南通大秦。明年元会，安帝作乐于庭，封雍由调为大都尉。

《三国志·魏志·乌丸鲜卑东夷传》裴松之注引《魏略》亦云：

《西戎传》曰：大秦国一号犁靬，在安息、条之西大海之西……俗多奇幻，口中出火，自缚自解，跳十二丸巧妙。

因此，陈寅恪先生曾断言："跳丸、击剑、走索诸戏，及易貌分形、吞刀吐火等幻术，自西汉曹魏之世，即已有之，而此类系之伎艺，实盛行于西方诸国。"[1]可见，自张骞通西域，凿开"丝绸之路"以后，汉代进入中原的西域人是日渐其多了。

到了唐代，中西间的交通更为频繁，来华的西域人也就更多了。这些胡人，或逐利东来，是为"胡商"；或传道中土，是"胡僧"；或作为异域统治者之子侄长期为质于唐，终至入籍而为民者[2]。唐代宗之世，"四夷使者"常"连岁不遣"，再加上"失职未叙"者，"常有数百人，并部

---

① 陈寅恪《元白诗笺证稿》第五章《新乐府·立部伎》，上海古籍出版社 1978 年版。

② 参向达《唐代长安与西域文明》，北京：生活·读书·新知三联书店 1957 年版。

曲、畜产动以千计"。"先是回纥留京师者常千人,商胡伪服而杂居者又倍之",皆"殖资产,开第舍,市肆美利皆归之"。①到了唐德宗时这种情况愈演愈烈,"胡客留长安久者,或四十余年,皆有妻子,买田宅,举质取利"。检括无田宅者,尚有四千余人。朝廷欲行遣归,结果,"胡客无一人愿归者"②。当时这些"四夷使者"多居于都城长安,而朝廷于右银台门(即东内宫城西南)"置客省以处之"③。至于西域贾胡,则多居于西市。如牛僧孺《玄怪录》记杜子春事,谓杜子春徒行长安中,有一老人策杖于前云:"明日午时,候子于西市波斯邸。"④同书记刘贯词事亦谓大历间刘贯词执鬻于长安,"西市店忽有胡客来"⑤。可见,当时的长安西市实有贾胡及波斯邸。至于寄居长安周围的胡人,也为数不少。如长安出土《安令节墓志铭》载,安令节"出安息国王子,入侍于汉,因而家焉。历后魏、周、隋,仕于京、洛,故今为彬州宜禄人也"⑥。再如《宋高僧传·神会传》云:"释神会,俗姓石,本西域人也。祖父徙居,因家于岐,遂为凤翔人矣。"⑦无论彬州还是凤翔,均在今陕西境内也。

其次是胡人被与狐狸精联系在了一起。这大约有以下几方面的因素:一是"胡""狐"音同,而中国人向来有以兽类比异族之传统,所谓"南蛮""北狄"者便是。二是男性胡人习性诡异,以及体征与狐狸的某些特征之相似,如脸多须而体多毛,腋下又有"胡臭",而"胡臭"又

①③以上见《资治通鉴》卷 225《代宗纪》。
②以上见《资治通鉴》卷 232《德宗纪》。
④《太平广记》卷 16"神仙"类。
⑤《太平广记》卷 421"龙"类。
⑥转引自向达《唐代长安与西域文明》第 18 页,北京:生活·读书·新知三联书店 1957 年版。
⑦《宋高僧传》卷 9。

被认为即是"狐臭",如陈寅恪所说,"因其复似野狐之气,遂改'胡'为'狐'矣"①。三是胡女之美貌及活泼开朗的个性又被与传说中善于勾引异性的狐精淫妇联系在一起,尤其在长安开设酒店的胡姬,更因对男性具有吸引力而被误解。即以唐代诗人而论,就有不少人惯以胡姬酒肆为温柔乡,李白就是其中最典型的一位。其《前有樽酒行》(其二)云:"胡姬貌如花,当垆笑春风。笑春风,舞罗衣,君今不醉将安归?"②其《白鼻騧》云:"细雨春风花落时,挥鞭直就胡姬饮。"③其《送裴十八图南归嵩山》云:"胡姬招素手,延客醉金樽。"④其《少年行》(其二)云:"落花踏尽游何处,笑入胡姬酒肆中。"⑤四是无论胡男、胡女,皆善贾而广聚财富,以至"穷波斯"竟被时人视为"不相称"之事⑥。这与狐狸的善盗及好积存食物又有某些相似的地方。总之,正是由于上述几个方面的因素,所以唐代民间便开始将"妖胡"(见元稹《胡旋女》)与狐狸联系在一起了。

最后,文人的创作对民间习俗的提升与延续,又起了推波助澜的作用。中国民间本有侍奉狐神的习俗,正如唐张鷟《朝野佥载》所说:"唐初以来,百姓多事狐神,房中祭祀以乞恩,食饮与人同之。事者非一主。当时有谚曰:'无狐魅,不成村。'"⑦然唐以前,狐与人是两回事,狐是狐(尽管已被称"神"),人是人。而自唐以后,狐与人却融为一体了,再准确点说,便是狐与胡合二为一了。正如陈寅恪先生所说:"狐能为怪之说,由来久矣。而幻为美女以惑人之物语,恐是中唐以来始

①陈寅恪《狐臭与胡臭》,《寒柳堂集》,上海:上海古籍出版社1980年版。
②③④⑤《李太白全集》(王琦注)卷3,北京:中华书局1977年版。
⑥见唐李义山《义山杂纂》,曲彦斌校注《杂纂七种》,上海:上海古籍出版社1988年版。
⑦《太平广记》卷447"狐神"条引。

盛传者。"①这一方面是由于唐代胡人的大批涌入中国，而胡与狐又被人们联系在了一起，从而形成了一种民间的习俗之见；而文人的创作则使这种习俗之见进一步升华，并形成了若干人、狐合一的文学形象。唐传奇中这类的狐女、狐男形象已经很多，如沈既济《任氏》中的任氏便是一位典型的狐女②。《太平广记》中所录狐事八十余则，十九都是出于唐人之作。如卷 449 所录《广异记》之《李元恭》条写狐现形为少年，自称姓胡；同书《汧阳令》条写狐化为贵人，向汧阳令之女求婚；同书《李麿》条写李麿从胡人店中"以十五千索胡妇"并与之生子，而胡妇实则是"牝狐"；卷 454 所录《宣宝志》之《计真》篇写计真"西游长安至陕"与李外郎之女结为夫妻，生七子二女，而妻子在临死前终于说出自己是狐所化等等。其中《汧阳令》中的狐化为贵人向汧阳令之女求婚，不由得会令人联想到《资治通鉴》(卷 225) 中所说"商胡伪服而杂居"，"或衣华服，诱娶妻妾"的历史事实，《李麿》中更是明确交代出"胡妇"即"牝狐"。显然，在这些文学作品中，狐的动物性与胡人的有关特征已被融为一体，形成了人化的狐狸，也就是通常所说的"狐狸精"。此后狐精形象假文学作品代代相传，并与民间传说相互补充，不但其形象"多具人情"，就连其家世也因久居长安及其周围地区，即所谓"我西域产，入都者十八辈"，遂成为"陕西人"了。

三

《聊斋志异》中的狐狸精形象，除了蒲老先生"用传奇法而以志怪"的描写手法，从而使故事情节更为曲折离奇，人物形象(即狐男、

---

① 陈寅恪《元白诗笺证稿》第五章《新乐府·古冢狐》，上海：上海古籍出版社1978 年版。
② 《太平广记》卷 452。

狐女)更加丰满以外,中西交通的大文化背景也对其形象的塑造产生了重要的影响。换言之,《聊斋志异》中的"狐男""狐女"形象,大都被打上了中西交通的文化烙印。

首先,汉唐"胡姬"的形象已被融入了《聊斋志异》的"狐女"形象之中。具体说有三个方面:

一是胡姬活泼、开朗、外向、大方的气质被融入了《聊斋》狐女的性格之中。中国传统的家教熏陶出来的女性向来是温柔敦厚,而《聊斋》中的大多数女性则与此相反,她们率真、坦诚,能说能笑,落落大方,见人从不羞怯。如《娇娜》中的娇娜,《小翠》中的小翠,《婴宁》中的婴宁便是典型代表。这是为什么呢?有人说因为她们是狐,不是人,故可不受人间礼教的束缚。但她们已经由狐化为人了,并以人的形象生活于世上,这又当作何解释呢?可见这一类形象的塑造是缺乏中原传统文化的依据的。但我们却可以从汉、唐胡姬的身上看到她们的来源。汉、唐时期,胡姬"当垆"是很常见的现象,而这种抛头露面的事情,对于中国传统女性来说则几乎是不可能的。在中国古代,除卓文君为得到父亲的赞助曾一度在家门口"当垆"外,其他似乎还不曾有过。而胡姬呢?她们不但善于经营酒馆,而且其性格也十分开放,既"当垆笑春风",又擅歌舞表演,即元稹《西凉伎》所谓"胡姬醉舞筋骨柔",还不时地向客人"招素手",因之文人们也就纷纷"笑入"其酒肆中了。再看《聊斋志异》中那些无拘无束,常作嫣然一笑或秋波流慧的狐女们,不是可以从这里见到她们的影子吗?

二是狐女主动、热烈追求爱情的精神,也在《聊斋》狐女身上得到了体现。唐代胡人男性娶汉族女性为妻妾的现象已较普遍,以致朝廷不得不对此作出有关规定。《唐会要》(卷100)云:"贞观二年六月十六日敕:诸蕃使人所娶得汉妇女为妾者,并不得将还蕃。"而胡人女性嫁汉人为妻妾者,虽未能留下明确的记载,想来数量也不会太少。至于狐女对爱情的大胆追求,我们实可以从当垆的胡姬身上窥其一斑。这些胡姬本来就年轻貌美,热情奔放,再加上又是春日当垆,春心荡漾,所以一旦与汉族文人相遇,诚可谓是"相逢何必曾相识"了。唐代文人的有些描写,似乎也向我们暗示了这一点。如张祜《白鼻騧》诗云①:

> 为底胡姬酒,常来白鼻騧。
>
> 摘莲抛水上,郎意在浮花。

文人们既以"郎"自称,而其意又不在酒而在"浮花",则对方的胡姬自应是与他们相爱的对象了。再如杨巨源《胡姬词》②:

> 妍艳照江头,春风好客留。
>
> 当垆知妾惯,送酒为郎羞。
>
> 香度传蕉扇,妆成上竹楼。
>
> 数钱怜皓腕,非是不能愁。

这说得更明确了,既有"郎",又有"妾",胡姬与文人之间的相爱相怜之情已表现得十分真挚动人。也正因为胡姬是如此的多情,频"招素手",春风留客,所以"胡姬若拟邀他宿",文人们便"掛却金鞭系紫騮"了③。

至于由狐狸所幻化出来的"胡女",其在情爱方面的表现就更是不拘常规。例如《任氏》中的任氏,本是"生长秦城"的狐狸家族,并自称"某,秦人也"。而从其"门旁有胡人鬻饼之舍"及常活动于"西市衣肆"一带可知,这位任氏其背景极可能是一位"胡女"。再看她遇到郑六之后,即邀其"酣饮极欢,夜久而寝,其妍姿美质,歌笑态度,举措皆

---

①《全唐诗》卷18,北京:中华书局1960年版。

②《全唐诗》卷333,北京:中华书局1960年版。

③施肩吾《戏郑申府》,《全唐诗》卷494,北京:中华书局1960年版。

艳";而跟郑六的朋友也"每相狎暱,无所不至,唯不及乱而已"。这在中国传统女性来说,简直是不可想象的。然而我们看《聊斋志异》中那些中夜破门而入,主动献身于穷书生的狐女(如《莲香》中的莲香,《胡四姐》中的胡三姐,《张鸿渐》中的施舜华,《狐女》中的狐女,《红玉》中的红玉等),她们大胆、热烈追求爱情的精神,与当年的那些胡姬们不正是一脉相承的吗?

三是《聊斋》中的狐女心地之善良,亦与胡姬相似。胡姬在她们所开设的酒肆中,待人一律平等,"来的都是客"。她们既不巴结或畏惧权贵(如《羽林郎》中的那位胡姬),也不歧视平民,而尤其愿与那些下层文人和落第书生交往。如前述之王绩、李白、张祜、杨巨源等辈,都时常流连于胡姬酒肆之中。《聊斋志异》中那些不重门第、不慕富贵、全心全意爱着穷书生的狐女们,也表现出了这种善良美好的心地。而且,一旦遇到强暴,她们都会像当年的胡姬一样义正词严地进行反抗;一旦穷书生有难,她们也会全力以赴地进行帮助和营救。如《荷花三娘子》中的狐女之于宗湘若,《阿绣》中的狐女阿绣之于刘子固,《红玉》中的狐女红玉之于冯相如,皆是。有时她们的帮助对象亦不限于情人,像《王成》中的狐仙之于王成,便是狐祖母在帮助孙子;《封三娘》中的狐女封三娘之于范十一娘,则是狐女在帮助自己的同性姐妹。

总之,从《聊斋》狐女形象中,我们实不难发现当年胡姬的影子。这些胡姬由于原本生长异域,不曾受过中原传统文化的熏陶,所以无论在个性气质、人际交往,还是在对待爱情的态度上,都与中国传统女性浑然不同。而由胡姬与传说中的狐狸融合而成的"狐狸精"形象,自然也就留有若干胡姬的印记。这种形象再经民俗的积淀,文学作品的播扬,最终便在《聊斋志异》的狐女身上放射出耀眼的光彩。

其次,《聊斋》中的狐男形象,也带有较明显的中西交通文化背景

的印记。其具体表现为：

一、居住地的东迁。《聊斋》狐狸故事中，很多狐男（尤其是老年男性）虽也称其籍贯为陕西，然其实际居住地域又到了山东、山西、河北、河南、江苏、浙江等地了。如《娇娜》中的"太翁"一家居浙江天台，《青凤》中的狐叟一家居山西太原，《潍水狐》中的狐翁居山东潍邑，《胡相公》中的狐男胡四相公居山东莱芜，《郭生》中的狐男居淄川之东山，《周三》中的狐男胡二爷与周三居山东泰安，等等。这是为什么呢？因为随着政治中心的东移和胡人对中国了解的日益深入，很多胡人已不满足于在长安及其周围地区居住，他们要到中东部去谋生和发展，所以自唐末以来，大批的胡人便开始向东迁移。先是前往洛阳、开封，最后又播散到中东部各省。胡人的迁徙，自然携家带口，所以"酒家胡"的身影也继长安、洛阳之后，又出现在今湖北的黄州、襄阳甚至东部沿海一带①。而随着胡人的东迁，狐狸精的故事也随之在中东部民间广为流传了。这就是《聊斋》中的狐狸精虽不忘其祖籍陕西，而实际上早已居住于中东部的文化背景。顺便也要指出的是，胡人的迁徙方向只是往东，而不曾向西。所以今存《聊斋》故事中涉及甘肃的虽有七篇之多②，然多是写龟、鳖、兔、虎，而绝无言狐狸者。这也间接印证了《资治通鉴》所记"胡客无一人愿归"的历史事实。

二、中国传统文化的熏陶。胡人东迁之后，作为一家之主的狐男，为了其家族能与中原地区的人民和谐相处，便不得不向当地之人学习。这样久而久之，中国传统文化便对他们产生了一定的影响。这主

---

①参芮传明《唐代"酒家胡"述考》，《上海社会科学院学术季刊》1993 年第 2 期。

②详参拙文《〈聊斋志异〉中的甘肃故事》，张永政、盛伟主编《聊斋学研究论集》，北京：中国文联出版社 2001 年 3 月版。

要表现在儒化的倾向上。早在晚唐、五代之际，居于蜀中的波斯人李珣、李玹兄弟俱已接受中国文化。五代何光远《鉴诫录》"乐乱常"条记：

> 宾贡李珣，字德润，本蜀中土生波斯也。少小苦心，屡称宾贡。所吟诗句，往往动人。尹校书鹗，锦城烟月之士，与李生长为善友，遽因戏遇嘲之，李生文章扫地而尽。诗曰："异域从来不乱常，李波斯强学文章。假饶折得东堂桂，狐臭薰来也不香。"

波斯人李珣服膺中国文化虽不被时人理解，然其文名却并未因尹鹗的戏嘲而扫地。我们试看五代人赵崇祚编《花间集》选录其词37首，于入选的18位词家中竟占到第五位，便可知李珣在学习汉文化方面是如何的成功了。北宋黄休复《茅亭客话》"李四郎"条又云：

> 李四郎名玹，字廷仪，其先波斯国人。……兄珣有诗名，预宾贡焉。玹举止温雅，颇有节行，以鬻香药为业，善弈棋，好摄养，以金丹延驻为务。

与兄李珣相比，李玹不但"举止文雅"，而且连"弈棋""摄养"这些中国文化的载体和要义都掌握了。

胡人的这种儒化追求自然也会反映到许多狐精故事中。《聊斋志异》中的不少狐男便已开始向士人身份演进。如《娇娜》中的狐男皇甫公子主动受教于圣裔孔雪笠；《雨钱》中的狐翁能与秀才"相与评驳古今"，"时抽经义则名理湛深"；《灵官》中狐翁与朝天观道士为玄友；《酒友》中车生之酒友狐男为"儒冠之俊人"；《胡相公》中的狐男胡四相公与莱芜名士张虚一谈笑交好；《狐嫁女》中狐翁之女出嫁用世俗礼；《周三》中的狐叟"与居人通吊问，如世人礼"，并被呼为"胡二爷"；而《胡氏》中的狐男胡氏更以秀才被人延为塾师；《郭生》中的郭生则以狐为师，"两试俱列前名，入闱中副车"。凡此，皆可见狐男形象之儒化倾向。

三、狐男与狐女的冲突。由于不少胡人家庭中的男性(尤其是家长)都在竭力使自己"汉化",所以他们在教育子女方面也开始采用中国传统的家教。但胡人中的年轻女性则对此非常反感,她们仍习惯于无拘无束的胡姬生活。这便造成了胡人家庭中老年男性与年轻女性间的矛盾冲突。反映在《聊斋》的狐狸故事中,有许多篇便是这种矛盾冲突的写照。如《青凤》篇中的狐女青凤与书生耿去病相爱,遭到了那位头戴"儒冠","闺训严谨"的狐男叔父的训斥,便是一个典型的例子。也有些篇中写狐女与人恋爱或成婚,而狐男又从中作梗。如《长亭》中的狐女长亭、红亭嫁人后,狐翁则"狐情反复,谲诈已甚"。这样便形成了《聊斋》中另一种极为有趣的现象,那就是《聊斋》中的女狐狸大都是好的,而男狐狸则多是坏的。当然,这种现象也不限于"狐狸世界",人类也往往如此。因为随着社会竞争的日益激烈和男子介入竞争的机会相对较多,人类很多优秀品质在男子身上已保存得越来越少了;相反的,由于女子参与社会竞争的机遇比较少,所以女性身上所保留的人性美好的东西要比男子多。贾宝玉说"女儿是水做的,男子是泥做的",就是这个道理。而蒲松龄把许多美好的东西寄托在女子身上,也应是出于这方面的考虑。

总之,若从中西交通的视野来审视《聊斋》中的狐狸形象便可发现,这些千姿百态、活灵活现的"狐狸精"形象,既有着民间传闻及历代文学作品以为创作的基础,有着蒲松龄的生花妙笔以为点染和加工;同时,在这些形象中也隐含着中西交通的文化背景。明乎此,则不但《聊斋》中狐狸精"籍贯陕西"及"女狐狸好、男狐狸坏"的问题会迎刃而解,而且对于《聊斋》成书的大文化背景也可以作更广阔、更深入的思考。

(《蒲松龄研究》2008 年第 3 期)

新闻与文学交融的杰作

——《聊斋志异》中的新闻篇章

"新闻"一词最早见于唐代。唐人尉迟枢曾写过一本书,书名即为《南楚新闻》。此书《新唐书·艺文志》及《宋史·艺文志》均曾著录,然迄未见到原书。不过我们从宋人陆游的《老学庵笔记》及李昉所编《太平广记》的零星征引中似可见一斑。如《老学庵笔记》卷十记:

> 《南楚新闻》亦云:"一碟毡根数十皴,盘中犹自有红鳞。"不知"皴"为何物,疑是饼饵之属。①

再如《太平广记》卷499"郭使君"条,也是引自《南楚新闻》,略谓唐末江陵人郭七郎以数百万钱买到了横州刺史一官,然赴任途中舟沉遇险,虽幸免于死,但"孤且贫",只得靠为人撑船以为生。②这与《聊斋》中的有些故事情节已颇为类似了。可见,《南楚新闻》当是汇集南方地区一些独特风俗及奇闻逸事的书。

宋人对"新闻"概念的使用,较之唐人又略有不同。如宋赵升的《朝野类要》云:

> 其有所谓内探、省探、衙探者,皆衷私小报,率有泄露之禁,故隐而号之曰"新闻"。③

---

① [宋]陆游《老学庵笔记》,中华书局1979年版,第135页。
② 王汝涛《太平广记选》,齐鲁书社1982年版,第536页。
③ 转引自复旦大学新闻理论教研室《新闻学概论》,福建人民出版社1986年版,第20页。

这样的"新闻"实际上已包含有后世所谓的"消息"了,虽然在当时并不敢公开的传播。

明代以后,"新闻"在各种书中出现的次数越来越多。就连蒲松龄,也在南游途中写的《感愤》诗中使用了"新闻"一词:

漫向风尘试壮游,天涯浪迹一孤舟。

新闻总入《夷坚志》,斗酒难消磊块愁。①

……

蒲氏所谓"新闻",虽主要指奇闻逸事,但也并不排除朝野新近传播的一些"消息"。

那么,《聊斋志异》中究竟有无现代意义上的"新闻"篇章呢?今天,学术界一般都将新闻分为两大类,即"硬新闻"与"软新闻"。"硬新闻"指"消息类",它直接关系到人们的切身利益,有强烈的时间性;"软新闻"则指奇闻趣事之类的新闻,它和人们当前的生存及利益并无直接关系,因而在报道的时间上也无严格的要求。应该说,这两类新闻在《聊斋志异》中都是存在的,当然又以后者的篇章为最多。

一

《聊斋》中"消息"类的新闻即所谓"硬新闻",当以《地震》篇最为典型。请看:

康熙七年六月十七日戌时,地大震。余适客稷下,方与表兄李笃之对烛饮。忽闻有声如雷,自东南来,向西北去。众骇异,不解其故。俄而几案摆簸,酒杯倾覆;屋梁椽柱,错折有声。相顾失色。久之,方知地震,各疾趋出。见楼阁房舍,

①[清]蒲松龄《蒲松龄集》,路大荒整理。上海古籍出版社1986年版,第476页。

仆而复起；墙倾屋塌之声，与儿啼女号，喧如鼎沸。人眩晕不能立，坐地上，随地转侧。河水倾发丈余，鸡鸣犬吠满城中。逾一时许，始稍定。视街上，则男女裸体相聚，竟相告语，并忘其未衣也。后闻某处井倾侧，不可汲；某家楼台南北易向；栖霞山裂，沂水陷穴，广数亩。此真非常之变也。①

对照今日学术界关于新闻的要求，可以说《地震》篇中规中矩，若合符节。

首先，新闻要素的五个"W"，即"When（时间）"、"Where（地点）"、"Who（人物）"、"What（事件）"、"Why（原因）"，《地震》篇中皆一应俱全。也有人在五个"W"之外又增加"How"即结果，称为新闻"六要素"，而《地震》篇中也同样具备。试分别言之：

时间——"康熙七年六月十七日戌时"。

地点——"稷下"（临淄）。

人物——蒲氏"与表兄李笃之"。

事件——方"对烛饮"，"几案摆簸，酒杯倾覆，屋梁柱折"，"墙倾屋塌"，"河水倾发丈余"，"鸡鸣犬吠满城中"。

原因——地震。

结果——"闻某处井倾侧，不可汲；某家楼台南北易向；栖霞山裂，沂水陷穴，广数亩"。

其次，"消息"写作的通常要求即"倒金字塔式"结构，也在《地震》篇中充分体现出来了。所谓"倒金字塔式"结构，学界一般认为最早产生于美国南北战争时期，当时为了及时扼要地报道来自战场的最新

---

① [清]蒲松龄《聊斋志异》（铸雪斋抄本），上海古籍出版社，1979 年版，第 72 页。

消息，一些战地记者便采用了包括导语、主体内容及背景材料三部分组成的新闻结构模式，以有别于传统的"金字塔式"结构。如果说传统的"金字塔式"结构在叙事方式上还是由人及事、由远及近、由因及果，完全按照事件发生、发展的先后顺序来写的话，那么"倒金字塔式"结构则与此相反。"倒金字塔式"结构是依事情的重要程度以次递减的顺序，头重脚轻地安排材料，将最重要的新闻事实或最新鲜、最吸引人的内容，或所报道事件的高潮、要点放在开头；而将次要的、补充性的材料放在中间和后面；最后点题。这样做的好处是醒目、快捷，令读者一眼即可发现新闻的最有价值的部分。它较之传统写法的按部就班甚至将新闻要点淹没于材料之中的局限，无疑更符合"硬新闻"的要求。具体到《地震》篇中，其"倒金字塔式"的结构格式是：

导语——"康熙七年六月十七日戌时，地大震。"此即新闻导语所要求的"立片言而居要，乃一篇之警策"①。由于作者所要发布的消息是"地震"，所以导语部分便将这一核心内容开门见山地点了出来。至于详细情况，则于后文中详述。

主体——自"余适客稷下"至"男女裸体相聚，竟相告语，并忘其未衣也"为主体部分。这一部分根据作者之亲历，由闻而见，由近及远，将地震的具体景象生动地展现在读者面前。作者还通过"忽闻""俄而""久之""一时许"等一系列表示时间的词语，又将这一事件的前后过程有机地连接起来，从而真实有序地描绘出震前、震中的种种奇异表现。

背景材料——自"后闻某处井倾侧"至"沂水陷穴，广数亩"为背景材料。主要言此次地震并非稷下一处，已波及栖霞、沂水等广大地

---

① 〔晋〕陆机《文赋》，萧统《文选》，中华书局1977年版，第241页。

区。由于这些背景材料并非作者当时之闻见,所以便用了"后闻"字眼,以与此前的亲历相区别,并交代出此次地震的大背景。

最后一句"此真非常之奇变也",既是收结全文,又是进一步点明主题,并强调此次事件之"非常"与"奇变"。

可以看出,即使用今天的新闻标准来衡量,《地震》也应是一篇十分难得的"消息"范文。我们真不得不惊叹于蒲老先生何以在 340 年前就有这样的新闻佳作。须知,它比之美国南北战争时期才形成的一些新闻写作规范(如"倒金字塔式"结构),也还要早 80 多年呢!

《聊斋》中类似的"硬新闻"篇章还有《水灾》《夏雪》《瓜异》《化男》等。如《水灾》:

> 康熙二十一年,山东旱,自春徂夏,赤地千里。六月十三日小雨,始种粟。十八日大雨后,乃种豆。一日,石门庄有老叟,暮见二羊斗山上……无何,雨暴注,平地水深数尺,居庐尽没。一农人弃其两儿,与妻扶老母奔避高阜。下视村中,汇为泽国,并不复念记两儿。水落归家,一村尽成墟墓……此六月二十二日事也。①

篇中虽杂有一些神异之事及孝道观念,然"消息"写作的基本要素,如时间(康熙二十一年六月十八至六月二十三日)、地点(山东石门庄)、人物(老叟及一农人)、事件("平地水深数尺,居庐尽没")、原因(水灾),都一样不少。再如《瓜异》:

> 康熙二十六年六月,邑西村民圃中,黄瓜上复生蔓,结

---

① [清]蒲松龄《聊斋志异》(铸雪斋抄本),上海古籍出版社,1979 年版,第234—235。

西瓜一枚,大如碗。①

短短的28字,却已包含有时间(康熙二十六年六月)、地点(淄川邑西)、人物(邑西村民)、事件(黄瓜上生蔓又结西瓜)、原因(瓜异,也可以理解为基因变异)等五要素矣。至于《夏雪》,虽意在嘲讽当时的官员,然开头的"丁亥年七月初六日苏州大雪"一句②,则仍然是新闻导语的写作手法。

当然,从时间上来说,《聊斋》中有些"硬新闻"的写作和传播,并不如后世新闻之快捷。但这是时代使然。我们既不能要求清初的淄博地区已拥有后世的媒体,更不能要求蒲老先生刻意去为这些并不存在的"媒体"撰稿。何况蒲松龄已尽了他的传播之责,他的《聊斋志异》还未完全写成就已被到处传抄,便是明证。这比起十四、十五世纪在威尼斯出现的手抄新闻即所谓"威尼斯新闻",无论在信息的容量,还是在传播的范围来说,也都要更胜一筹("威尼斯新闻"主要是业者将船期及商业信息抄在纸上以卖给商人)。

二

至于《聊斋志异》中的"软新闻",则数量就更多了。这类的新闻从内容上来说,多是奇闻逸事;而从新闻体裁上来说,则以特写和报告文学为多。

先看内容。目前新闻界对新闻内容的分类大致包括政治新闻、经济新闻、军事新闻、文教卫生体育新闻、科技新闻以及社会新闻等六

---

①[清]蒲松龄《聊斋志异》(铸雪斋抄本),上海古籍出版社,1979年版,第188页。

②[清]蒲松龄《聊斋志异》(铸雪斋抄本),上海古籍出版社,1979年版,第496页。

大类，而除了政治新闻及军事新闻外，《聊斋》"软新闻"中都有所涉及，而尤以社会新闻最为常见。像《金和尚》之写僧侣地主及寺院经济，实为重要的经济史资料；《山市》之写奂山山市，实为罕见的地域景观；《跳神》之写"跳神"，实为难得的民俗案例；《黑鬼》之写黑人进入山东，更是宝贵的中外交通史料。再如，写魔幻表演的有《种梨》《戏术》，写木偶表演的有《木雕人》，写口技的有《口技》，写气功表演的有《铁布衫法》，写动物音乐表演的有《蛙曲》，写动物戏曲表演的有《鼠戏》，写动物界奇异之事的有《螳螂捕蛇》及《鸿》，等等。而且，有些报道不但在当时极具新闻价值，就在后世，也是十分珍贵的文化史资料。如《蛙曲》：

> 王子巽言："在都时，曾见一人作剧于市。携木盒作格，凡十有二孔，每孔伏蛙。以细杖敲其首，辄哇然作鸣。或与金钱，则乱击蛙顶，如抚云锣之乐，宫商词曲，了了可辨。"①

王子巽即蒲松龄在淄川城北丰泉乡王家设帐时的友人王敏入，字子巽，号梓岩，邑庠生，《淄川县志》卷六"续孝友"载其事迹。由于蒲松龄坐馆丰泉王家是在康熙十三年(1674)前后，故王子巽"在都时"大约应是康熙初年。也就是说，在距今300多年前，北京城内已有了"蛙曲"这样奇妙的动物音乐表演了。而这种以敲击蛙顶令其出声来演奏乐曲的奇观，在后世却难得见到了。因此，《蛙曲》便成了音乐史上的一段十分珍贵的资料。再如《木雕人》写木偶表演，也同样令人叫绝：

> 商人白有功言："在泺口河上，见一人荷竹簏，牵巨犬

---

① [清]蒲松龄《聊斋志异》(铸雪斋抄本)，上海古籍出版社，1979年版，第209页。

二。于篓中出木雕美人,高尺余,手自转动,艳妆如生。又以小锦垫被犬身,便令跨坐。安置已,叱犬疾奔。美人自起,学解马作诸剧,镫而腹藏,腰而尾赘,跪拜起立,灵变不诎。又作昭君出塞:别取一木雕儿,插雉尾,披羊裘,跨犬从之。昭君频频回顾,羊裘儿扬鞭追逐,真如生者。"①

值得注意的是,上述木偶表演并无通常所用的提线,其唯一的动力只是"叱犬疾奔";而如何使犬奔的速度与木偶的动作和谐一致,这本身的难度就已经很大。再加上木偶动作的复杂多样、灵活生动,甚至两只木偶一同表演且呈前后追逐状,则木偶的设计与制作更是匠心独运了。而此种内藏机关的木人,实不免会令人联想起当年诸葛亮的黄氏夫人所制作的可以推磨的木人②。只是不知这种类似机器人的木偶制作技术今尚有传否?

再看体裁。《聊斋》"软新闻"的若干篇章实为特写或报告文学。这种体裁的写作特点是,既有真人真事作为基础,同时又着意形象,注重故事,讲究文笔,尤其善于对事物作集中突出的描写,相当于电影中的近镜头。如《金和尚》写清初诸城五莲山寺的金和尚,既实有其人(俗姓金,法名海彻,字泰雨),而事迹也大同小异,只不过蒲松龄运用了文学的手法,将这位僧侣地主的种种劣迹罗列出来,集中凸显了一个"狗苟钻缘,蝇营淫赌"的"和幛"形象③。再如《跳神》之写满洲"跳

---

①〔清〕蒲松龄《聊斋志异》(铸雪斋抄本),上海古籍出版社,1979年版,第258—259页。

②关于诸葛亮夫人所制木人事,详见张崇琛《诸葛亮世家》,吉林人民出版社1997年版,第47—48页。

③关于金和尚其人,详见张崇琛《〈聊斋志异·金和尚〉本事考》,《兰州大学学报》1984年第3期。

神"之俗,既有现实民俗的根据,其描写又十分生动而传神:

> 良家少妇,时自为之。堂中肉于案,酒十盆,甚设几上。烧巨烛,明于昼。妇束短幅裙,屈一足,作"商羊舞"。两人捉臂,左右扶掖之。妇剌剌琐絮,似歌,又似祝;字多寡参差,无律带腔。室数鼓乱挝如雷,蓬蓬聒人耳。妇吻辟翕,杂鼓声,不甚辩也。既而首垂,目斜睨;立全须人,失扶则仆。旋忽伸颈巨跃,离地尺有咫。室中诸女子,凛凛愕顾曰:"祖宗来吃食矣。"便一嘘,吹灯灭,内外冥黑。人蹀立暗中,无敢交一语;语亦不得闻,鼓声乱也。食顷,闻妇厉声呼翁姑及夫嫂小字,始共爇烛,伛偻问休咎。①

"跳神"之俗后世犹有,然多半存留于满人习俗之中。至于如何"跳"法,很多人(尤其是汉人)并不知晓。蒲氏此篇,可谓是对"跳神"内幕最详尽的揭示与描摹了。又如《山市》之写淄川奂山"山市"的景观:

> 无何,见宫殿数十所,碧瓦飞甍,始悟为山市。未几,高垣睥睨,连亘六七里,居然城郭矣。中有楼若者、堂若者、坊若者,历历在目,以亿万计。忽大风起,尘气莽莽然,城市依稀而已。既而风定天清,一切乌有;唯危楼一座,直接霄汉。五架窗扉皆洞开;一行有五点明处,楼外天也。层层指数:楼愈高,则明愈少;数至八层,裁如星点;又其上,则黯然飘渺,不可计层次矣。而楼上人往来屑屑,或凭或立,不一状。②

---

①[清]蒲松龄《聊斋志异》(铸雪斋抄本),上海古籍出版社,1979年版,第322页。

②[清]蒲松龄《聊斋志异》(铸雪斋抄本),上海古籍出版社,1979年版,第360页。

据杨海儒先生考证,《聊斋志异·山市》系写实作品,因为嘉靖《淄川县志》及当地文人对此多有记载;而向蒲松龄讲述奂山"山市"的孙禹年,即清初淄川贡元孙琰龄(字禹年)[①]。其所写山市景象细致入微,历历在目而又变化无常,亦不知今日奂山尚有此种景观否?

总之,《聊斋》中的"软新闻"其数量既多,而描写又十分生动,且其篇幅一般都不长。但若从信息量的蕴涵来说,则《聊斋》一篇数百余字或千余字的特写,较之眼下那些动辄上万言的报告文学,又远过之也。

三

新闻写作中还有一种新闻评论,即一般所谓"社论""短评"(或称时评)、"编者按""编后"等。其中的"短评"是为配合所发表的新闻而作的评论,主要是对新闻发生的原因、影响及事件的性质进行论析。"编后"和"编者按"则常以寥寥数语一针见血地点明事件的要害,或借题发挥,以对新闻作补充性的说明。而《聊斋志异》新闻篇章中的"异史氏曰",大体就相当于后世新闻评论中的"短评"和"编后"。

《聊斋》新闻篇章中,于正文之外,虽也有对新闻背景材料的补充,如《地震》于正文之后又写"邑人妇"与狼争夺小儿事,《口技》于正文后又写少年按颊度曲事,《戏术》后又写利津李见田一夜间代人出窑中六十余瓮事,然皆未以"异史氏曰"名义出现,这一点与眼下的新闻评论有所不同。而大量新闻篇章的"异史氏曰",按其内容来说,则主要有两类:

一是点明所述新闻的要害。如《金和尚》之"异史氏曰":

---

①杨海儒《蒲松龄生平著述考辨》,中国书籍出版社1994年版,第224页。

此一派也，两宗未有，六祖无传，可谓独辟法门者矣。抑闻之：五蕴皆空，六尘不染，是谓"和尚"；口中说法，座上参禅，是谓"和样"；鞋香楚地，笠重吴天，是谓"和撞"；鼓钲鍠聒，笙管敖曹，是谓"和唱"；狗苟钻缘，蝇营淫赌，是谓"和幛"。金也者，"尚"耶？"样"耶？"唱"耶？"撞"耶？抑地狱之"幛"耶？①

作者虽不厌其烦地罗列了僧人之种种，然其用意明显是指金和尚为后者，这样便将篇中所述金和尚之种种劣迹的要害与性质点明了。再如《妾杖击贼》之"异史氏曰"：

身怀绝技，居数年而人莫知之，一旦捍患御灾，化鹰为鸠。呜呼！射雉既获，内人展笑；握槊方胜，贵主同车。技之不可以已也如是夫！②

该篇正文述益都贵家之妾平时被正妻鞭挞，而一旦贼人入室，则全仗妾挥木杖以御，结果妾本人之境遇竟因此而获改善，正妻"遇之反如嫡"。故蒲松龄点评道："技之不可以已如是夫！"意思是说，一个人不可以身怀绝技而不用啊！所谓"化鹰为鸠"，意即化正妻之凶悍为善良；所谓"射雉既获，内人展笑"，是指春秋时貌丑的贾大夫通过射雉以博取美妻之言笑③；所谓"握槊方胜，贵主同车"，是指唐太宗故意让丹阳公主（高祖女）之夫万彻赌双陆获胜，从而令公主感到自豪，愿

①［清］蒲松龄《聊斋志异》（铸雪斋抄本），上海古籍出版社，1979 年版，第434 页。

②［清］蒲松龄《聊斋志异》（铸雪斋抄本），上海古籍出版社，1979 年版，第238 页。

③杨伯峻《春秋左传注》，中华书局 1981 年版，第 1496 页。

与其夫同车而归①。两个典故的运用,更加深了"技不可已"的主旨。再如《镜听》写益都郑氏兄弟大郑、二郑之妻,因丈夫之不同表现,自身也受到了公婆的不同待遇。对此,蒲松龄在"异史氏曰"中仅用寥寥数语,便点明了"贫穷则父母不子"的炎凉世态②。

二是借题发挥,由此及彼,由近而远,由小见大,从而达到作者通过所述新闻以针砭社会之目的。如《种梨》写一道士向乡人货梨者乞梨不与,他人出钱购一枚付道士,道士遂以其核就地种之,竟长大成树,结果累累。道士摘梨遍赐观者,而其梨实乃乡人车中之物也,乡人竟未之觉。此虽是一种幻术表演,但蒲松龄却由卖梨者之啬而借题发挥,引申至"乡中称素封者"之悭吝。其"异史氏曰"云:

> 乡人愦愦,憨状可掬,其见笑于市人,有以哉!每见乡中称素封者,良朋乞米,则怫然,且计曰:"是数日之资也。"或劝济一危难,饭一茕独,则又忿然,又计曰:"此十人、五人之食也。"甚而父子兄弟,较尽锱铢。及至淫博迷心,则倾囊不吝;刀锯临颈,则赎命不遑。诸如此类,正不胜道。蠢尔乡人,又何足怪!③

蒲松龄对乡中土财主之吝啬与愚蠢的描述和揭露,可谓入骨三分。即使到了今天,那些"济一危难,饭以茕独,则又忿然",而在赌场却一掷千金的富豪们,观此也应会感到羞愧的。

---

①《新唐书》卷八三《诸帝公主传》,上海古籍出版社、上海书店 1986 年版《二十五史》,第 6 册第 366 页。

②[清]蒲松龄《聊斋志异》(铸雪斋抄本),上海古籍出版社,1979 年版,第 402。

③[清]蒲松龄《聊斋志异》(铸雪斋抄本),上海古籍出版社,1979 年版,第 14 页。

如果说《种梨》之"异史氏曰"所针砭的是民间习俗的话，那么《夏雪》之"异史氏曰"所针砭的便是官方习俗了。《夏雪》记事甚简单，仅谓丁亥年七月初六苏州大雪，百姓惶恐，共祷之于大王之庙。而大王附人而言，让祷者称其为"大老爷"，雪遂止。由此，蒲松龄在"异史氏曰"中评论道：

> 世风之变也，下者益谄，上者益骄。即康熙四十余年中，称谓之不古，甚可笑也……唐时，上欲加张说大学士，说辞曰："学士从无大名，臣不敢称。"今之"大"，谁"大"之？初由于小人之谄，因而得贵倨者之悦，居之不疑，而纷纷者遂遍天下矣……①

由祈祷者对大王之称"大老爷"，又推而广之，论及官场之种种谀称，并痛斥"下者益谄，上者益骄"的"世风之变"，其于"夏雪"之事，可谓借题发挥矣。而尤值得注意的是，蒲松龄竟将批判的矛头直接指向当时的最高官员，即所谓"大学士"，这种辛辣而深刻的新闻评论，真不得不令人拍案叫绝！

此外，《聊斋》新闻评论有时还以夹叙夹议的形式表现，颇类似于后世的"新闻述评"。如《义犬》篇在述义犬搭救主人之事后评论道："呜呼！一犬也，而报恩如是。世无心肝者，其亦愧此犬也夫！"②《鸿》篇在述雌雁被获，而雄雁随至人家吐出黄金半铤以为"赎妇"之资后评论道："噫！禽鸟何知，而钟情若此！悲莫悲于生别离，物亦然

---

① [清]蒲松龄《聊斋志异》(铸雪斋抄本)，上海古籍出版社，1979年版，第497页。

② [清]蒲松龄《聊斋志异》(铸雪斋抄本)，上海古籍出版社，1979年版，第536页。

耶？"①还有《犬奸》篇在述贾妇与犬交之事后也评论道："呜呼！天地之大，真无所不有矣。然人面而兽交者，独一妇也乎哉！"②这都是借禽兽之举以引导人类向善，并鞭挞世间的恶人丑行，与前述"异史氏曰"的立意是一致的。至于《西僧》中的评议，则可谓别有情趣。该篇述西僧因闻中土四大名山遍地黄金，能至其处便可成佛，长生不死，故遂不远万里来到中国，至则始知其讹。蒲松龄对此评议道：

> 听其所言状，亦犹世人之慕西土也。倘有西游人，与东
> 渡者中途相值，各述所有，当必相视失笑，两免跋涉矣。③

世间事仅凭传闻，往往是不足据的。蒲氏所议，虽近于调侃，但却触及到了一个新闻的根本问题，即新闻的真实性乃其第一要义。

四

最后，对《聊斋志异》中新闻篇章的总体特点谈几点看法：

一是新闻与文学的交融。《聊斋》中新闻篇章的选材既有典型的新闻性，即新、奇、趣（情趣、美趣、理趣）；而在描写上又采用了典型的文学手法，即故事化的结构，人物形象的塑造，以及语言的绘声绘色，也就是通常所说的"用传奇法而以志怪"。这样便使《聊斋》中的一系列新闻篇章在具有新闻特征（即新奇）的同时，又具有了文学的生动性与可读性，并由此而形成了一些特殊的文体，即特写与报告文学。

---

① ［清］蒲松龄《聊斋志异》（铸雪斋抄本），上海古籍出版社，1979 年版，第462 页。

② ［清］蒲松龄《聊斋志异》（铸雪斋抄本），上海古籍出版社，1979 年版，第20 页。

③ ［清］蒲松龄《聊斋志异》（铸雪斋抄本），上海古籍出版社，1979 年版，第150 页。

如《妾杖击贼》的写法就颇近于特写。该篇于"妾"之家庭、身世的叙述一概舍弃,独集中笔墨于"妾杖击贼"的细节描写:

> 妾起,默无声息,暗摸屋中,得挑水木杖,拔关遽出。群贼乱如蓬麻。妾舞杖动,风鸣钩响,立击四五人仆地;贼尽靡,骇愕乱奔。墙急不得上,倾跌咿哑,亡魂失命。妾拄杖于地,顾笑曰:"此等物事,不直下手打得,亦学作贼!我不杀汝,杀嫌辱我。"悉纵之逸去。①

这种近镜头式的描写,即使放在武打小说中,亦不失为精彩的片段,何况是新闻篇章呢!

二是客观纪实性与主观倾向性的统一。《聊斋》中新闻篇章的选材,都是实有其人,实有其事的。如前述之《地震》《水灾》《山市》《金和尚》诸篇,在当时都是一些典型的新闻素材,因而具有较强的客观纪实性。但作者在客观叙事的同时,又通过"异史氏曰"及夹叙夹议的形式,表现出明显的主观思想倾向,即后世之所谓"新闻导向"。而更高妙的是,有时这种主观思想倾向并不假"异史氏曰"或夹叙夹议的形式,仅仅在叙事中流露出来,即顾炎武所说的"于序事中寓论断"②,也就是通常所说的"春秋笔法"。如《金和尚》篇述金和尚卧室内贴满美人画及有狡童数十辈唱艳曲,虽未明言金和尚为何样人,而读者已经得出结论了。再如《夏雪》篇之刺官场的"喜谄",也是通过一段叙述文字表现出来的:

> 丁亥年七月初六日苏州大雪。百姓皇骇,共祷诸大王之庙。大王忽附人而言曰:"如今称老爷者,皆增一大字;其以

---

① [清]蒲松龄《聊斋志异》(铸雪斋抄本),上海古籍出版社,1979年版,第238页。

② 黄汝成《日知录集释》,秦克诚校点。岳麓书社出版社1994年版,第892页。

我神为小,消不得一大字也?"众悚然,齐呼"大老爷",雪立止。由此观之,神亦喜谄,宜乎治下部者之得车多矣。①

作者虽一本正经地写神,然读者不难心领神会,立刻会联想到官场的"喜谄"之风也。

三是良好的社会效益与历史文化价值的兼得。《聊斋》中的新闻篇章,无论所美所刺,在当时都产生过良好的社会效应。如《聊斋》中有两篇《义犬》,一写潞安某甲之犬为保护主人的财产而屡次尽力,终至献出生命②;一写周村贾某所豢养之犬既救了主人的性命,又帮主人指认盗主,报仇获赃③。这不禁令人联想到2008年5月四川地震中,彭州一60岁的老太太因得两条黄犬相救而维持生命的故事④。可以想见,无论古今,这类义犬故事的披露,其在人们心灵上所引起的震撼应是不小的。而且正如蒲松龄所指出的,"世无心肝者,其亦愧此犬也夫!"⑤

除了现实的社会效益之外,《聊斋》中的新闻篇章一般又都具有一定的历史文化价值。像《跳神》《蛙曲》《镜听》《口技》《戏术》等篇,不但当时被视为新闻,即在今日看来,也仍不失为重要的文化史料。有人称新闻作品为"易碎品",意思是说新闻作品过后就会被人遗忘;而

---

①[清]蒲松龄《聊斋志异》(铸雪斋抄本),上海古籍出版社,1979年版,第497页。

②[清]蒲松龄《聊斋志异》(铸雪斋抄本),上海古籍出版社,1979年版,第284页。

③[清]蒲松龄《聊斋志异》(铸雪斋抄本),上海古籍出版社,1979年版,第535页。

④新华网2008年5月21日报道。

⑤[清]蒲松龄《聊斋志异》(铸雪斋抄本),上海古籍出版社,1979年版,第536页。

《聊斋志异》中的这些新闻篇章,则非但不会"易碎",相反的,它们会与整部《聊斋》一起传之永久的。

总之,《聊斋志异》中的新闻篇章既是整个《聊斋》的有机组成部分,同时又具有着自身的特点。在文体上,它不但包含了现代新闻意义上的"硬新闻(消息类)"与"软新闻(奇闻逸事)",同时,篇中的"异史氏曰"及夹叙夹议的形式又相当于后世的新闻评论。在具体写作上,"倒金字塔式"结构等现代新闻写作手法,也早在有些篇章中开始运用。至于融新闻的新奇性与文学的生动性于一体,将主观的进步思想倾向(即所谓"新闻导向")贯穿于客观的纪实之辞中,以及良好的社会效益与历史文化价值的兼得,更是《聊斋》新闻篇章所独具的鲜明特征。可以说,《聊斋》一书不但是中国文言短篇小说的高峰,而其中的新闻篇章,也为后世的新闻写作树立了光辉的典范。

(《蒲松龄研究》2009 年第 1 期)

四、中国古代文化研究

伏羲文化是中国原始的和谐文化

中国的和谐文化可以追溯到远古时期，而伏羲文化便是中国原始的和谐文化。

历史上的伏羲首先是一个氏族部落和部落首领(非止一代)的名称，其时代约距今六七千年。他们最初起源于成纪，即今甘肃的天水地区一带。正如许多氏族建立后都有过东迁的历史一样，伏羲族也曾自出生地成纪往东迁移，先是建都于陈(今河南淮阳)，后活动于今山东西部一带，最后其势力又远达淮河流域及其以南地区。在东进的过程中，伏羲族陆续合并了其他一些氏族，因之，历史上的"伏羲"既是个体，也代表了一个氏族和氏族群体。又因为伏羲"结网罟以教佃渔"，故伏羲又成为一个时代的象征，伏羲氏亦被称作庖牺氏。伏羲族崇拜蛇，因以风为姓(蛇、风二字并从虫)。伏羲族也崇拜太阳，他们一直迎着太阳向东发展，因而其族号又被称为"太昊"[①]，他们在山东所留下的一支则被称为"少昊"。

从历史发展的角度来看，伏羲时代应是母系氏族社会开始向父系氏族社会转化，原始农业逐渐兴起，并与畜牧业一同发展的时代。这是一个大变革的时代，无论生产力、生产关系，还是氏族内部及部落与部落之间的关系，都需要重新进行调整。而伏羲族的诸多发明与

[①]关于太昊(皞)族，徐旭生先生认为起源于山东西部一代，属东夷集团。参见其《中国古史的传说时代》，科学出版社1960年，第48、49页。

创新,就是为适应这种变革而出现的。换言之,伏羲族的诸多发明,既是时代使然,同时也是为了协调各方面关系,以促成当时社会的和谐发展。

伏羲时代的发明,据《世本》《管子》《庄子》《尸子》《荀子》《战国策》《楚辞》《周易·系辞》以及晋皇甫谧《帝王世纪》、唐司马贞《补史记·三皇本纪》等典籍所记,约有八项,即画八卦、造书契、制嫁娶、结网罟、养庖牺、龙纪官、作历度、造琴瑟。这些发明虽不必出自伏羲一人,但实可视为伏羲时代人类所达到的文明程度,并体现出伏羲文化所具有的和谐特征。而这种和谐实际上已包括了天人和谐、人际和谐以及人的身心和谐三个方面,并成为后世中国和谐文化的源头。

一、伏羲文化与天人和谐

伏羲文化的天人和谐特征,主要表现为对八卦的制作。《周易·系辞》云:"古者庖牺氏之王天下也,仰则观象于天,俯则观法于地,观鸟兽之文与地之宜,近取诸身,远取诸物,于是始作八卦,以通神明之德,以类万物之情。"《史记·太史公自序》说:"余闻先人曰:'伏羲至纯厚,作易八卦。'"东汉王充《论衡·对作篇》也说:"《易》言伏羲作八卦,前是未有八卦,伏羲造之,故曰作也。"而八卦的出现,即标志着人类天人合一与天人和谐观的初步形成。

首先,八卦将自然界和人类社会的各种事物概括为八种符号,并抽象出对立统一的"阴""阳"两种观念,这本身就是人类对客观世界和自身认识的一次飞跃。人类的思维总是由局部到整体、由现象到本质、由具象到抽象的。社会越是发展,人类的抽象能力便越强。当今社会的数字化特征便说明了这一点。而早在六七千年前的伏羲族即已具备了如此强的抽象能力,真不得不令人惊叹!也正是由于这种认识上的飞跃,人类才能将自然界、人类社会和人体自身密切联系在一起,从而意识到了三者间的和谐关系。

其次,八卦以及在此基础上所出现的《易经》,不但将天、地、人三者有机地联系起来,而且还力图探讨自然界和人类社会中各种不同质和不同态的事物之间变化发展的内在规律,并利用这种规律以达到天与人、人与人之间的和谐。《管子·轻重戊》:"虑戏造六法,以迎阴阳;作九九之数,以合天道。"《周髀算经》:"伏羲作历度。"《太平御览》卷七八还引《春秋内事》云:"(伏羲)分阴阳之数,推列三光,建分八节,以爻应气,凡二十四,消息祸福,以制吉凶。"这说明伏羲时代的人们已通过"造六法""作九九之数""作历度""建分八节",在有意识地求得天、人之间的和谐了。

再次,八卦及《易经》的出现,尤其是由此而抽象出的"阴""阳"两种观念,也构建了中国人的思维模式,并对中国传统的自然科学和社会科学的创立与发展提供了理论依据,为中国传统文化的和谐特征创造了先决条件。自伏羲而后,阴阳便成为中国人最重要的两种观念,并渗透于一切事物之中。在中国人的观念中,阴阳既是对立的,又是统一的;既是相反的,又是相辅相成的;既是冲突的,又是互补的。中国的一切学科,诸如建筑、医学、书法、绘画等,无不是以阴、阳为理论基础而建立起来的,中国人的和谐观说到底也主要是指阴、阳两个方面的和谐。所谓"天行健""地势坤"以及君子的"自强不息"与"厚德载物",都是由自然界的阴、阳两种特质而引申到人类自身所应具备的阴、阳两种精神的。而最早将阴阳引入中国人思维领域并用阴爻(— —)和阳爻(—)加以直观表示的,正是传说中的伏羲。

应该说,八卦出现在伏羲那样一个社会发生重大变革,各种发明创造层出不穷的时代,也绝非偶然。伏羲时代,随着氏族成员生活的不断改善和社会的安定祥和,作为氏族首领的伏羲,萌发出"究天人之际"的想法当是十分自然的,他不但要追求人与人之间的和谐相处,也要探讨人与自然间的诸多问题。而其时生产力的发展和人们认识视野的扩大,也给伏羲族提供了这样的客观条件。于是,伏羲族凭着对大自然和人类自身的敏锐感觉及自己的深思睿智,创造出了用以"通神明之德"和"类万物之情"的八卦。后世的周文王又在此基础上演化为六十四卦并作卦爻辞,遂形成了中华民族最重要的经典《易经》。而伏羲的八卦及其先天易学,既是伏羲文化天人和谐特征的标志,也成为中华综合文化之始。

二、伏羲文化与人际和谐

在人际和谐方面,伏羲及其部落集团主要是通过发展生产力以及协调氏族间的关系和加强氏族内部的管理以实现的。

首先,为加快生产力的发展,伏羲族及其集团发明了"结网罟"与"养庖牺"。随着不断的东进与其他氏族的被兼并,伏羲集团的人口急剧增加。因此,单纯的原始采集方式已不能满足人们对食物的需求,伏羲族必须有新的食物来源及获取食物的生产方式。于是,狩猎工具的改革便提到议程上来了。《周易·系辞下》说:"(伏羲)作结绳而为网罟,以佃以渔。"《尸子》也说:"伏羲之世,天下多兽,教人以猎。"用绳索结成的网,既可以网禽兽,也可以捕鱼虾,这比之原先的"断竹、续竹;飞土,逐肉"的方式,无疑要先进得多了,其所得的猎物也更充足了。而除了满足氏族成员的享用之外,人们又将剩余的猎物加以驯养,即所谓"养庖牺",这便开始了最早的畜牧业。应该说,伏羲族的这一发明,既有利于当时生产力的发展,也减轻了氏族内部因食物资源短缺而引起的纷争,从而促进了氏族内部人际关系的和谐。

其次,为协调氏族间的关系,伏羲族还创制了嫁娶之礼。由于伏羲时代已开始了由母系氏族社会向父系氏族社会的转化,所以当时的社会矛盾表现地异常激烈。正如恩格斯所说,由母系制过渡到父系制,"是人类所经历过的最激进的革命之一"①。表现在婚姻领域,一方面是女性的不甘就范和激烈反抗,另一方面则是男性的强制措施,即所谓"抢婚"。这样一来,氏族间便会时常发生冲突,整个社会也就不得安宁了。《周易》之《屯》"六二""上六"及《睽》"上九"所记载的,就是这样一种事实:

> 屯如邅如,乘马班如,匪寇,婚媾。女子贞不字,十年乃
> 字。
>
> ——《屯·六二》
>
> 乘马班如,泣血涟如。
>
> ——《屯·上六》
>
> 睽孤,见豕负涂,载鬼一车,先张之弧,后说之弧。匪寇,
> 婚媾。往,遇雨,则吉。
>
> ——《睽·上九》

爻辞将原始社会的抢婚习俗描绘的生动形象,将女子的悲哀哭泣之状也刻画地淋漓尽致。正是有鉴于此,伏羲族遂对婚制进行了改革。清马骕《绎史》卷三引三国谯周《古史考》说:"伏羲制嫁娶,以俪皮为礼。"《补史记·三皇本纪》也说:"(伏羲)于是始制嫁娶,以俪皮为礼。"俪皮即两张鹿皮。为什么要用鹿皮呢?主要取义于鹿的性情和顺,以象征男女双方的和谐相处。这种以俪皮表示婚姻成立的礼仪,比起野蛮的抢婚来,也无疑要进步多了。而且,由于当时的婚姻都还是族外婚,所以这样做既可以使婚姻关系得以明确和固定,也可以协调不同氏族间的关系,从而避免许多不必要的暴力和争斗,促进社会的和谐发展。难怪以俪皮为礼的婚俗一直延续于后世了(见《仪礼·士

---

①恩格斯《家庭、私有制和国家的起源》,《马克思恩格斯选集》第四卷,人民出版社 1972 年,第 51 页。

昏礼》)。

再次,为加强氏族及部落内部的管理,伏羲族创设了以龙纪官的制度。《补史记·三皇本纪》说伏羲"有龙瑞,以龙纪官,号曰龙师"。《绎史》卷三引《古史考》谓"伏牺立九部而民易理"。《左传·昭公十七年》也说:"太皞氏以龙纪,故为龙师而龙名。"师,长也。所谓"龙师",即各官之长皆以龙为名。汉代的服虔更具体指出:"太皞以龙名官,春官为青龙氏,夏官为赤龙氏,秋官为白龙氏,冬官为黑龙氏,中官为黄龙氏。"(《左传》孔颖达《疏》引)伏羲族在向东发展的过程中,尤其在定都陈以后,随着部落的繁衍,人口的增多,地域的扩大,部族内部的事务也日趋繁杂。为了协调部族内部的关系,便不得不实行分部治理,设立主管有关事务的官员,并用伏羲族的图腾龙来命名各种官职。这种对管理机构的设置和管理职能的分工,不但理顺了部族内部的各种关系,也促进了人际关系的和谐。而且直到周代,其《周礼》"六官"的设置,也基本沿袭了这一传统。至于隋以后的六部制,仍能看到伏羲分部治理的影子。

三、伏羲文化与人的身心和谐

伏羲时代,随着生产力的发展与物质的日渐丰富,其部落成员也开始要求精神生活的满足,即情感的抒发与身心的和谐。而伏羲族用来调适人们身心的则主要是音乐。伏羲族既发明了乐器琴瑟,又创作了一系列的乐曲,从而很好地适应了部族成员在音乐方面的需求。

《礼记·曲礼》《正义》说伏羲"作琴瑟以为乐",《世本》云"伏羲造琴瑟"(《孝经》六《正义》引)。《楚辞·大招》"伏戏《驾辩》,楚《劳商》只",王逸《楚辞章句》:"伏戏氏作瑟,造《驾辩》之曲。"《说文解字》:"瑟,庖牺氏所作弦乐也。"《补史记·三皇本纪》也说伏羲"作三十五弦之瑟"。至于伏羲族所制乐曲,除《楚辞》所载《驾辩》外,《周礼·春官·

大司乐》《疏》："伏羲之乐曰《立基》。"清马骕《绎史》引《孝经纬·钩命决》："伏羲乐名《立基》，一云《扶来》，亦曰《立本》。"《隋书·乐志》及《古今事物考》还记载伏羲有《网罟》之咏。既有乐器，又有乐曲，伏羲时代的先民们便可以在劳动之余载歌载舞，其乐无穷了。青海大通县上孙家寨新石器文化遗址中出土的舞蹈纹彩陶盆（内壁绘有三组舞蹈人花纹，每组五人）①，便是对这一景象的生动体现。

《礼记·乐记》曰："凡音之起，由人心生也。"又云："乐行而伦清，耳目聪明，血气和平，移风易俗，天下皆宁。"可见，作为"天地之和"的音乐，是具有使人身心和谐的功能的。

正是基于此，所以伏羲时代的乐器与乐曲也为后人所长期继承。例如，战国时代的楚民族中不但仍旧流行着伏羲时代的《驾辩》之曲，而且对伏羲所发明的瑟也情有独钟。《楚辞·大招》"定空桑只"，据胡文英《屈骚指掌》说："他乐人皆能之，惟空桑之琴瑟至为贵重，故必须王自定其声也。"而瑟的定音竟要由楚王亲自操作，更反映出楚人对瑟这一乐器的重视程度。而用瑟为主要乐器所演唱的歌曲便为瑟调。《楚辞》中多次写到瑟的演奏情形，如"陈竽瑟兮浩倡"（《东皇太一》）、"缊瑟兮交鼓"（《东君》）、"使湘灵兮鼓瑟"（《远游》）、"竽瑟狂会"（《招魂》）、"杝梓瑟些"（《招魂》）等。而发端于伏羲时代的瑟调，经楚人的播扬，直到汉代仍为乐府相和歌之一种，并不断地被传唱着。例如，流行于伏羲故里一带的《陇西行》乐曲，即是瑟调。而后人之所以对瑟这种乐器格外看重，也许正如荀子所说，是"君子以钟鼓道志，以琴瑟乐心"（《荀子·乐论》）的缘故。

---

① 参见青海省文物考古队《青海大通县上孙家寨出土的舞蹈纹彩陶盆》，《文物》，1978 年第 3 期。

　　总之,伏羲时代既是中华文明肇启的时代,同时也是中国历史上最早建立的原始和谐社会。与黄帝时代的战云密布,其发明创新也多与军事相关不同,伏羲时代的一切创新都是为了实现天人和谐、人际和谐以及人类自身的身心和谐,而这种原始和谐文化是曾给当时的人们带来过福祉的。事实也证明,终伏羲之世,中华大地上未曾发生过大的战争,当时的中国人都生活在一片祥和的氛围中。这也许是伏羲文化所给予我们的最重要的启示!

　　当然,原始和谐文化毕竟不同于科学发展观指导下的和谐文化,因为后者是在物质生产和精神生产都发展到更高阶段的一种和谐文化。但正如没有原始朴素的辩证法便不会有后世的唯物辩证法一样,没有对原始和谐文化的借鉴,现代中国的和谐文化也就很难真正建立起来。

(《天水师院学报》2011 年第 3 期)

黄帝战胜末代炎帝及蚩尤的纪功之辞
——《仓颉书》试释

关于汉字的起源,世有仓颉造字之说。至仓颉其人,则史传所载有二。唐孔颖达《尚书正义》说:

> 其仓颉则说者不同。故《世本》云"仓颉作书",司马迁、班固、韦诞、宋忠、傅玄皆云"仓颉,黄帝之史官也",崔瑗、曹植、蔡邕、索靖皆直云"古之王也"。徐整云:"在神农、黄帝之间。"谯周云:"在炎帝之世。"卫氏云:"当在庖牺、苍帝之世。"慎到云:"在庖牺之前。"张揖云:"仓颉为帝王,生于禅通记。"……如揖此言,则仓颉在获麟前二十七万六千余年。

或谓仓颉为黄帝史官,或谓仓颉乃古之帝王,其时代更在伏羲之前,说颇歧异。后世曾有人试图将两者融合为一,如《淮南子·脩务》"史皇产而能书"高诱注云:"史皇仓颉,生而见鸟迹,知著书,故曰史皇,或曰颉皇。"不过一般仍谓"作书"之仓颉即黄帝史官,而非"古之王也"。《吕氏春秋·君守》说得很明白:

> 大圣无事,而千官尽能……奚仲作车,仓颉作书,后稷作稼,皋陶作刑,昆吾作陶,夏鲧作城,此六人者,所作当矣,然而非主道者。

"非主道者"即非在君位者。可见"作书"之仓颉仅是"千官"之属而已。

基于此,本文便试对黄帝史官仓颉所遗留之《仓颉书》进行考证,而非关"史皇"也。

一、仓颉作书与《仓颉书》

应该说,对于"仓颉作书",当代学界是有不同看法的。但清代以前,除了有关仓颉故里及墓葬有多处不同的记载外,对于"仓颉作书"一事似未见有什么争议。我是相信仓颉实有其人并作书也实有其事的,理由如次:

其一,古代文献所记载的"仓颉作书"之事:

《世本·作篇》(汉宋衷注,清孙冯翼辑):"仓颉作书""仓颉作文字""沮诵、仓颉作书。"(琛按:句中"沮诵"或谓即祝诵,亦即祝融,可备一说)

《荀子·解蔽》:"故好书者众矣,而仓颉独传者,壹也。"

《韩非子·五蠹》:"仓颉之作书也,自环者谓之私,背私谓之公。"

《吕氏春秋·君守》:"奚仲作车,仓颉作书。"

《淮南子·本经》:"昔者仓颉作书而天雨粟,鬼夜哭。"

许慎《说文解字序》:"黄帝之史仓颉,见鸟兽蹄迒之迹,知分理之可相别异也,初造书契。"

皇甫谧《帝王世纪》:"(黄帝)其史官仓颉,又取象鸟迹,始作文字。史官之作,盖自此始。记其言行,策而藏之,名曰书契。"

刘勰《文心雕龙·练字》:"鸟迹明而书契作……仓颉造之,鬼哭粟飞;黄帝用之,官治民察。"

此外,《汉书·古今人表》明载"仓颉,黄帝史";王充《论衡》"骨相""谢短""感类""订鬼""对作"等篇中,亦有多处言及"仓颉作书"事。1930年出土的居延汉简中有李斯《仓颉篇》残卷,其开头两句即是

"仓颉作书,以教后诒"①。陕西白水县保存的东汉延熹五年(162)所刻《仓颉庙碑》(1970年移至西安碑林)中,除了对仓颉造字功德的大力颂扬外,也还提到有仓颉后裔参加的祭祀活动,并点明仓颉"作教告誓,写彼鸟迹以纪时","为百王作书,以传万嗣"②。正是基于此,2001年6月,国务院已将白水县的"仓颉墓、庙"列为全国重点文物保护单位。

其二,后世有关仓颉造字的传说:

世传仓颉造字之处即所谓"造字台"有多处,其主要的几处是:

一在西安西南之宫张村。宋人宋敏求《长安志》卷十二记:"三会寺在(长安)县西南二十里宫张村,唐景龙中中宗幸寺,其地本仓颉造书堂。"又,岑参《题三会寺仓颉造字台》诗云:"野寺荒台晚,寒天古木悲。空阶有鸟迹,犹似造书时。"乾隆《白水县志·古迹》亦谓"黄帝史仓颉造书堂,在今西安府西南宫张村,即《法苑珠林》所谓高四土台也"。宫张村在今西安市长安区郭社镇境内,其地仍存有高10米、周长60余米的夯土台,然何年所建,已不得而知。

一在开封城北之时和保。明李濂《汴京遗迹志》卷九记:"仓颉墓,在城北时和保,俗呼为仓王冢是也。"清周城《宋东京考》卷十"台":"造字台,在城东北二十里时和保,世传仓颉造字之所。"卷二十"陵墓":"仓颉墓,在城东北二十里时和保,俗称仓王冢。旁有仓王城,世传仓颉所筑。"时和保在今开封城北9.5公里之刘庄村一带,今尚遗有一方形土丘,然台已毁,亦无从考其始建之年代。

一在陕西洛南县之阳虚山石室。乾隆《洛南县志》卷十"胜迹"引《雍胜略》云:"仓颉造书于此。"新编《洛南县志·古迹》(1999年版)亦

---

①唐兰《中国文字学·八》,上海古籍出版社1979年,第51页。

②见《仓颉庙碑》拓片。

谓"仓颉造字于洛水之阴,阳虚山下"。

此外,河南南乐、虞城、山东寿光、东阿,也都不同程度地有着仓颉造字的传说和遗迹。诚然,传说并不等于信史,其中的附会亦在所难免。但正如从原始神话传说中可以窥见某些古史的影子一样,仓颉造字的传说也为我们认识汉字的起源提供了一种民间的传闻。

其三,从文字发展的历史来看,黄帝时代(仓颉为黄帝史官)应是有文字之雏形存在的。现存甲骨文,已是比较成熟的文字了,汉字造字的"六书"规律在其中已有着较充分的体现。可见,甲骨文并不是凭空出现的。《尚书·多士》记:"唯殷先人,有典有册。""殷先人"在时间上约相当于夏代(见王国维《殷卜辞中所见先公先王考》)。《吕氏春秋·先识》:"桀将亡,太史令终古执其图书而奔于商。"①是夏代之时,已有图书了。既有"典""册""图书",则必有文字。那么,这种文字又会是一种什么样的形态呢?联系到近年来频频发现的仰韶文化、大汶口文化以及龙山文化时期陶器上的数十种刻画符号,尤其是1992年在山东邹平丁公遗址发现的"龙山陶书"②,我们完全有理由相信,中国人在经历了堆石记事、结绳记事以及图画、符号记事的漫长时期后,于距今四千多年的黄帝时代,应该有文字雏形存在了。正如古文字学家唐兰先生所说:"无论从哪一方面看,文字的发生,总远在夏以前。至少在四五千年前,我们的文字已经很发展了。"③又正如荀子所说,当时可能"好书者众",而最后则只有"仓颉独传"。

---

①《太平御览》卷618引。

②"龙山陶书"存5行11字,绝对年代距今4200年左右。李学勤先生认为,"这个发现是文字没有问题,它不是文字画,不是符号,而是一种较正规文字的草体。"见1993年2月20日《经济日报》《〈龙山陶书〉是如何发现的》一文。

③唐兰《中国文字学·十》,上海古籍出版社1979年,第66页。

　　至于世传《仓颉书》(又称《仓颉鸟迹书》)之 28 字，虽其早期的出处有多种不同的说法①，但其直接来源却是北宋初年的《淳化阁帖》。宋淳化三年(992)，宋太宗命侍书学士王著选内府所藏历代法书摹刻于枣木板上，拓赐大臣，即著名的《淳化阁帖》，28 字被纳于帖中，遂得以公之于世，即：

　　延至徽宗大观三年(1109)，蔡京又奉命据内府墨迹重新摹勒刻印，成《大观帖》，并附注释文，即：

　　　戊己甲乙　居首共友　所止列世　式气光名　左互又家　受赤水尊　戈矛斧芾

这就是我们今天所见到的《仓颉书》28 字及其释文。

　　对于这 28 字及宋人的释文，人们自然可以有各种各样的看法及解读，这都是很正常的。不过我认为，28 字既被《淳化阁帖》及《大观帖》作为"法书"收入，至少在收录的人认为它们是实实在在的"字"，而不是什么符号。就连清代乾隆年间的白水县知县梁善长，在将 28 字"命工琢石刻置仓圣庙中"②，并载于《白水县志》"艺文"中后，也明确指出，"其为黄帝史仓颉之书无疑也"。至于所谓"刘歆伪造"说，更难成立。且不说刘歆之前，仓颉造字之事已屡屡见诸文献了，单就 28 字中的有些字如"己""乙""首""友""止""气""光""左""又""家"等已

---

　　①如《河图玉版》所言之阳虚山石室说及郑樵《通志·金石略》所言之北海仓颉石室说等。
　　②见乾隆《白水县志·古迹》。

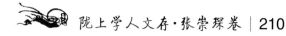

几乎与甲骨文相同或相似的事实来看(说详后),对于一个没有见过甲骨文的人来说,要伪造又谈何容易！所以,我还是相信《仓颉书》28字为黄帝史官仓颉所造。

此外,也还有人怀疑《仓颉书》或系李斯《仓颉篇》之遗文①,然据《汉书·艺文志》,李斯所作《仓颉篇》与赵高所作《爰历》、胡母敬所作《博学》(汉初三者合为一书,凡55章,仍名为《仓颉篇》,今已失传),其所用书体为"秦篆",而现存《仓颉书》28字则非此体。且据《流沙坠简》(罗振玉、王国维撰)所存《仓颉篇》四简41字,其中也并无与现存《仓颉书》之文字相同者②。

要之,《淳化阁帖》中所存之《仓颉书》,既非刘歆伪造,亦非李斯《仓颉篇》之遗文,它应是黄帝史官仓颉所造文字。

二、《仓颉书》之文字考释

《仓颉书》的最早释文附于宋徽宗大观三年(1109)刻成的《大观帖》中。窃以为,此释文并非蔡京一己之力,乃体现了秦、汉尤其是宋初以来金石研究的成绩。徽宗本人既是一个有着高度文化修养的皇帝,而其时金石文物之大量发现及金石学家的不断涌出,更形成了考释古文字的浓厚文化氛围。正如王国维《宋代金文著录表序》所说:

> 赵宋以后,古器愈出。秘阁太常既多藏器,士大夫如刘原父、欧阳永叔辈,亦复搜罗古器,征求墨本。复有杨南仲辈为之考释,古文之学,勃然中兴。伯时与叔复图而识之。政、宣之间,流风益煽,籀史所载,著录金文之书,至三十余家。

① 见乾隆《白水县志·古迹》。
② 王国维《〈仓颉篇〉残简跋》,《观堂集林》卷五,中华书局1959年,第258页。

南渡后诸家之书犹多不与焉。可谓盛矣。①

所谓"政、宣之间",即徽宗政和、宣和之间(1111—1125),与大观(1107—1110)属同一时期。其时"著录金文之书至三十余家",可见古文研究风气之盛。故《仓颉书》之释文产生于此时,当非偶然。何况欧阳修《集古录》及赵明诚《金石录》都还对白水县之《仓颉庙碑》有过著录和考证呢!所以我认为,《大观帖》之释文应是吸纳了当时古文研究的成果,故基本是可信的。

为了说明这一点,我们不妨先将28字之仓颉书、甲骨文、金文、小篆、隶书、楷书列表进行对照(见下表),然后加以考释。

仓颉书	甲骨文	金文	小篆	隶书	楷书
				戊	戊
				己	己
				甲	甲
				乙	乙
				居	居
				首	首
				共	共
				友	友

①王国维《观堂集林》卷六,中华书局1959年,第295—296页。

续表

仓颉书	甲骨文	金文	小篆	隶书	楷书
				所	所
				止	止
				列	列
				世	世
				式	式
				氣	气
				光	光
				名	名
				左	左
				互	互
				义	义
				家	家
				受	受
				赤	赤

续表

仓颉书	甲骨文	金文	小篆	隶书	楷书
				水	水
				尊	尊
				戈	戈
				矛	矛
				斧	斧
				帯	帯

1.戈:甲骨文象长柄之石斧,刃部朝左,金文、小篆渐失其形。仓颉书之字体较甲骨文更为简化,左边一画象石斧(甲骨文、金文"父"字左边一画皆象石斧,与此相类),右边一拐象树枝,寓石斧伐树枝之意。意"戈"之本义或为生产工具。但后来其本义消失,被借为天干之第五位字。

2.己:仓颉书与甲骨文、金文乃至小篆字形基本相同。《说文》释为"中宫"、"象人腹",义不可解。罗振玉、郭沫若都认为"象弋射之缴","即弋之本字"[①],说可从。又因"弋""己"古音同在"之"部(细分之"弋"在"职"部),被借为自己之"己",后又被假借为天干之第六位字。

3.甲:甲骨文、金文字形基本一致,均呈"十"字状。或将"十"字置

①见郭沫若《甲骨文字研究·释支干》,《郭沫若全集·考古编》第一卷,科学出版社 1982 年,第 172、170、159 页。

于方框中,乃为殷先公上甲之专称。小篆又将下面一竖拉长(以不与"田"字相混),《说文》释为"人头",然实非初文之本义。近人或释为铁甲衣之"十"字缝,或释为"盾"之省形,或释为"龟"形,说颇纷纭。郭沫若据甲骨文"鱼"字之字形,释为"鱼鳞"[1],于义近之。而仓颉书之字形更像鱼鳞之自然形态。后被借用为天干之第一位字。

4. 乙:仓颉书与甲骨文、金文、小篆字形基本一致,象飞鸟之省形,唯仓颉书更近鸟飞行之状态。故《说文》释玄鸟(燕子)为"乙",清代文字学家王筠在《说文释例》中亦谓此字"或仓颉作也"。后借为天干之第二位字。

5. 居:甲骨文象人产子之形,借声为居住之"居"[2]。小篆字形上部讹为"尸",许慎释为"蹲",非本义。仓颉书上部为一遮蔽物,下部为"人"(战国信阳简"人"字写法与此相近),更近居住之义。

6. 首:甲骨文象人头,发、目、嘴俱肖。金文仅存头发和眼睛。小篆除保存头发外,脸部已变为"自",即鼻子。倒是仓颉书最为简明且能抓住"首"之特征,上为三毛,下为头皮(头之省形)。此字实可见由仓颉书至甲、金、篆字体之演变过程。"首"为人头,故又产生出首领、为首之义蕴。

7. 共:甲骨文象双手奉器之形,金文因之,其本义为"供"。小篆字形上部稍变,《说文》释为"同"。仓颉书字体较甲骨文更为简略,下部之双手简作交叉之形,上部之器变为物。

8. 友:甲骨文、金文皆象人的两只右手相并,友好之义。小篆、隶书为两只右手一上一下,楷书又把上部的一只右手变成左手。仓颉书

---

①见郭沫若《甲骨文字研究·释支干》,《郭沫若全集·考古编》第一卷,科学出版社 1982 年,第 172、170、159 页。

②康殷《古文字学新论》,荣宝斋 1983 年,第 188 页。

则是两只左手相并,亦为友好之义。

9. 所:此字甲骨文未见,金文象以斤斧斫门之状,小篆因之。本义为"破门",后假借为"处所",并被用作代词,与后面的动词组成名词性词组,如《左传·襄公十四年》:"赐我南鄙之田,狐狸所居,豺狼所嗥。"仓颉书之"所"右部似为"斤"之省形,左部疑为"户"之简。

10. 止:甲骨文象人的脚趾之形,即"趾"之本字。金文、小篆在此基础上稍有变化。仓颉书与甲骨文一样,都是以三趾像人的五趾。"止"由脚趾又引申出"足迹"之义。

11. 列:甲骨文象骨裂之形,金文、小篆裂骨之形稍变,且在右部新增一"刀",《说文》释为"分解"。说者或谓即"裂"之初文。"列"有"裂"义是对的,然最初当非裂骨,乃是割裂皮肉以出血,与远古的"灵石文化"相关。仓颉书即保存此原始意义。其字中间为一巨石,上下为血滴,这是古人死后其后代刺身出血,然后将血滴在石上,以为祭拜对象的象征。其石即为"灵石"①。又因为血滴依次相排,故有"排列"之义。再后"灵石"演变为祭台(或曰供桌),滴血之俗亦变为陈列供品,即成"示"字。

12. 世:此字甲骨文不见。金文为带有三个圆点的三竖,小篆又变三圆点为三小横。《说文》释"三十年为一世"。今人或谓此字"象竹木叶形"②,而木叶由萌芽至零落即所谓"草木一秋",亦与"人生一世"之义相近。仓颉书字体似更接近木叶初萌之象,唯较金文少一枝叶矣。

13. 式:此字甲骨文亦未见。金文、小篆皆由"工""弋"两字组成。

①参见姜亮夫师《语言文字的基础及其变迁》,载《汉语大词典》浙江省编写办公室 1979 年 2 月编印之《汉语散论》。
②康殷《文字源流浅说》,荣宝斋 1979 年,第 272 页。

《说文》:"式,法也,从工、弋声。""工",甲骨文作矩尺之形(或谓斧类的工具),《说文》释为"象人有规榘也"。故"式"字遂有"法式""效法"之义。仓颉书字形仅有金文字体之右半部,即"弋"之变形,不知其义为何,姑存疑。

14. 气:甲骨文、金文乃至小篆字体基本一致,象天上的云气,《说文》即释为"云气"。此字后来有人在"气"下加"米"字,成"氣",兼表馈赠之义。经简化后,又恢复了原来的字形。仓颉书之"气"较甲骨文、金文笔画稍流畅,上部两画也略有变化,而与小篆字形相近。

15. 光:甲骨文为火在人上之形,下部是一朝右跪着的人,上部是火光。金文人上之火稍稍简化,至小篆"火"之形仍能辨识,唯人之跪姿已不明显了。《说文》:"光,明也,从火,在人上,光明意也。"近人或以此字为"焚首"之义,然由仓颉书视之,上方之三短竖实象光芒之放射,下部乃人体之省形,所强调的主要是火光,故其本义当为"光明",引申可为"光辉"、"光彩"等。

16. 名:甲骨文左边为"口",右边为"夕","夕"即"月"。金文则变为月下有口,小篆因之。《说文》:"名,自命也,从口、从夕。夕者,冥也。冥不相见,故以口自名。"是"名"有"自名""命名"之义。仓颉书之字形不知何意,姑存疑。

17. 左:甲骨文为人的左手之形,金文在下部又加"工"(木工器具)字,表示以左手执工具,辅佐之义,即"佐"之先造字。篆、隶因之。仓颉书亦为左手之形,以三指代为五指。人类劳动习惯用右手,左手仅为辅助,是仓颉书与甲骨文一样,其左手之形本身即有辅助义,无须再加"工"字。此亦为仓颉书早于甲、金文之一证。

18. 互:此字甲骨文、金文皆不见,《说文》以为是"**筸**"之省。"**筸**",《说文》释为"可以收绳也。从竹、象形,中象人手所推握也。"而从仓颉书之字体来看,似有互相缠绕之义,小篆"人手所推握"之义或由此而来。由两者之缠绕、推握,"互"遂有"相互"义。此字亦可见仓颉书起源之早。

19. 乂:甲、金、小篆皆象交剪之形。《说文》:"乂,芟草也,从丿从乀相交。刈,乂或从刀。"是"乂"即"刈"之初形。仓颉书之字形亦作交剪状,唯其下方多两短竖,或为其交剪之物也。需要说明的是,黄帝时代尚未有后世之金属剪刀,故其所用之材料,或为骨,或为木。至于在"乂"旁加"刀",那则是金属材料出现以后的事了。

20. 家:甲、金文都作屋下有猪之象,甲骨文之猪尤为形象。篆、隶则为屋下有"豕",豕亦猪也。仓颉书之"家"笔画虽稍为简略,然其用意是一样的,其屋下有猪之象亦隐约可见。屋中有猪即为"家",这说明养猪已成为原始家庭最早所经营的产业,换言之,私有经济产生了。而这种由集体驯养业变为个体经营的生产方式,又早在黄帝时代即已开始了。

21. 受:甲骨文、金文中间均为一舟,上下各有一只手,即一人将东西交付另一人之义。故古代"受"字有"授""受"二义。小篆简化"舟"之笔画,然上下两"手"仍保留。隶、楷则上为"爪"(手),下为"又"(手),基本因袭小篆之形体。仓颉书下方为一只大的右手,在接受上方的物体。其作意与甲、金文一致,只不过更强调"接受"的意思。

21. 赤:甲骨文是火上有人之象(或谓象火焚人形),义为被火烤红,遂以"赤"为"红"。金文、小篆仍是人在火上,至隶、楷则变"人"为"土",下部之"火"字形亦有改变。而仓颉书之两横,上短下长,近于甲骨文之"上"字;最下之四点为火,两横间三点为火苗之延伸,其字有"火焰往上"之义。与甲骨文、金文作意基本一致,但无"焚人"之象。故知焚人以祭乃殷商奴隶社会之事,黄帝时代尚未有也。

23. 水:甲骨文象水流之状,金文、小篆与甲骨文同。隶、楷变中间之曲线为竖笔,左右部分代甲、金文之四点。仓颉书为四点中横贯一直线,与甲、金文常见之纵贯形象不同。然古文"水"字亦有作横向者,如战国之望山简即是①。

24. 尊:甲骨文象双手高举酒器之状,金文在酒器上增加一些装饰条纹,小篆又在酒器上方增加两撇,以示酒香之上溢。到了楷书,其下部之双手则变为一只手(寸)了。仓颉书与甲、金文作意基本一致,只是笔画更简,其下部的两撇象酒器之足,上部两点象器中之酒,中部象一简化的酒器。如果说甲骨文此字有"奉酒""尊敬"之义,那么仓颉书此字则重在酒器本身,显然是较甲骨文更为原始的含义。《说文》即释"尊"为"酒器"。

25. 戈:甲骨文、金文皆作长柄武器之形,上为兵刃,下为长柄。小篆开始字形有所改变,《说文》释为"平头戟",已较原兵器有所不同矣。仓颉书亦为兵器之形,只是长柄缩短,并突出了锋利的兵刃。

26. 矛:此字甲骨文未见。金文象上有锋利矛头、下有长柄的武器。小篆则在金文基础上又加以装饰。然"矛"作为武器,起源甚早,早在新石器时代即已发明。仓颉书之"矛",其矛尖与长柄分离,且矛尖作弯曲状,似更有威力,殆后世之所谓"蛇矛"一类。然此类"蛇矛"制作工艺颇为复杂,故最早可能为擅长冶金术之蚩尤部落所拥有(说详后)。

27. 斧:甲骨文之"斧"是一个形声字,右为"斤"(斧头)、表形,左为"父"、表声。金文、小篆、隶、楷则移声符于上,形符居下。其义皆为"斧头"。甲骨文以前之文字尚未有形声字,故仓颉书此字当为象形或会意。然何以释其为"斧",字义尚难发明,姑从宋人之说。

28. 芾:此字甲骨文未见,金文、小篆均象蔽前之衣饰。《说文》:"市,韠也。上古衣蔽前而已,市以象之。"隶、楷或于字上加草头,成

---

①见高明《古文字类编》,中华书局 1980 年,第 460 页。

"芾"字,然此字《说文》未收。《诗经·小雅·采菽》:"赤芾在股,邪幅在下。"《郑笺》:"芾,太古蔽膝之象也。"是"赤芾"即红色蔽膝,尚存占义。又,《尔雅·释言》:"芾,小也。"义本《诗经·召南·甘棠》:"蔽芾甘棠,勿翦勿伐。"《毛传》:"蔽芾,小貌。"然王先谦《诗三家义集疏》早已指出:"本字当作蔽茀,借作蔽芾。茀之为言蔽也。"而《韩诗》即作"蔽茀"。是《甘棠》之"芾"乃"茀"之借字,"小貌"非其本义也。仓颉书之字形与甲、金文基本一致,只在上部多出两画,或为固定衣饰之所需,又或为蔽前衣饰之上延也。要之,此衣饰似较后世主要用于装饰之"蔽膝"更为实用也。

综上所述,《大观帖》之释文中,除"式""互""名""斧"等数字《仓颉书》之本义尚待进一步发明外,其余都是可以由甲、金文来得到证明的。这样的考证,在甲骨文尚未出土的宋代(其时金文已大量发现),其难度是可想而知的。我们既佩服宋代文字学家的深厚功力,同时也感谢他们为《仓颉书》的进一步考释所奠定的坚实基础。

三、《仓颉书》之内容初探

关于《仓颉书》28字的内容,近人或以彝文释之,谓28字为祭祀活动的记录;或以医家"五行"说释之,谓28字讲养生健身;或据汉字本义推断,谓28字记载了炎黄时期先民劳动生活的场面;还有的学者则径以此28字为构成古汉字的基本笔画,谓其本身没有什么意义。各家见仁见智,都在朝着《仓颉书》的深入考释努力。

窃以为,要正确地释读《仓颉书》,首先要充分利用前人的研究成果,即《大观帖》的释文;其次,因为仓颉曾为黄帝史官,所以,《仓颉书》也应与黄帝时代的社会及文化背景相联系。例如黄帝族的东迁,黄帝与炎帝及蚩尤的战争,以及黄帝族本身所达到的文明程度,都是需要考虑的。

以下便试对《仓颉书》28 字进行考释：

"戊己甲乙"：此四字在《仓颉书》中并非用其本义，而是作为天干之代称。中国人的天干概念，最初源于神话的"十日传说"，即由"十日并出"到"十日代出"之演变。《楚辞·招魂》："十日代出，流金铄石些。"《山海经·海外东经》："汤谷上有扶桑，十日所浴，在黑齿国北，居水中。有大木，九日居下枝，一日居上枝。"《大荒东经》亦谓："汤谷上有扶木，一日方至，一日方出。"于是，古人便给十日中的每一个都取了名字——自然，这些字都是假借来的，则便是十"天干"了。据唐兰先生说，假借他字以为干支之称，"这种文字在夏以前已经有了"①。今天，我们在殷墟卜辞中尚能见到较完整的干支表②。而殷人之祖先，也常以天干命名，如"大乙""大甲""大戊""祖己"等。而其所用，也皆非其字之本义。至于以天干与五行、方位相配，也早在黄帝时代即已开始了。《史记·五帝本纪》云黄帝所"治五气"，即"五行之气"也（《集解》引王肃说）。《史记·历书》亦云"黄帝考定星历，建立五行"。故《仓颉书》之"戊己""甲乙"，当系天干无疑。这里，戊己为土、为中央，指代黄帝族。《史记·五帝本纪》云轩辕氏"有土德之瑞，故号黄帝"可证。晋王嘉《拾遗记》（卷一）更谓黄帝"以戊己之日生，故以土德称王也"。又，黄帝族虽源于西北，然不久即挺进中原，故与东夷族相较，遂以中央自居。而甲乙则为木、为东，指代东夷。东夷族的首领即蚩尤。时黄帝既已打败末代炎帝榆罔（说详后），又"与蚩尤战于涿鹿之野，遂禽杀蚩尤。而诸侯咸尊轩辕为天子，代神农氏，是为黄帝"③。

①唐兰《中国文字学·十》，上海古籍出版社 1979 年，第 66 页。

②见郭沫若《甲骨文字研究·释支干》，《郭沫若全集·考古编》第一卷，科学出版社 1982 年，第 172、170、159 页。

③司马迁《史记·五帝本纪》。

"居首共友"：此承上四字而言。"居首"谓黄帝打败蚩尤及末代炎帝后，居于首领地位，"诸侯咸尊轩辕为天子"；"共友"则谓黄帝族战后与蚩尤族及炎帝族友好相处也。晋王嘉《拾遗记》（卷一）云："轩辕去蚩尤之凶，迁其民善者于邹屠之地，迁恶者有北之乡。"善者留，恶者去，化干戈为玉帛，各族遂相"共友"，社会亦日臻和谐。

以上两句言黄帝战胜末代炎帝及蚩尤后的社会状态也。

"所止列世"："止"即脚趾，引申为足迹。又，甲骨文"止"与"之"形近，故"止"又有"往"义。"所止"即所到达的地方。"列"前已言及其义源自"灵石文化"之滴血习俗，有"排列""遍布"义。"世"由"竹木叶形"引申为"当世"之义。故"所止列世"者，即言黄帝族之足迹所至，遍布当世。这是回忆黄帝族由西到东、南征北战的历史。

"式气光名"："式"即法式、效法之义。"气"之本义为云气。"光"，明也。"名"，自命也。此四字隐含了黄帝族的图腾之义。《史记·五帝本纪》云："（黄帝）以师兵为营卫，官名皆以云命，为云师。"《集解》引应劭曰："黄帝受命有云瑞，故以云纪事也。春官为青云，夏官为缙云，秋官为白云，冬官为黑云，中官为黄云。"又引张晏曰："黄帝有景云之应，因以名官与官。"故所谓"式气光名"，实即黄帝族效法天上的云气，并以云命名师与官之光辉名字。此四字不但可与《史记·五帝本纪》之有关记载对读，而且也足证《仓颉书》为黄帝史官仓颉所作。

"左互乂家"："左"，相助之义。"互"，相互也。"乂"，芟草也。"家"，黄帝时代之原始家庭也。此四字言战争之后，黄帝族成员相互协助，除草辟地，重建家园。

"受赤水尊，戈矛斧芾"：此八字记载了一个重要的历史事实，即黄帝在打败了末代炎帝和蚩尤之后，不但取得了正统的地位，同时也拥有了蚩尤族的先进武器及战裳。"受"，相付也，即接受之义。"水尊"即酒尊，因"水"又可被称为"玄酒"故也。《礼记·礼运》之"玄酒在室"，唐孔颖达《正义》即云"玄酒谓水也"。又,《仪礼·士虞礼》有"水尊",《礼记·明堂位》言"夏后氏尚明水",皆是以水代酒。古时大型酒器往往有象征政权之义。"赤",红也,此指炎帝。故所谓"受赤水尊",即接受了象征炎帝政权的大型酒尊。中国的酒早在仰韶文化时期即已出现,因此炎帝拥有大型酒尊是并不奇怪的。需要说明的是,炎帝仅是一种称号,而且所传不止一世。《史记·五帝本纪》"轩辕之时,神农氏世衰",《索隐》注云:"世衰,谓神农氏后代子孙道德衰薄,非指炎帝之身,即班固所谓参庐,皇甫谧所云帝榆罔是也。"复检《帝王世纪》,其中正有这样的记载:"(炎帝)在位一百二十年而崩,葬长沙。纳奔水氏女曰听訞,生帝临魁,次帝承,次帝明,次帝直,次帝釐,次帝哀,次帝榆罔。凡八世,合五百三十年。"八世而传530年,在时间上似有未合,故当依《吕氏春秋·慎势》之"神农十七世有天下"。据此,则黄帝阪泉之战所败之炎帝,应即末代炎帝榆罔也。

还应值得注意的是,末代炎帝榆罔与蚩尤间也有过一些瓜葛。《帝王世纪》云:"蚩尤氏强,与榆罔争王于涿鹿之阿。"罗泌《路史·后纪四·蚩尤传》亦载,炎帝东迁涿鹿一带后,蚩尤曾"逐帝(榆罔)而居于涿鹿,兴封禅,号炎帝"。故黄帝战胜蚩尤的涿鹿之战,亦或有人称之为"黄、炎之战"。这样说来,则所谓"受赤水尊",已不单指黄帝取末代炎帝榆罔而代之,也还包含了对蚩尤政权的接收。不过,以蚩尤为首领的东夷族,相对于炎、黄而言,其文明程度却并不低。《尸子》说:"造冶者蚩尤也。"《世本·作篇》云:"蚩尤作兵。"《管子·地数》云:"葛庐之山,发而出水,金从之,蚩尤受而制之,以为剑、铠、矛、戟。"《史记·五帝本纪》《正义》更引《龙鱼河图》,说"蚩尤兄弟八十一人","造立兵仗、刀戟、大弩,威震天下"。这说明蚩尤部落已掌握了冶炼技术,并能制造金属兵器,而其时之黄帝族却还不会冶金,故只能看着蚩尤"威震天下"。正如《吕氏春秋·荡兵》所说:"未有蚩尤之时,民固剥林木以战矣。"所以当黄帝打败了蚩尤,并收缴了蚩尤族的"戈、矛、斧"等兵器后,其欣喜之情是可以想见的。而这也正是仓颉要在黄帝的纪功之辞中大书一笔的原因了。至于"芾",又称蔽膝,最早是打仗时所着之战裳,后来又被用为祭服。大约蚩尤族的战裳在当时算是质量最好的,故遂成为黄帝族所着意炫耀的战利品。

综上所释,《仓颉书》当为黄帝战胜末代炎帝及蚩尤的纪功之辞。其中,先言战后黄帝族与东夷族的友好相处,再言黄帝族的势力已遍布各地,再言以云命名师、官的管理体制,再言战后家园的重建,最后强调了其政权继承的合法性,并对其战绩进行炫耀。既耀武扬威,又表示了和平共处的良好愿望。可以设想,依战胜者的惯例,这样的文字在当时应是有刻石的。惜年深日久,原始的石刻已难以寻觅了。

最后,让我们将《仓颉书》的释文再完整地读一下:

> 中原东夷,黄帝居首,共相为友。黄帝族的足迹遍布当世,他们效法天上的云气,并以云为师、官的光辉名字。他们在战后相互协助,除草辟地,重建家园。他们接受了炎帝政权象征的酒尊,并拥有了蚩尤族的先进武器及战裳。

四、《仓颉书》之远古韵文特征

《仓颉书》在文体上并非散文,而具有着较明显的远古韵文特征。以下试按其用韵情况,分段析之(括弧内所标之韵部按王力三十部韵):

> 戊己(之部),甲乙(质部);
>   △   △
> 居首(幽部),共友(之部)。
>   △   △

此四句所押为"之"部韵。"乙"在王力所分三十部韵中虽属"质"

部,实则"质"为"脂"之入声,故顾炎武将"质"与"脂""之"皆列为"脂"部。上古韵宽,"质"与"之"可通押。《诗经·周南·苤苢》"之"部之"苢"与"质"部之"襭"相押可证。"首"属"幽"部,按章太炎先生的《成均图》,"之""幽"俱属阴侈(阴声中较开口者),同列相比,为近旁转,亦可合韵。《诗经·卫风·木瓜》"之"部之"玖"与"幽"部之"好"相押,以及《周颂·闵予小子》"之"部之"疚"与"幽"部之"孝"合韵,皆可为证。"友",古音与"以"相近,属"之"部。故上述四句可谓句句用韵。

　　　　所止(之部),列世(月部);
　　　　　　　　　　　△

　　　　式气(物部),光名(耕部)
　　　　　　△　　　　　　　△

　　此四句中有三句可押韵,其韵脚分别为"世""气""名"。"世"属"月"部(太炎先生称之为"泰"部),"气"属"物"部(太炎先生称之为"队"部)。按《成均图》,"泰"("月")、"队"("物")俱属阴弇(阴声中较闭口者),同列相比,为近旁转,可合韵。《诗经·大雅·生民》月部之"斾"与物部之"穟"合韵可证。故"世""气"相押。而"月""元"(太炎先生称之为"寒")为阴阳对转(亦称阳、入对转),可通韵,《诗经·齐风·甫田》之"桀""怛"相押可证;"元""耕"(太炎先生称之为"青")又同属阳弇(阳声中较开口者),同列相远,为次旁转,可合韵,《诗经·卫风·淇奥》元部之"谖"与耕部之"星"相押亦可证。故"世""名"亦相押矣。

　　　　左互(鱼部),乂家(鱼部)。
　　　　　　△　　　　　　△

　　两句皆为"鱼"部韵。此二句由于内容的相对独立,故其韵脚亦与上下句不同。如前所释,"左互"义为相互协助;"乂家"义为除草辟地,重建家园。其与上句之以云命名师、官及下句之接受炎帝政权象征的水尊,所言固有家、国(或部落)之不同。故形式服从内容,此二句单为一段,并转韵。

> 受赤(铎部),水尊(文部);
> 　　　　　　　△
> 戈矛(幽部),斧芾(月部)。
> 　　　　　　　△

此四句,两句一韵,韵脚分别为"尊"与"芾"。"尊"属"文"部,"芾"属"月"部。按《成均图》,"文"(太炎先生称之为"谆")与"物"(太炎先生称之为"队",与"脂"同居)阴阳相对,为正对转,可通韵;而"物"与"月"(太炎先生称之为"泰")又俱属阴弇,同列相比,为近旁转,可合韵(《诗经·大雅·生民》月部之"旆"与物部之"馂"合韵可证)。故"文""月"两部可以通韵,《诗经·大雅·绵》文部之"问"与月部"喙"即相押。这样说来,文部的"尊"与月部的"芾"也是可以押韵的。

综上所析,《仓颉书》28字若自用韵特点而言, 实可分为四个层次,即:

> 戊己,甲乙;居首,共友。
> 　△　　△　　△　　△
> 所止,列世;式气,光名。
> 　　　　△　　△　　△
> 左互,义家。
> 　△　　△
> 受赤,水尊;戈矛,斧芾。
> 　　　　△　　　　　　△

各层次中,或句句用韵(如第一组与第三组),或二、三、四句用韵(如第二组),或偶句用韵(如第四组);虽用韵规律不一,且韵部亦较后世为宽,然此种用韵形式,正反映出《仓颉书》之远古韵文特征。

《仓颉书》的这种远古韵文特征可以由传世的几首原始歌谣以得

到印证。如《吴越春秋·勾践阴谋外传》所载之《弹歌》,刘勰便认为是一首黄帝时代的歌谣。其《文心雕龙·通变》云:"黄歌《断竹》,质之至也。"《文心雕龙·章句》亦云:"寻二言肇于黄世,《竹弹》之谣是也。"就是这首被刘勰认为是二言之始的黄帝时代的歌谣,其用韵特征便与《仓颉书》有着极为相似之处:

断竹(屋部),续竹(屋部);
　　　△　　　　　　△
飞土(鱼部),逐肉(屋部)。
　　　　　　　　　△

这是一、二、四句之句末用韵。再如《礼记·郊特牲》所载之伊耆氏《蜡辞》:

土反,其宅(铎部);水归,其壑(铎部);
　　　　△　　　　　　　　△
昆虫,毋作(铎部);草木,归其泽(铎部)!
　　　　△　　　　　　　　　△

除末句为加强祝咒语气而为三字外,其余每句二字,且皆于偶句用韵,与《仓颉书》之第四组同。伊耆氏一般认为即神农氏(或谓帝尧),亦即炎帝,其时代与黄帝相近。再如《尚书·汤誓》所载的一首夏代歌谣:

时日,曷丧(阳部);予及汝,皆亡(阳部)。
　　　△　　　　　　　　△

除第三句为强调诅咒之义而为三字外,其余也基本是二言句式,且于偶句用韵。

《仓颉书》与这些传说为远古时代歌谣在二言句式及用韵特征上

的相似①，也从另外一个角度提供了其为远古时代作品的证据。

以上是对《仓颉书》的初步考释，仅为一家之言，目的在抛砖引玉，以促进此问题的深入研究。尔后如有更精准、更令人信服的释读，笔者自会很高兴地舍弃己见，以认同新说。

主要参考文献：

徐中舒《汉语古文字字形表》，四川人民出版社 1981 年版

高明《古文字类编》，中华书局 1980 年版

徐无闻主编《甲金篆隶大字典》，四川辞书出版社 2008 年版

濮茅左《甲骨文常用字汇》，上海书店 2007 年版

王国维《观堂集林》，中华书局 1959 年版

郭沫若《郭沫若全集·考古编》，科学出版社 1982 年版

唐兰《中国文字学》，上海古籍出版社 1979 年版

李学勤《古文字学初阶》，中华书局 1985 年版

康殷《文字源流浅说》，荣宝斋 1979 年版

康殷《古文字学新论》，荣宝斋 1983 年版

康殷《古文字形发微》，北京出版社 1990 年版

李圃《甲骨文文字学》，学林出版社 1995 年版

左民安《细说汉字》，九州出版社 2005 年版

吴颐人《汉字寻源》，上海人民出版社 2006 年版

秋子《中国上古书法史》，商务印书馆 2000 年版

（《甘肃社会科学》2012 年第 3 期）

---

① 《弹歌》《蜡辞》已被多种文学史著作作为原始歌谣加以介绍，如游国恩等主编《中国文学史》、袁行霈主编《中国文学史》等。

《孟子》中所见之舜文化精神

古书言舜事者,以《尚书》中的《虞书》《孟子》及《史记·五帝本纪》为最详。而《五帝本纪》中的舜部分基本依据《虞书》,故两书内容可谓大同小异,都是先叙舜在经历许多考验之后即位就职情况;次叙舜之各种政绩,如多方巡狩,划疆域,修五礼,定五刑,处罚共工、驩兜、鲧以及逐三苗等;末叙舜之任用百官及文治教化情况。其于舜文化精神之阐扬,似稍嫌不足。而《孟子》一书恰可补此缺失。

《孟子》全书言及"舜"者凡 97 次(据杨伯峻《孟子译注》一书统计),而所论舜文化之精神,则主要集中于三个方面,即"大孝终身"的高贵品德、"与人为善"的处世方式以及处理问题的"允执其中"原则。试分述之:

一、"大孝终身"

孟子称舜之孝为"大孝"。而何谓"大孝"呢? 在孟子看来,至少包含了以下三个方面的意思:

一曰顺于父母。孟子说:"不得乎亲,不可以为人;不顺乎亲,不可以为子。舜尽事亲之道而瞽瞍底豫,瞽瞍底豫而天下化,瞽瞍底豫而天下之为父子者定,此之谓大孝。"①意思是说,不能得到父母的欢心,

①《孟子·离娄上》,杨伯峻《孟子译注》,中华书局 1960 年,第 183 页。

不可以做人;不能顺从父母的旨意,不能做儿子。舜竭尽事亲之道以使其父亲瞽瞍变得高兴,而父亲高兴了天下风俗也就因此而转移,天下的父子伦常关系也就因此而确定了,这就是大孝。可见,在孟子认为,舜之"大孝"的首要表现即是顺从父母。所以,无论父亲瞽瞍对舜是如何的为难(如"涂廪""穿井"之事),舜总是顺着父亲的意思去做,毫无怨言。正如孟子的弟子万章所说:"父母爱之,喜而不忘;父母恶之,劳而不怨。"①而一旦得不到父母的欢心,舜就好像孤儿找不到依靠一般,即孟子所说的"不顺于父母,如穷人无所归"②。

二曰"终身慕父母"。孟子曾经说过:"人少则慕父母,知好色则慕少艾,有妻子则慕妻子,仕则慕君。"③但这是对一般人而言。而于大舜,孟子则曰:"大孝终身慕父母。五十而慕者,予于大舜见之矣。"④一个人在年轻时怀恋父母是很正常的,但这仅是普通的孝。至于终身怀恋父母的,则是大孝,而这种大孝孟子仅于舜的身上看得到。《孟子·尽心上》还记载了孟子与其弟子桃应的一段对话,当桃应问孟子如果舜的父亲杀了人而被法官皋陶判为有罪,舜该怎么办时,孟子说:"舜视弃天下犹弃敝屣也。窃负而逃,遵海滨而处,终身欣然,乐而忘天下。"⑤意思是说,舜把抛弃天子之位看成是抛弃破鞋子一样,他一定会偷偷地背了父亲逃走,沿着海边住下来,终身快乐,快乐得把做过天子的事也忘掉了。舜为天子时已经 61 岁,而其时他的父亲也当在 80 岁左右了。尽管父亲已经年至耄耋,而舜之孝敬依然不减,为了父亲,甚至会做出常人所无法想象的事情来。此虽系假设,但也可以算是孟子对大舜"终身慕父母"的进一步解读了。

---

①②③④⑤《孟子·万章上》,杨伯峻《孟子译注》,中华书局 1960 年,第 206 页,第 206—207 页,第 317 页。

三曰事亲大于一切。大舜后来做了天子,受到天下人的拥戴,并娶了尧的两位女儿为妻。但在孟子看来,这些都不足以使大舜解忧和高兴,而只有得着父母的欢心才会让他感到欣慰。孟子说:

> 天下之士悦之,人之所欲也,而不足以解忧;好色,人之所欲,帝妻之二女,而不足以解忧;富,人之所欲,富有天下,而不足以解忧;贵,人之所欲,贵为天子,而不足以解忧。人悦之、好色、富贵,无足以解忧者,惟顺于父母可以解忧。
>
> ——《孟子·万章上》

在孟子认为,大舜只有得到父母的欢心才是高于一切的。即使富有天下,而天下也不过是用来孝敬父母的。孟子继续说道:

> 孝子之至,莫大于尊亲;尊亲之至,莫大乎以天下养。为天子父,尊之至也;以天下养,养之至也。
>
> ——《孟子·万章上》

天地之间,再没有比尊亲更为重要的事情了。"尧舜之道,孝弟而已矣。"(《孟子·告子下》)这就是孟子所理解的舜的大孝精神。

舜的这种大孝精神对后世曾产生过十分深远的影响。孔子不但反复强调孝子之事亲既要"养",又要"敬",而且还把孝悌提到"仁之本"的高度。传为孔子弟子曾参所作的《孝经》,更对孝的内涵作了充分的论述,即"孝子之事亲也,居则致其敬,养则致其乐,病则致其忧,丧则致其哀,祭则致其严"[1]。而中国历代的统治者也无不标榜以孝治天下,以至于某些不愿与统治者合作的人,只要以孝为理由来加以拒绝(如李密之写《陈情表》),统治者也便奈何不得。

---

[1]《十三经注疏》,中华书局 1980 年影印本,第 2555 页下栏。

二、"与人为善"

"与人为善"是孟子最推崇的舜的处世方式和优秀品质。孟子说:

> 子路,人告之以有过,则喜。禹闻善言,则拜。大舜有大焉,善与人同,舍己从人,乐取于人以为善。自耕稼、陶、渔以至为帝,无非取于人者。取诸人以为善,是与人为善者也。故君子莫大乎与人为善。
>
> ——《孟子·公孙丑上》

所谓"与人为善",即以善心善行待人(朱熹释为助人为善亦可)。孟子认为,大舜的这种优秀品质已超过了子路的闻过则喜和禹的闻善言则拜,从而成为君子的最高境界。事实也证明,舜在家能以善心对待父亲和弟弟;到了社会上能以善心对待耕者、渔者、陶者,从而使得"历山之人皆让畔","雷泽上人皆让居","河滨器皆不苦窳",并出现了"一年而所居成聚,二年成邑,三年成都"的祥和兴旺景象;做了天子后也能以善心爱护百姓,治理国家;甚至在尧去世后,又避尧之子于南河之南①。应该说,舜的"与人为善"已体现在他为人处世的方方面面,并贯穿于他的一生了。孟子还指出,大舜的这种"与人为善",其实质乃是"舍己从人,乐取于人以为善",即善于抛弃自己的不正确意见,接受别人的正确意见,并非常愉快地吸取别人的优点以帮助自己行善。

在《孟子·尽心上》中,孟子还谈到了舜在与人为善方面的一些具体表现:

> 孟子曰:"舜之居深山之中,与木石居,与鹿豕游,其所

---

① 以上皆见《史记·五帝本纪》,中华书局 1959 年,第 33—34 页。

以异于深山之野人者几希；及其闻一善言，见一善行，若决
江河，沛然莫之能御也。"①

孟子指出，舜即使是居于深山之中，与普通人没什么两样，但当
他听到一句善言，见到一桩善行后，那种"取诸人以为善"的力量，简
直像江河决口一样，没有什么人能够挡得住。

应该说，舜的"与人为善"既继承了"夷俗仁"的传统（《说文·羌
部》），同时也成为后世之人学习的榜样。早在商代，就有"伊尹耕于有
莘之野，而乐尧舜之道"，并下决心要使"君为尧舜之君"，"民为尧舜
之民"（《孟子·万章上》）。孔子提出的"己所不欲，勿施于人"（《论语·
颜渊》）、"己欲立而立人，己欲达而达人"（《论语·雍也》），以及孟子倡
导的"老吾老，以及人之老；幼吾幼，以及人之幼"（《孟子·梁惠王
上》），都不同程度地接受了大舜"与人为善"思想的影响。直至孟子之
时，那些"鸡鸣而起，孳孳为善者，舜之徒也；鸡鸣而起，孳孳为利者，
跖之徒也"。孟子还以此判定："欲知舜与跖之分，无他，利与善之间
也。"（皆见《孟子·尽心上》）可见"与人为善"入人心之久也。

三、"允执其中"

《论语·尧曰》记载：

> 尧曰："咨！尔舜！天之历数在尔躬，允执其中。四海困
> 穷，天禄永终。"舜亦以命禹。

这是尧让位于舜时的一番嘱咐。尧告诫舜说："上天的大命已经
落到你的身上了，你一定要允执其中。假如天下的百姓都陷于困苦和
贫穷，那么上天给你的禄位也就永远地终止了。"舜照尧的旨意办了，

---

① 杨伯峻《孟子译注》，中华书局 1960 年，第 307 页。

而且在他让位给禹的时候，又说了同样的一番话。这里，核心的意思便是"允执其中"。

而什么是"允执其中"呢？"允"即允当、诚实；"执"即保持；"中"即正确，或曰恰如其分，既不过分，也不是达不到。合言之，所谓"允执其中"，就是诚实地保持着那正确的做法。这是自尧、至舜、至禹以来处理一切问题的准则。孟子还说"汤执中"（《孟子·离娄下》），可见汤也坚持了"执中"的原则。到了周初，周公又在此基础上提出了"作稽中德"的思想（见《尚书·酒诰》）。其所谓"作"，即行事；"稽"训合（见《广雅·释诂》及王念孙《疏证》）；而"作稽中德"即行事正确，合于中德。再到孔子，遂合"允执其中"与"作稽中德"，正式提出了他的"中庸"之道。而所谓"中庸"，据孔子的解释便是"过犹不及"（《论语·先进》），也就是处理任何事情都要把握一个合适的度，或曰求得事物各方面平衡的平衡点。

大舜是否遵行了"允执其中"的原则呢？子思的《中庸》曾记孔子的话说：

> 子曰："舜其大知也与！舜好问而好察迩言，隐恶扬善，
> 执其两端，用其中于民，其斯以为舜乎！"[1]

所谓"执其两端，用其中于民"，即能把握过与不及的两个方面，将正确的意见施行于民。对此，孟子虽未能像孔子一样在理论上加以论析，但从其所述大舜在处理各种关系方面的做法，实可见大舜对"允执其中"的坚守。

一是对家庭关系的处理。舜之父顽、母嚚、弟傲，但舜处在这样的家庭关系中竟能"克谐"（《尚书·尧典》）。为什么呢？因为舜既能顺父

---

[1]《新编诸子集成》第一辑，中华书局1983年，第20页。

之意，又能保护自己，并在这两者之间找到了一个平衡点，即所谓"中"。例如瞽叟使舜到仓库顶上去"涂廪"，却又从下纵火焚廪，欲致舜于死；而舜乃以两笠缓冲而下，得不死。再如瞽叟使舜"穿井"，待其入深，却又下土填井；而舜则从旁打洞，自他井而出。类似的还有舜之不告娶妻。"男女居室，人之大伦"。如"告则不得娶"，不得娶"则废人之大伦"（《孟子·万章上》）。于是大舜既要娶妻，而又不告父母，从而在孝顺父母与维护人伦之间也找到了一个平衡点。

二是对人际关系的处理。舜耕历山，历山之人皆"让畔"（即缩小各自的疆界）；舜渔雷泽，雷泽边上的人皆"让居"（即缩小各自的居地以让给别人）。这是为什么呢？因为舜对他们采取了感化政策。舜既不丧失原则，而又能灵活地谦让，从而感动了耕人和渔人。而这也就是"允执其中"的做法。

三是对天下大事的处理。舜为天子之后，需要处理的事情很多，但他还是坚持了"允执其中"的原则，即孟子所说的"尧舜之智而不遍物，急先务也；尧舜之仁不遍爱人，急亲贤也"（《孟子·尽心上》）。而在制定各项政策的时候，也充分考虑到了它们间的平衡关系。如舜的税收政策定为十分抽一的税率，便是"天下之中正也"，而"多乎什一，大桀、小桀；寡乎什一，大貉小貉"[1]。也就是孟子所说的"欲轻之于尧舜之道者，大貉小貉也；欲重之于尧舜之道者，大桀小桀也"[2]。既不能轻，也不能重，这就是"允执其中"。再如舜在民族政策上，既逐三苗，又抚戎、羌；在内部政策上，既定"五刑"，又修"五教"；既惩奸宄，又用贤才；既有四方巡狩，又重文治教化。凡此，皆与舜"允执其中"的指导

---

[1]《春秋公羊传·宣公十五年》，《十三经注疏》，中华书局 1980 年影印本，第 2287 页下栏。

[2]《孟子·告子下》，杨伯峻《孟子译注》，中华书局 1960 年，第 294 页。

思想是分不开的。

四、大舜之"大"

在中国历史上，最早称舜为"大舜"的，便是孟子。而何谓"大"呢？孟子曾有一段非常精辟的论述：

> 可欲之谓善，有诸己之谓信，充实之谓美，充实而有光辉之谓大，大而化之之谓圣，圣而不可知之之谓神。
>
> ——《孟子·尽心下》

孟子将人品分为六个等级，把那些值得喜欢的叫"善"，把那些好处实际存在的叫"信"，把那些好处充满全身的叫"美"，把那些好处充满全身而又能光辉地表现出来的叫"大"，把那些光辉表现出来而又能融化贯通的叫"圣"，把圣德到了神妙不可测度的境界叫"神"。在孟子认为，舜的人品高于"善"、"信"和"美"，但又还不是"圣"和"神"，故称其为"大"。而"大"的含义则主要有两点：一是"充实"，即好处充满全身；二是"充实而有光辉"，即好处充满全身而又能光辉地表现出来。而这两者对舜来说，都是确实存在的。

先看"充实"。舜的好处的确是充满全身的。他不但大孝终身，处处与人为善，而且做了天子之后也政绩赫赫，处理问题皆能各得其所。尤其在道德修养、文治教化方面，更成为历代统治者的楷模，以至被司马迁誉为"天下明德皆自虞帝始"（《史记·五帝本纪》）。这样的人已集所有优秀品质于一身，谓之"充实"，可谓恰如其分。

再看"充实而有光辉"。舜的这些优秀品质并不像他同时代的许由那样（尧让天下于许由，许由逃至箕山下；尧请许由做官，许由到颍水边洗耳），隐而不现，而是实实在在地表现出来了。他的孝行、善行，他的处理问题的方法乃至他的人格魅力，都是可以令天下人看得见，也感受得到的。他虽"避尧之子（朱丹）于南河之南"，然"天下诸侯朝觐者,不之尧之子而之舜"(《孟子·万章上》),便是明证。后来的儒家之所以津津乐道尧舜而寡言许由、务光之流,也正是因为尧舜以自身的表现而垂范于后世的原因。基于此,所以孟子便着意地指出:"大舜有大焉。"(《孟子·公孙丑上》)

总之,《孟子》书中所保存的宝贵的文献资料以及孟子本人对舜文化精神的精辟论述,对于我们全面认识虞舜其人和舜文化的精髓,无疑是至关重要的。在这个意义上还可以说,在中国文化史上,孟子实为大力阐扬舜文化的第一人。

(《国文天地》(台北)第三十卷第十期)

《周易》的文化精神及其当代价值

《周易》是中国古代文化的结晶,也是中华民族智慧的集中体现,其价值是多方面的。单从文化价值而言,其所蕴含的思维方式如整体意识、变化发展思想、相反相成意识、和谐意识,以及自强不息、厚德载物的民族精神等,都是值得我们去深入研究和发扬运用的。

一、整体意识

从思维规律而言,人类思维大致经历了原始思维、诡辩思维(以"白马非马"论为代表)、逻辑思维(以"三段式"推论为代表)、辩证思维等几个阶段。而《周易》中既有原始思维的烙印,又有辩证思维的因素。所谓原始思维,是指思维中所包含的具象性、跨越性、综合性、互渗性及神秘性而言。《周易》中所体现出的整体意识,即是原始思维的综合性与辩证思维综合性的有机统一。随着现代科学的发展,自然科学已从分析为主的牛顿科学体系,逐渐向以综合为主的第三次科学潮流发展,20世纪80年代国际上开始兴起的"天地生综合研究",便是这种综合性、整休性思维与研究方法的集中体现。而《周易》作为中国综合文化之始,它所蕴含的整体意识即天地人整体观,早已将自然界和人世间的一切事物联系起来,并从中探讨其发展和演变规律了。《周易》卦画的基本构成是爻,即阳爻(—)和阴爻(——),并由爻进一步组成八卦和六十四卦;而爻虽可分阴阳,但实际所代表的却已是自然界和人世间的所有不同质和不同态的事物了。无论自然界的风雨雷电,还是人世间的王朝兴替,抑或人生的福祸吉凶,都可以通过高度抽象化了的卦爻符号及其所蕴含的丰富信息来进行推演。这是《周易》整体意识的首要特点。

其次,在具体推演过程中,《周易》也善于对事物作全面、整体的把握。大到天、地、生,小到某一具体问题,《周易》的推演过程都是一样的,都是将被推演的事物看作一个整体,视为一个系统,通过对各种信息的处理,将结论以成卦的方式显示出来。中医的辨证施治就是《周易》整体意识的实际应用,中医的经典《内经》也是以《周易》的阴阳学说为基础建立其医学理论体系的。中医不像西医那样头痛医头、足痛医足,他对所有的病症都是首先从调理人体的阴阳入手,阴阳调理好了,局部的病痛自然也就解除了。如果说西医是用科学治病的话,那么中医便是用哲学治病,用《周易》文化治病。正是在这个意义上,"药王"孙思邈才说:"不研《易》,不可为太医。"(《千金要方》)再如被称为中华民族智星的诸葛亮,为何能足智多谋,战无不胜呢?也与他能熟练地运用《周易》的综合性思维有关。诸葛亮自己就说过,他的治国和用兵,是"上知天文,中察人事,下识地理,四海之内,视如室家"①;是"顺天、因时、依人以立胜"②。你看,这不正是《周易》整体意识的直接运用吗?当今,我们对某些社会问题的治理(如治安问题和腐败问题)以及环保的维护和生态平衡的保持,也都应该借鉴《周易》的这种整体意识,实行综合治理。

再次,《周易》还十分强调局部对整体的影响。《周易》占卦中,只要六爻中的任何一爻有变,就会影响到整个的卦象,即所谓"变卦"。

①诸葛亮《将苑·将器》,《诸葛亮集》,中华书局1960年,第79页。
②诸葛亮《将苑·智用》,《诸葛亮集》,中华书局1960年,第84页。

如《既济》卦中的"九五"一爻变成阴爻后,则整个的卦就变成《明夷》了。看起来只是一个局部的微小的改变,但整个卦的意思全变了。这就提醒我们在处理问题时既要注意宏观和整体,又要注意微观和局部。要防微杜渐,不要掉以轻心。中国有一句成语叫作"千里之堤,溃于蚁穴",说的就是这个道理。前些年国外还有个电影叫《废品的报复》,说一个人因为裤子上的纽扣没有钉牢,结果导致主人洋相百出,说的也是同样的道理。

还要看到,《周易》不但关注局部对整体的影响,而且还能提示影响整体的局部中的关键环节。例如由《困》卦变为《大过》,其影响卦象的主要环节便是《困》卦的"六三"爻,由于"困·六三"变成阳爻,所以整个卦象就全变了,变成了《大过》。这不但提示我们注意"遇《困》之《大过》"的卦象变化,同时也提示要充分关注《困·六三》的爻辞,因为这才是事物演变的关键所在。受此启发,今天我们也要善于抓住影响事情变化的主要矛盾的主要方面,从而既防止事情向坏的方面逆转,又促使其往好的方面转化。

二、变化发展思想

《周易》之"易",就是变化发展的意思。《易·系辞上》曰:"日新之谓盛德,生生之谓《易》。"[①]所谓"日新",乃指不断生育新的事物;所谓"生生",即是变化无穷之义。在《易》学认为,固定不变的事物是没有的。《周易》自两仪至八卦的每一次演进,也都是再分阴阳(即分别在其上方加一阳或一阴),体现出阴阳变化发展的特点。这与老子所说的"道生一,一生二,二生三,三生万物"[②]的思想,实有相通之处。中国

---

①徐子宏《周易全译》,贵州人民出版社 1991 年,第 354 页。

②《老子》第 42 章,任继愈《老子新译》,上海古籍出版社,1985 年,第 152 页。

古代的"五行说"(相生相克)更是对《易》学"生生"之义的进一步发挥和应用。而这种"生成论"的宇宙观,较之传统的"构成论"的宇宙观,实际上更能揭示事物的本质。如果说"构成论"认为宇宙万物是宇宙基本构成要素的分离和结合的话,那么"生成论"则认为生生不息才是宇宙万物的基本特征。而后者实已被宇宙学和微观物理学的最新研究成果所证实。

具体到《周易》的变易思维,又大致包括这样几方面的意思:

一是对立面的转化,这是《周易》"生生"的重要方式。《易·系辞上》曰:"一阴一阳之谓道。"①意思是说,阴阳构成宇宙的根本法则,一阴一阳对立转化,就叫作规律。《周易》中,阴爻与阳爻互相对立,64卦本身也是32个对立面,这些都是可以互相转化的。如在演变过程中,当本卦六个可变之爻全部为"九"时,按爻变规则,即应全部变为"六",各爻皆阴,变成《坤》卦。这在《易》学上就叫作"遇《乾》之《坤》"。反之,当本卦六个可变之爻全部为"六"时,亦应全变为"九",六爻皆阳,成为《乾》卦,这在《易》学上又叫做"遇《坤》之《乾》"。阴阳通过互相转化,就生成了另外一种新的事物。这与现代物理学关于粒子生成的研究结果是一致的(一切粒子都是在统一场经对称破缺而产生的)。我们常说的"坏事变好事,好事变坏事",实际上就是对《周易》对立面转化思想的通俗理解。

二是物极必反思想,这是《周易》变易思维的又一重要内涵。《易·系辞下》曰:"《易》,穷则变,变则通,通则久。"②所谓"穷",就是阴或者阳达到了极点,再也不能继续了,从而不得不发生变易,也就是阴极生阳,阳极生阴。这是《易》理,也是自然和社会之理。就自然气候变化

---

①②徐子宏《周易全译》,贵州人民出版社1991年,第354页,第374页。

而言,所谓阳极生阴,"夏至"节是也;所谓阴极生阳,"冬至"节是也。就人生而言,所谓阳极生阴,乐极生悲是也;而所谓阴极生阳,"柳暗花明又一村"是也。中国历史上的许多农民起义,也都是社会黑暗到了极点即物极必反而爆发的。《周易》的卦象及卦爻辞中对这一点有着明确的阐释。如 64 卦的首卦《乾》卦,以龙的不同状态喻事物发展的几个阶段,在历述了"潜龙""见龙""跃龙""飞龙"之后,在《上九》的爻辞中便明确提出:"亢龙,有悔。"亢,极也。《象》传对此解释道:"亢龙有悔,盈不可久也。"意思是说,龙到了最高处便会孤立无援,而事物达到了极限,其盈满也是不可持久的。民间常说的"没有不散的宴席",就是这个意思。今天,我们无论从政还是办企业,也都要懂得这个道理,注意不要把话说满,不要把事情做绝,不要欺人太甚,否则便会招致物极必反的后果。当然,如把握了物极必反的要义,也可以从正面加以利用,如秦末巨鹿之战中,项羽的破釜沉舟便是成功的一例。

三是《周易》的变易思想还特别注重变易的发展趋势,即事物究竟是往好里变还是往坏里变。《周易》在演进的过程中,当"本卦"出现之后,一般还要再求"之卦",就是要看由本卦到之卦间的发展趋势。例如《左传·襄公二十五年》所记崔杼娶棠姜事,就是先占出本卦《困》,旋即又推出之卦《大过》的①。如按本卦,卦象是吉利的(即所谓"中男娶少女");如按之卦,则卦象又是不吉利的(即所谓"风陨妻")。这种着眼发展趋势的变易思想是非常高明的,是符合从发展看问题的辩证思想的。当年诸葛亮选刘备为老板,就是从发展的眼光来看问题。当时的刘备虽然势单力孤,居无定所,但诸葛亮已看出刘备事业

---

① 见杨伯峻《春秋左传注》,中华书局 1981 年,第 1096 页。

发展的勃勃生机,从而果断地加入到其集团中,既促成了"三分"格局的形成,又使自己的人生理想得以实现。倘非如此,则无论选择曹操还是孙权,都只能在既成事实的基础上做些局部的修整工作,而很难有开创性的事业了。今天我们无论办企业还是研发新的项目,也要注意其发展生机,切不可盲目追风,一哄而起。

三、相反相成意识

《周易》太极图本身就是阴阳相反相成的象征。孔子说:"圣人立像以尽意,设卦以尽情伪。"①太极图所尽之"意"虽是多方面的,但相反相成之"意"是包含其中的。再看八卦中的阳卦与阴卦,阳卦中的《震》《坎》《艮》皆两阴爻、一阳爻,而阴卦中的《巽》《离》《兑》则两阳爻、一阴爻,这种"阳卦多阴、阴卦多阳"(《系辞下》)的现象,更是阴阳相反相成的体现。故孔子说:"乾,阳物也;坤,阴物也。阴阳合德,而刚柔有体。"②阴柔与阳刚虽各有其特性,但却是可以互相配合、相反相成的。

《周易》的这种相反相成意识对中国文化的影响是十分深远的。老子的"无为而无不为",就是将"无为"与"无不为"这相反的两者结合得最高妙的一种境界。从"君人南面之术"的层面而言,所谓"无为",就是要让君无为而臣有为,用今天的话来说就是做主要领导的,做一把手的要无为,管的事越少越好,大量的事情要让你的部下去做,让底下的部门去做。主要领导高高在上,引而不发,含而不露,部下便不知道你有多大本事,不知道你葫芦里卖的是什么药,从而人人谨小慎微,兢兢业业,都把自己分工的事情办好了。这样看起来一把

---

①②徐子宏《周易全译》,贵州人民出版社 1991 年,第 369 页,第 383 页。

手无为，实际上各项工作都做好了，这就叫"无为而无不为"，也就是"大智若愚""大言不辩"。假如主要领导事必躬亲，样样都管，一个人的精力和知识面毕竟有限，到头来势必会暴露出你的弱点，而部下便有机可乘，不会那样敬业了，主劳而臣逸，全局的工作反而会做不好。

相反相成还是一种十分高明的经营策略。企业经营免不了要竞争，但如何竞争，则不外有两种方式：一是相辅相成，即借助一定外力的帮助以取得成功；二是相反相成，即以不争的姿态出现，从而达到争胜的目的。这就是说，对于某一竞争的目标，不要像别人一样蜂拥而上，争先恐后，而是静观其变，等待时机，待到别人争得精疲力竭甚至两败俱伤的时候，便可一无阻碍地奔向目标，而此时目标便非你莫属了。假如一开始即做出争的姿态，反倒会引起别人的注意而加以提防，不易出奇制胜。

动与静的道理也是同样，动静两者的关系即是相反相成。作为一个领导或是企业家，首先要心静，要"每临大事有静气"。为什么呢？因为"静"既是一种不含任何杂念的精神境界，同时也是智慧和力量的源泉。只有"静"才能"致远"，只有静才能对万事万物有透彻的理解，也只有静才能够寓动。而一旦时机到来，便可以静求动，即所谓"静如处子，动如脱兔"。这就是动静相反相成的道理，也是诸葛亮"非宁静无以致远"的要义。诸葛亮之所以能成为中华民族的智星，与他对《周易》精神的这种体验是分不开的。

至于相反相成手法在文学艺术领域的运用，那更能增加作品的艺术魅力。一般我们在电影或电视剧中看到的是，人物心情悲伤，周围的景物便会乌云翻滚或阴风怒号；如人物兴高采烈，则周围的景物又变成蓝天白云或红花绿树了。这种以乐景写乐、哀景写哀的手法就叫作相辅相成。但高明的艺术家往往不这样处理。《诗经》中有一首诗叫《采薇》，说的是戍卒到边境去服役和打仗的事，其末章有四句，被晋人谢玄认为是《诗经》中最好的句子:"昔我往矣,杨柳依依;今我来思,雨雪霏霏。"①出发时人的心情痛苦,但所配的景色却是"杨柳依依";年底回家了,心情高兴了,而所配的景色又是"雨雪霏霏"。这就叫作相反相成。它的好处正如清人王夫之所说:"以乐景写哀,以哀景写乐,一倍增其哀乐。"(《姜斋诗话》)还有《红楼梦》中写到黛玉之死,也是用宝玉结婚的热闹场面来陪衬的。宝玉的婚礼越热闹,而黛玉的死便显得越凄凉。这种相反相成的手法对读者心灵上所造成的震撼,远非相辅相成手法可比。

四、和谐意识

太极图由阴阳两部分组成,它们和谐地处在一个共同体中,这本身就是对《周易》和谐思想最直观而又最深刻的昭示。而细绎其义,《周易》之和谐意识又似有三重含义:

一是对立面的和谐相处。《周易》将一切自然现象和社会现象统统归结为阴阳这一对范畴,而在属性上对立的阴阳又能和谐地处在一起,这就告诉我们,自然界和人世间所有对立的双方都是可以和谐相处的。大到人与自然,小到不同的人之间以及人的自我身心之间,都是可以求得和谐的。儒家和道家所讲求的"天人合一"、人与自然和谐观,都是源自《周易》的和谐意识,只不过儒家是由人文而及天道,道家是由天道以及人文而已。中国外交政策的和平共处原则,应该说也是深受传统文化尤其是《周易》和谐意识的影响的。今天我们要保持生态平衡,要建立和谐社会,更是可以借鉴和发扬《周易》的这种文化精神。

---

① 《世说新语·文学》,徐震堮《世说新语校笺》,中华书局1984年,第128页。

二是对立双方的互补。西方文化往往强调对立双方的矛盾与冲突,而中国的《周易》文化则更注重对立面的互补。大千世界可以分为阴阳,而某一具体事物本身也都有阴阳(如人体的背部为阳,腹部为阴;树叶的正面为阳,反面为阴)。因此,没有阴,阳是不能单独存在的;反之,没有阳,阴也不能单独存在。这正如从太极图中去掉阴或去掉阳的部分之后,太极图也就不复存在了一样。孔子所强调的"己欲立而立人,己欲达而达人"(《论语·雍也》),与《周易》的对立互补思想应是一脉相承的。在国外,丹麦的玻尔学派也是建立在对立面互补理论基础上的,量子力学的创始人玻尔将太极图作为其爵士徽章就说明了这一点。

三是对立的双方不但能和谐相处与互补,而且是你中有我,我中有你,彼此内部都有对方的潜在因素。我们看太极图中,阴的部分中有阳的的存在,阳的部分中也有阴的存在,就是这个道理。这就告诉我们,和谐的事物内部,也寓有不和谐的因素,而一旦条件成熟,彼此内部那些蓄势待发的潜在因素便会上升为主导因素,从而造成原有和谐的破裂,并导致新的和谐局面的出现。这种动态的和谐观更是《周易》文化精神的亮点。后世儒家的"中庸之道"就是受此启发而提出的①。今天我们做企业领导人的尤其要注意这一点,不要以为自己的企业只有优势而没有劣势,只有成绩而没有缺点;也不要以为自己的班底是纯而又纯,自己的内部不会生变,那是不符合你中有我、我中有你的《周易》精神的。

---

①详见张崇琛《中庸之道及其当代价值》,《天水师范学院学报》2008年第6期。

五、自强不息与厚德载物

"自强不息"与"厚德载物"是《周易》的核心精神,同时也是中华民族精神的集中体现。中华民族之所以能长久延续,正是以此种精神为其思想基础。

《易传·象辞》在解释《乾》卦时说:"天行健,君子以自强不息。"意思是说,天道刚健,运行不已,人们观此卦象,从而以天为法,也要自强不息。应该说,《周易》的这种自强不息精神是基于两方面的因素:一是法乎日月天体的不停运行,古人认为这是天的刚健性格,而人也应该以天为法,在其一生中不断进取,从而让生命之树常青,让自己的事业不断发展。《大学》所谓"苟日新,日日新,又日新"①,就是直接继承了《周易》的这一思想。二是基于作《易》者的忧患意识。《系辞下》曰:"作《易》者,其有忧患乎?"孔颖达《正义》对此解释说:"若无忧患,何思何虑?不须营作。今既营作,故知有忧患也。"②作《易》者忧患什么呢?不外三个方面:即忧患宇宙之无穷,人生之有限,故君子应当充分利用人生,奋发有为;忧患时局之多艰,环境之不适,故人应该参与到变革现实的活动当中;忧患人类对大自然的认识永无止境,故人应当不断进行探索,即司马迁所说的"究天人之际"。而无论法天也好,忧患也好,都是要让人保持一种昂扬奋进的精神状态。换言之,就是要充盈着阳刚之气。

《易传·象辞》在解释《坤》卦时又说:"地势坤,君子以厚德载物。"意思是说,大地的形势深厚广大,人们观此卦象,也应该懂得取法于地,以深厚的德行来承载万事万物。显然,这是基于古人对大地特性

①《新编诸子集成》第一辑,中华书局1983年,第5页。
②《十三经注疏》,中华书局1980年影印本,第89页中栏。

的观察与认识。大地胸怀博大，能承载万物，无所不容；而人也应当效法大地，虚怀若谷，雍容大度，善于容人容事，善于吸纳他人之长。再进一步说，一个国家，一个民族，也应当具有这种兼容性，也要注意吸收其他国家、其他民族先进的东西，从而使本民族永葆无穷的活力。中华民族之所以能自立于世界民族之林，即与不断吸纳外来文化，不断与时俱进是分不开的。

而尤为可贵的是，《周易》不但讲"自强不息"与"厚德载物"，更重视自强不息与厚德载物的统一。作为阳刚之气的自强不息与作为阴柔之气的厚德载物，既是对立互补的，也是相反相成的，更是阴阳的和谐统一。太极图的"立象以尽意"，已把这几重意思都包孕其中了。这就告诉我们，对一个民族来说，既要创新又要兼容，只有将这两者结合起来，才能持久地延续。对一个具体人来说，也要学会刚柔兼济，动静适宜，既奋发图强、勇攀高峰，又虚心待人、博采众家之长。而对一个家庭来说，男人除具阳刚之气外，也应有温和的一面；女子除阴柔外，还要有一点自强意识。这就是太极图所示意的阳中有阴、阴中有阳。这样做了，两者同处在一个统一体中，家庭便会高度和谐。

以上是对《周易》文化精神的几点阐释，当然很不全面。但我相信，只要能把握住这几点精神，就已初步领略了中国传统文化的要义，也开启了通向中华智慧的大门。

（《天水师院学报》2010 年第 1 期；又载《先秦文学与文化》第一辑，上海远东出版社 2011 年 7 月出版）

中国古代的家庭教育

中国的家庭教育源远流长。《周易》中的《家人》《渐》《蛊》《节》等卦，便是最早讲家庭问题的。这样说来，则中国有文字记载的家教历史，便已有3000多年了。之后，先秦的礼法，汉代的家法，六朝以后出现的家训、家规、家仪，以及近人有关家庭教育的论述，自然都属家教的范畴。此外，尚有散见于经、史、子、集之中的大量有关家教的名言、名篇、佳事、懿行，有的虽不以"家训"名，但无疑也应属于中华家教宝库的组成部分，可称之为中华民族的一份极其丰厚而又珍贵的文化遗产！

综观数千年来的中华家教，其主要内容大致有三个方面：

一是以"孝悌"为中心的伦理教育，目的在求家庭的和谐。中国人很早即已认识到和谐对一个家庭的重要性，孔子弟子有若所谓"孝悌也者，其为仁之本欤"的观点，即是此种认识的反映。儒家极力推崇的"中庸之道"，体现在家庭关系中，实际也是一种和谐。当然，孝悌也并非一味地服从，父亲错了，儿子照样可以劝谏。《孝经·谏诤章》说："父有争子，则身不陷于不义。故当不义，则子不可以不争于父"；"从父之令，又焉得为孝乎？"倘只是强调了"从"的一面，而未注意到也还有"争"的一面，这就不完全符合古代家教关于"孝"的要求了。

除孝悌外，历代家教还认为，作为"五伦"之一的夫妻关系也应该是和谐的。其协调的办法是：男主外，女主内。这样的思想在《周易》的

《家人》卦中已经明显地表现出来。此虽在一定程度上限制了女性活动的范围,但作为一个家庭,一定的分工还是必要的。至于君、臣之间的"忠"与朋友之间的"信",历代家教内容中也都涉及了。忠君既与爱国相连,自然未可全非;而交友既然关系子弟在社会上的成长,也不能不予重视。这就是君臣、朋友之道虽是走出家庭以外的事,而亦被历来家教所重视的原因。

二是以勤、俭为主的个人品德教育,目的在求子弟的健康成长。勤以防堕,俭以养廉。勤俭是一个人成长的最主要的品德要求。故古往今来的许多家庭都视勤俭为传家宝。而所谓"勤",并不单指辛勤力作,更主要的是一种精神状态。唯勤能奋,唯勤致祥。所谓"俭",则与"约"相联系。一个人如能处处节俭,则必事事能约束自己,不会肆意妄为,即使仕宦于社会,也定能保持廉洁。相反,在家奢华,则为官也必定腐败。然而,由俭入奢易,而由奢返俭难。故俭约品德的培养,必须从小开始,从衣、食、住、行等家庭日常生活入手。前人所谓"衣不寒者令人贱,食不饥者令人恶"(张石民《示子弟》,《其楼文集》卷四),实在是至理名言。

除勤、俭外,被历代家教列为子弟修养要素的,尚有明志、慎言、戒戏、节欲、制怒诸端。立志当存高远,且须强毅,否则便难免于下流。所以凡为家长者都时时提醒子弟这一点。然而,"非淡泊无以明志",故除节俭外,慎言、戒戏、节欲、制怒也都应是"淡泊"的一些方面,而为"立志"所必需。

三是以耕读为主的处世方式教育,目的在求家族的稳固、持久。翻开古代家教的历史,几乎没有哪一位有眼光的家长不对子弟进行这方面的教育。宦者如疏广、陆游、杨继盛,学者如郑玄、孙奇逢、张尔岐等,都不厌其烦地强调这一点。据说曾国藩还曾写过一副"书蔬鱼猪,早扫考宝"的屏语,赠给他的四弟澄侯以明"家教"①。20世纪40年代,山东诸城张氏家祠的大门上尚保留着这样一幅对联:"大河以上无地不耕,宜麦、宜粱、宜菽;片碣之前有经可读,学诗、学易、学书。"谓其祖训,世代遵循罔替。实则已成为中国人几千年耕读生活的生动写照了。

中国是一农业国,主要靠种田为生;但同时又是一个以儒学为统治思想的国家,有着长久的"学而优则仕"的传统。这便是以耕读为主的处世方式的社会及政治背景。而从事耕读者,边读书,边种田,进可以应科举以出仕,光耀门庭;退可以力田以为生,抚保妻子;可出可伏,可显可隐;实在是一种最稳妥不过的处世方式了。当然,这还只是问题的一个方面。另一个方面,更多的家长们教子弟读书,倒并不尽是为了做官,主要还是为了做人。正如郑板桥所说:"读书中举中进士作官,此是小事,第一要明理做个好人。"②孙奇逢也说,他希望儿孙读书,是"为端人,为正士,在家则家重,有国则国重,所谓添一个丧元气进士,不如添一个守本分平民"。③所以,从孔子的教独生子孔鲤学《诗》、学《礼》,到叶梦得的教子弟"旦必读书"④,再到王守仁的《客座

①曾国藩《与澄侯四弟书》,钟叔河整理校点《曾国藩家书》,湖南大学出版社1989年,第338页。

②郑燮《潍县署中与舍弟墨第二书》,《郑板桥集》,上海古籍出版社1979年,第16页。

③孙奇逢《孝友堂家训》,张崇琛主编《中华家教宝库》,吉林人民出版社1993年,第653页。

④叶梦得《石林家训》,张崇琛主编《中华家教宝库》,吉林人民出版社1993年,第380页。

祝文》①、张侗的《入泮诲言》②,无不是将读书与做人联系在一起的。

由今观之,单以耕读教子弟自然已不合时代潮流;但将读书与各自的业务以及做人相联系,则仍不失为家教的一项重要内容。

历代家教中,为完成上述三方面的教育内容而采取的一些方法,也是很值得今人借鉴的。约略言之,亦有三点:

一是普遍教育与针对性教育的结合。所谓普遍性教育,即是"孝悌""勤俭""耕读",这是每个子弟都必须接受,也是就一般情况而言的;而所谓针对性教育,则因人而异。历代不少有眼力的家长,往往根据子弟的天赋、资质、爱好,而随时调整培养方向与要求,且往往能收到良好的效果。孔夫子的因材施教主张,虽从孔鲤身上看的不明显,但却由他的教学生中体现出来了。颜渊的德行、子路的为政、子贡的辞令、子夏的文学,都可以说是夫子因材施教的结果。项羽的学书不成去学剑,又转而学"万人敌",最后终成叱咤风云的英雄,也是与其叔父项梁的及时调整培养目标分不开的。即在科举盛行的时代,也并不是每位家长都要子弟去应科举。如果说张尔岐要求子弟"朴者力田,聪明者读书"③,其确定专业方向的依据还未尽科学的话;那么,许相卿的论述则是很可以说明问题的了。许氏说:"子弟性资拙钝,莫将举业久担,早令练达公私百务。大都教子正是要渠做好人,不是定要渠作好官。农桑本务,商贾末业,书画医卜,皆可食力资身。人有常业,

---

①载徐三重《明善全编》,张崇琛主编《中华家教宝库》,吉林人民出版社 1993年,第 543 页。

②张侗《其楼文集》卷六,张崇琛主编《中华家教宝库》,吉林人民出版社 1993年,第 693 页。

③张尔岐《蒿庵先生手书遗嘱》,张崇琛主编《中华家教宝库》,吉林人民出版社 1993 年,第 674 页。

则富不暇为非,贫不至失节"。①这较之时下那些不顾子女条件,专以升学为子女唯一归宿的家长们来说,无疑要高明多了。历代还有不少著名的科学家、文学家,他们的成就也是跳出了科举和经学的樊篱之后取得的,且大都与家长的针对性培养是分不开的。

二是身教与言教的结合。历代家教重言教,但更重身教。《白虎通》云:"父子者何谓也?父者,矩也,以法度教子。"②既然教子以法度,则为父者自当遵守法度。《老子》云:"不言之教,无为之益,天下希及之。"所谓"不言之教",即是以自身的行为所进行的潜移默化的教育。身教是柔的,而这种身教却能令天下最难教育的人感化,这便是老子所倡导的"天下之至柔驰骋天下之至坚"。古来善为家教者都懂得这个道理。所以他们要子弟贤,自己且须先贤;要子弟廉洁,自己先须廉洁。陶侃之母湛氏封鲊返书责子,拒收官物,故陶侃终成名臣③;颜真卿要子孙为政恪守职责,而自身先不避贬谪④。包拯一生刚正不阿,痛惩贪官,故其能刊石东壁,垂诏后世:"子孙仕宦,有犯赃滥者,不得放归本家;亡殁之后,不得葬于大茔之中。"⑤杨继盛疏劾严嵩,直声震朝野,故其在遗书中能要求儿子"做官必须正直忠厚,并希望妻子"死有重于泰山"。凡此,皆足为今之言家教者法。若以己之昏昏,欲令子弟

①许相卿《许云村贻谋》,张崇琛主编《中华家教宝库》,吉林人民出版社 1993年,第 556 页。

②《白虎通德论·三纲六纪》,上海古籍出版社 1990 年,第 59 页上栏。

③事见《晋书·陶侃母湛氏传》,《二十五史》第二册《晋书》,上海古籍出版社 1986 年,第 293 页下栏。

④颜真卿《颜鲁公文集·与绪汝书》,张崇琛主编《中华家教宝库》,吉林人民出版社 1993 年,第 286 页。

⑤包拯《家训》,张田编《包拯集》,中华书局 1963 年,第 136 页。

昭昭，那是万不可能的。庸者如刘表父子之为"豚犬"，厉者如严嵩父子之荒淫误国，适足贻后人之讥而已。

三是训诫与引导的结合。凡善教子弟者，并非只是一味地训诫，也很注意对子弟的循循善诱。孟母"断织"，曾子"杀猪"，都是因势利导，诱使儿子勤学向善。而叔术见旴与夏父两个孩子吃饭争食，便立即意识到"小争食长必争国"，于是及早采取了措施①。齐田稷母则不但拒绝儿子的非法收入，而且还借机对为官的儿子进行廉洁奉公的教育，更可谓是训诫与引导相结合的良好范例了②。还有宋代的苏轼，其教诲晚辈也总是持宽容通达的态度，多鼓励引导，少谴责教训，并允许子侄比较自由地发展个性。

实际上，训诫与引导的结合，正反映了为家长者严与慈的一致。俗谓严父、慈母，而《墨子》则云："父子相爱则慈孝，兄弟相爱则和调。"③《韩诗外传》亦云："为人父者，必怀慈仁之爱以畜养其子。"④是为人父者亦不必严若秋霜，苟能严格要求，则在态度上实不妨令子女有如坐春风之感。所谓棍棒底下出孝子，仅是后人的托词而已，并不为历代著名家教者所认可。例如，汉代的韩婴就说过"冠子不詈，髦子不笞"的话⑤。鲁迅先生之"无情未必真豪杰，怜子如何不丈夫"，则更

---

①见《春秋公羊传》昭公三十一年《解诂》，《十三经注疏》，中华书局 1980 年影印本，第 2331 页中、下栏。

②刘向《列女传》卷一《母仪传》，张涛《列女传译注》，山东大学出版社 1990 年，第 49—50 页。

③《墨子·兼爱》，孙诒让《墨子间诂》，《新编诸子集成》第一辑，中华书局 1986 年，第 95 页。

④⑤《韩诗外传》卷七第 27 章，许维遹《韩诗外传集释》，中华书局 1980 年，第 270 页。

将此中要义一语道破了。

中国家教除在内容与方法上有着与他国、他民族所不同的一些方面外,即在规律上,也有值得探讨的特点:

一曰系统性。中国人历来把家庭作为一个总揽万事的大系统来看待的,在一定程度上来说,每个家庭就是一个小社会,每位家长就是一个"总统"。尤其在长期的封建社会中,家庭既承担着人口生产的任务,又负责物质生产的计划、组织与实施;既要抚养、教育子女,又须安置、照顾老人;既抓农、副业生产等经济基础,又抓伦理、道德、意识形态等上层建筑。在一些大家庭中,还要注意人际关系的协调与财务制度的严密以及分配制度的合理等。基于此,中华家教的内容也便无所不包。大到"孝悌""勤俭""耕读",小到书、蔬、鱼、猪、竹头、木屑,皆有论及。故《孝经》上说:"居家理,故治可移于官。"①言理家有方,其经验亦可推及于为官。中国古代有不少名宦就是由这种"小社会"而走上大社会的。例如,春秋时代的冀缺,就是因为处理家庭关系得当而被臼季推荐给国君为官的②。在一定意义上可以说,理家便是治理社会的演习,家教便是社会教育的前奏;正是一个又一个的家庭,才为中华民族培养了一批又一批的治世之才。当然,封建家庭形成一个系统之后,也有其封闭、固守及束缚人才的局限,这一点也是必须指出的。

二曰连贯性。西方世界,子女稍稍长大,父母便准其独立,而对子女的一切也便不再干涉。中国的家庭则不然。从子女的出生(甚至包

①《孝经·广扬名章》,《十三经注疏》,中华书局 1980 年影印本,第 2558 页上栏。

②见《左传·僖公三十三年》,杨伯峻《春秋左传注》,中华书局 1981 年,第 501页。

括怀胎)直至老死,只要父母或长辈健在,就要对他们负责到底。这种家教的连贯忤,是任何其他民族所难以相比的。隋代有一位郑善果,为官已经"位至方伯",然每坐堂理事,"母恒坐胡床,于障后察之"。闻其剖断合理,即大悦;若行事不允,或妄嗔怒,即终日不食,并痛加斥责①。这位母亲的家教方法虽还可以商量,然其一贯到底的负责精神实在令人敬佩!又如中国人的命名,一般是父亲进行的,而父亲在为子女命名的同时,也往往将自己的希望与要求寄寓其中,如屈伯庸之于屈平、苏洵之于苏轼与苏辙即是。而为人子女者,辄思其命名之意而一贯遵行之,实际已成为一种终身性的家教了。

三曰传承性。与文化传承性一样,中华家教也具有传承的特点。而中华民族悠久的历史,又为这种传承性增加了古老的色彩。有些家族的家风、家教,甚至可以由先秦一直传到近代。这在世界文化史上怕也是绝无仅有的。像孔子的"不学诗无以言","不学礼无以立"②,诸葛亮的"非淡泊无以明志,非宁静无以致远"③,杜甫的"诗是吾家事"④,包拯的"子孙仕宦,有犯赃滥者不得放归本家",其教诲所及,均非一代。又,民间有所谓"清白家风""梨园世家""仁义胡同"者,少数民族亦有"尚武之家",溯其始,亦皆有所自。而家风之一经形成,又会成为一种无言的教诲,无形的凝聚力量。这便是历代先贤临终之前,别的事情可以不顾,但都要给子孙留下遗教的奥妙了。

---

①事见《隋书·列女传》,《二十五史》第五册《隋书》,上海古籍出版社 1986 年,第 216 页中、下栏。

②《论语·季氏》,杨伯峻《论语译注》,中华书局 1980 年,第 178 页。

③诸葛亮《戒子书》,《诸葛亮集》,中华书局 1960 年,第 28 页。

④杜甫《宗武生日》,中华书局编辑部点校《全唐诗》第四册,卷二三一,中华书局 2013 年,第 2533 页。

以上是对中国古代家教内容、方法与特点的简要概括和论述。可以看出，家教作为中国传统文化的重要组成部分，即在今天，其中的许多内容也并没有过时。我们应该对这一份宝贵的文化遗产倍加珍惜。

（《教育史研究》1994 年第 1 期，《基础教育》2004 年第 12 期、《山东教育》2005 年第 1 期重刊）

老子思想的当代价值

老子思想是中华文化的精华之一，是典型的东方智慧。老子不但是中国的，也是世界的；老子思想不但是历史的，也对解决现实问题有着实际的指导意义。具体说，老子思想的当代价值主要表现在以下几个方面：

一、尊重客观规律

老子思想的核心是"道"，"道"在五千言中共出现 74 次。

对于老子之"道"，有人认为是纯精神性的，甚至将其比作黑格尔的"绝对精神"；有人认为是物质性的，是化生万物的基础。应该说，老子之"道"是精神性与物质性兼而有之的，这与老子哲学的含混性及其本身所包含的唯心与唯物两种趋向是一致的。具体说，老子认为宇宙生成之前"道"就存在，如他说"有物混成，先天地生。寂兮寥兮，独立不改，周行而不殆。可以为天下母。吾不知其名，字之曰'道'，强为之名曰'大'"[①]"道常无名"（32 章）、"无，名天地之始"（1 章），又云"天之道""人之道"（73 章），在这个意义上说，"道"是精神性的，或曰客观规律，故老子亦称"道"为"无"。但这个"视之不足见，听之不足闻，用

---

①任继愈《老子新译·二十五章》，上海古籍出版社 1982 年，第 113—114 页。以下所引《老子》，均据此本，仅注出各章序号，不再标明页码。

之不足既"(35章)的"无"和"道",却又是生成天地万物的总根源,即原始材料,又叫作"大"或"朴",即"道生一,一生二,二生三,三生万物"(42章),隐然似万物之宗。这样说来,"道"又成了物质性的东西。所以说"道"是精神性、物质性兼具的,是物质基础的"气"及其变化法则的统一。

这里值得注意的是作为客观规律的"道",它已排除了一切的神或上天的意志,它只是物的自然法则,即老子所说的"道法自然"(25章)。老子号召人们遵守这种变化发展的自然法则,并说"侯王若能守之,万物将自化"(37章)。显然,老子的"守道"与我们今天所说的尊重客观规律,其精神是一脉相承的。倘再细绎之,则又包含了这样几层意思:

一是提示人们既要尊重事物存在的客观性,又要遵循事物发展的规律性。老子说:"五色令人目盲,五音令人耳聋,五味令人口爽。"(12章)这是说,无论"色""音"还是"味",在现实世界中都是客观存在的。对此,人们不能无视它,而只能"唯道是从"(21章),"执古之道以御今之有"(14章),即遵循其内在的、本来的规律。这就告诉人们,事物发展的规律性是不以人的意志转移的,人们不能违背它,也不能改变它,只能遵循它;而遵循了客观规律,便是人类一切活动取得成功的关键。无论社会变革、科学研究,还是企业经营、经济发展,概莫能外。

二是提示人们,由于"道法自然",所以要利用自然,就是要利用自然的法则。以水为例,人们要利用水,就是要利用水往下流或滴水穿石的原理。当然,人们也可以在自然物中注入人为的努力以期达到改造自然的目的,但这种人为的努力也必须顺应事物的客观特性即自然法则。如要引水上山,人们可以逐级提升,但在每一个台阶上,则仍然要保证水往下流,否则便达不到目的。推而广之,任何违背客观规律的事情都不会成功。

三是提示人类对自己的各项活动必须随时进行检讨和总结,随时作出调整,以保证自己的行为能符合客观规律。老子告诉人们,依"道"而行,"道冲,而用之或不盈"(4 章);违"道",则"天地不仁,以万物为刍狗"(5 章)。意思是说,遵照客观规律办事了,而作为客观规律的"道"虽不可见,却会产生出无限的作用;为所欲为,肆意妄行,则大自然是不讲仁慈的,必定会给予惩罚。这与我们今天所提倡的一切从实际(事物的客观性)出发,实事求是(遵照客观规律)的原则是一致的。

二、关注生态平衡

与儒家的注重人际关系有所不同, 道家更关注人与自然的关系。用今天的话来说,就是道家更强调天人和谐,更注重保持生态平衡。司马迁在《史记·太史公自序》中提出要"究天人之际"(即探讨人与自然的关系), 主要也是受了道家思想的影响 (其父司马谈曾著《论六家要旨》,最推崇道家)。老子及其道家的生态平衡观,其要义有三:

其一,老子主张天与人是一体的。老子说"人法地,地法天,天法道,道法自然"(25 章)。实际已将人、地、天都在"道"的支配下统一起来了,人、地、天只不过是"道"的不同表现形式而已。老子的后学庄子更明确说"天地与我并生,而万物与我为一"[①]。在老庄认为,自然与人类原本是合一的、和谐的,只是由于人类放纵自己的欲望,并且出于对知识、能力的盲目乐观而任意行事,才破坏了这种天与人的和谐。

---

①郭庆藩《庄子集释·齐物论》,中华书局 1961 年,第 79 页。

因此老庄主张消除一切人为的建构,让人类充分回到自然的怀抱,以恢复天人关系的和谐。这对增强人们的环保意识,无疑是具有启示意义的。

其二,老子的"道法自然"还进一步启发人们去对自然进行研究,从而开创了科学的智慧论,使生态平衡建立在对自然理性研究的基础上。儒、道虽都主张天人和谐,但儒家是由人文而及天道,而道家则是发天道以建人文。也就是说,道家是以自然规律作为其思想体系的基础,而儒家则是用人伦关系以去推论天道。简言之,儒家是人文主义,道家是自然主义。儒家的重心是纲常伦理,即仁义礼智信;道家的重心是"道",即自然规律。可见,道家的视野比儒家更开阔,它已突破了伦理学的狭隘,而把目光引向了人世以外的自然,并启发人们去重视对自然的探讨,从而在一个更宽广的背景下去审视人与自然的关系,以获得生态平衡。应该说,在生态平衡的一点上,老庄站的比儒家更高。因为儒家的环保意识仅是从自身利益出发去考虑的,而老庄的环保意识则是从哲学和科学的高度去考虑的。

其三,老子的"生生不息"思想即"生成论",既是对宇宙万物基本特征的认识,同时又是从宇宙生成的角度来对生态进行把握。老子云:"道生一,一生二,二生三,三生成万物。"(42章)用今天的话来说便是,"道"产生统一的事物(有人将"一"表述为太极),统一的事物分裂为对立的两个方面(或谓即"两仪"),对立的两个方面产生新生的第三者,新生的第三者产生千变万化的东西。这正是以生生不息为宇宙万物基本特征的"生成论"。它与宇宙起源的"构成论",即认为宇宙是由各种基本要素的分离与组合所构成的理论是不同的。而当代最新科学研究的成果,已说明了"构成论"的不足取与"生成论"的普遍意义。例如,宇宙学与微观物理学都已充分证明了宇宙及其基本粒子是生成的,而不是构成的。老子关于宇宙生生不息的动态流程的论述,与此十分接近。而老子从宇宙生成的高度来对生态的把握,更是达到了当时人类生态理论的巅峰。

三、提升领导艺术

司马谈《论六家要旨》:"道家无为,又曰无不为,其实易行,其辞难知。其术以虚无为本,以因循为用。无成势,无常形,故能究万物之情。"①

《汉书·艺文志》:"道家者流,盖出于史官,历记成败、存亡、祸福古今之道,然后知秉要执本,清虚以自守,卑弱以自持,此君人南面之术也。"②

两者皆认为道家是一种"术",即统治者的权术,用今天的话说,便是领导艺术。而司马迁在《史记》中将老子与韩非同列一传,也是出于这样的考虑。老子和韩非实质上都是在为统治者提供一种统治之"术",所不同的,老子之"术"是"无为而无不为",而韩非之"术"是用"法"和"势"作保证的中央集权。二者殊途同归,最后的目的都是为了"君人南面",并有效地维护其统治。

老子"无为而无不为"之"术"对于儒家事必躬亲的领导艺术而言,实际是一种提升,具体说又有如下一些要义:

其一,所谓"无为",首先是不可妄为。他告诫领导者应顺乎自然,尊重客观规律,应正视被管理者的实际,而不可超越现实和客观规律去妄为。领导者所制定的政策,既不能超前,也不可滞后。领导者要善于利用对象(人)固有的特性和规律去领导他,管理他。这样,看起来

---

①司马迁《史记·太史公自序》,中华书局 1959 年,第 3292 页。
②《汉书·艺文志》,中华书局 1962 年,第 1732 页。

领导者似乎并没有多少作为,即"无为",但各项工作却都顺其自然地做好了,即"无不为"。

其二,君无为而臣有为。这是一种高屋建瓴的领导艺术。老子认为,在上者只须"秉要执本"(抓住要害和关键)即可,日常应"清虚以自守,卑弱以自持",不必事事躬亲,也不要表现出一种强硬的姿态,所管的事情越少越好,态度越卑弱越好。因为每个人都不是全才,管的事情多了,反倒会暴露出自己的弱点,从而令部下有机可乘;而态度太强硬了,也难免会有行不通的时候,从而令部下习以为常,不把你当一回事了。而少管事,高高在上,含而不露,引而不发,部下便摸不清你的底细,也不知你有多大本事,从而人人小心谨慎,兢兢业业,把各自分管的工作做好。而每个局部的工作都做好了,也就等于全局的事情都做好了。这样,看起来一把手无为,实际上却是无不为,即老子所说的"无为而无不为"。而且,这种充分放手发挥部下及各部门作用的做法,即韩非所说的"下君尽己之能,中君尽人之力,上君尽人之智"[①],还能更好地调动每个人的积极性,从而使工作做得更为出色。反之,"儒家则不然,以为人主天下之仪表也,主倡而臣和,主先而臣随,如此则主劳而臣逸"[②],事情反而做不好了。

其三,有所不为才能有所为。无论国家还是企业,其人力、财力、物力都是有限的。因此,领导者在决策的时候,不能事事都想做,而应该先选一些最主要、最关键、最能成功的事来做,对其他事情则应果断地弃去。这样看起来"有所不为",实际上关键的事情做好了,也就是"有为"了。一个人也是同样,其一生的时间、精力都有限,所以,只

---

①梁启雄《韩子浅解·八经》,中华书局 1960 年,第 450 页。
②司马迁《史记·太史公自序》,中华书局 1959 年,第 3289 页。

有大胆地放弃若干事情，才能使自己的智慧和力量在某一点上爆发出来，从而取得事业的成功。

其四，领导者要把握好行使权力之"度"。在实际工作中，领导者的发号施令是免不了的。但这种权力的行使，也应该有一个"度"。老子曰："治大国若烹小鲜。"（60 章）其字面的意思是说，治理一个大国要像煎一条小鱼那样。但更深微的含义，即是告诫领导者应把握好行使权力之"度"。具体说：一是要保持政策的连续性，不反覆，不折腾。"烹小鲜"不能翻来覆去地煎，那样会将鱼翻烂。一个国家、一个单位的政策也不能反复多变，尤其是领导者不能凭借自己手中的权力去随意改变，甚至朝令夕改，那样会令国民和部下无所适从，不知所措，整个国家或单位也就"烂"了。正如《韩非子·解老》所云："烹小鲜而数扰之则贼其泽，治大国而数变法则民苦之。"①二是不扰民。烹鱼不能烦扰，治民也是同样的道理。那种有了一点权力便对民众指手画脚，甚至事无巨细都要干涉的扰民行径，正是老子所深恶痛绝的。唐代柳宗元的《种树郭橐驼转》便是对官员扰民的形象写照，可谓深得老子之意。

简言之，无论"多变"还是"烦扰"，都是领导者行使权力的失"度"，也都是领导者对"无为而无不为"之"术"未能深入理解所致。

四、优化经营策略

老子思想可以用为后世经营策略者，主要是相反相成之道，它与儒家的相辅相成不同。其中最富有启发性的几点是：

一曰不争之争。老子提倡"不争之德"（68 章）。他说："天之道，不

---

①梁启雄《韩子浅解·解老》，中华书局 1960 年，第 152 页。

争而善胜。"(73 章)又说"圣人之道,为而不争"(81 章)、"以其不争,故天下莫能与之争"(66 章)。可见老子所谓不争,实际上是一种不争之争,是以不争的姿态出现,从而达到大争和争胜的目的。具体说又有两层意思:

首先,在争的思路上,老子着眼于"为",而不是"争",即所谓"圣人之道,为而不争"。因此,老子反对事事必争,时时必争,而主张先培植自己的实力,先增强与人相争的资本与力量。他以"天之道"为例,说明只要自身强大,就会"不争而善胜"的道理。太阳、月亮并没有与谁争光,但它们当然地会成为最亮的天体。人事也是一样。只要自身的力量能够积聚到足够强大,一旦面临竞争,便可争无不赢。这也就是孙子所说的"不战而屈人之兵"义。

其次,在争的方式上,老子主张出奇制胜,后发制人。对于竞争目标,不要一开始就作出争的姿态,更不要像别人一样抢先而上。要冷眼静观,等待时机,待到别人争得精疲力竭甚至两败俱伤的时候,再出其不意地介入,在别人毫无防备的情况下奔向目标,这样,最后的赢家便非己莫属了。假如一开始即作出一种争的姿态,反倒会引起别人的注意和提防,不易出奇制胜了。这也就是老子所说的"以其不争,故天下莫能与之争"。

二曰"柔弱胜刚强"。老子说"柔弱处上"(76 章)、"守柔曰强"(52 章),又说"弱者道之用"(40 章)。他还以水为例,说"天下莫柔弱于水,而攻坚强者莫之能胜"(78 章),由此他得出一个结论:"柔弱胜刚强"(36 章)。其实,老子所谓"柔弱",并非指软弱无力,而是指一种柔性、韧性和毅力。从做人方面来说,"人之生也柔弱,其死也坚强"(76 章)。意思是说,人刚生出来身体柔弱,但充满了生命力;待到身体僵硬了,则已死亡。因此,做人不能个性太强,锋芒太露,棱角太明,否则易于受到损伤,即后人所说的"木秀于林,风必摧之;堆出于岸,流必湍之"①。只有那些外似柔弱,而底蕴深厚,富于韧性的人,才更有耐受力,其生机才更长久。

对一个企业来说也是如此。有些企业看似弱小,但由于它底蕴深厚,富有韧性,故常常能经得起风险,颠扑不破。而有些貌似强大的企业,由于底蕴不足,又缺乏雌守精神,只知一味进取,大开大合,则很容易破产。有些国有企业被一些小型私有企业所兼并和收购,便是"柔弱胜刚强"的明证。"柔弱之道"也还启示经营者在从事经营时,应具有善良、宽厚、平实、谦逊的品格,而不要采取霸道的作法。霸道可称雄于一时,但决不能持久。只有诚心待人,外示柔顺,才可以信誉卓著,从而使企业的发展立于不败之地。而当一个企业遇到困难和曲折时,"柔弱之道"的韧性和毅力更显得格外重要,当此之时,柔弱者往往能起死回生,而刚强者则易折而难复。这也就是老子所说的"坚强者死之徒,柔弱者生之徒"(76 章)。

三曰致虚守静。老子主张"致虚极,守静笃"(16 章),又说"归根曰静"(16 章)、"清静为天下正"(45 章),"牝常以静胜牡"(61 章)。细绎其义,老子所谓"虚",就是要避实就虚,正如庄子通过"庖丁解牛"的故事所阐明的那样。庖丁之刀之所以用了十九年而不卷刃,"所解数千牛矣,而刀刃若新发于硎",就是因为他不像一般厨师那样用刀去"割"、去"折"(砍),而是"解"。他的理论是:"彼节者有间,而刀刃者无厚,以无厚入有间,恢恢乎其于游刃必有余地矣。"②原来庖丁的刀是在找骨与肉之间的空隙,找空档,钻空子,避实(骨头)就虚(空隙),所以才不会卷刃。由此庄子认为,人生处世,也应当学会避实就虚,不

_____

① 李萧远(康)《运命论》,萧统编《文选》第 53 卷,上海古籍出版社 1986 年,第 2302 页。

② 郭庆藩《庄子集释·养生主》,中华书局 1961 年,第 119 页。

要去硬碰硬,这样才能免受伤害,才能长生久视。

从经营策略上来说,所谓"避实就虚",一是在经营业务的选择方面,不要赶浪头,不要看见别人经营什么自己就经营什么,不要去抢热点;而应该选择那些眼下还不是太热,但未来会热起来的项目。而一旦自己所经营的业务成为热点之后,又要赶紧退出,再考虑眼下不是太热,而未来又会热起来的新的项目。当年的陶朱公范蠡就是靠这种经营策略发了大财的。质言之,就是经营者不要为求眼前小利而让市场牵着鼻子走,而应该根据事物发展的规律,走在市场的前面,去发大财。二是在市场竞争中,避免以实击实,避免硬碰硬,而应该以实击虚,用自己的长处和优势去力克对方的短处和劣势。这就必须做到,既要善于估量自己之"实",也要善于发现对方之"虚",学会"以无厚入有间",从而使自己在市场竞争中"游刃有余"。

老子所谓"静",即心静。心静一方面是指少私寡欲,虚静养生,澹泊处世;另一方面,也包含有静中寓动,以静求动,以静制动,动静相反而相成之意,即诸葛亮所说的"非宁静无以致远"。实际上,"静"既是一种精神境界,也是智慧和力量的源泉。古人所谓"每临大事有静气",说的就是"静"可以让人保持平稳的心态,清醒的头脑,从而产生出战胜困难的智慧和力量。

在经营活动中,所谓"静",就是在面对竞争时,要保持清醒的头脑,善于静观,善于等待时机,善于以不变应万变,不要轻易动心;而一旦瞅准时机,又要果断利落地出手,之后再回复到"静"的状态。

虚静之道作为经营策略,也还有另外一种含义,那就是在经营活动中,不要为求物欲而失去了自我,不要被私心吞没了良知,不可让邪念充满自己的头脑。经营中既要采取正当的手段,而所得财富也应回报社会,回归于自然。作为企业家本人,事业再成功,物质利益再丰厚,也要"致虚极,守静笃",在心灵上始终保持一种虚静状态。在中国历史上,越是聪明的人,越是事业成功的人,内心越是宁静,生活越是澹泊。诸葛亮就是其中杰出的代表。这一点,很值得当代的成功人士们深思。

此外,老子之"道"与《易传》的尊阳卑阴观念不同,它具有明显的阴性特征,即尚阴观念,或曰雌守观念,亦即老子所说的"知其雄,守其雌"(28 章)。老子甚至还说:"谷神不死,是谓玄牝。玄牝之门,是谓天地根。"(6 章)其所谓"谷神",即虚空之神,亦即"道";其所谓"玄牝",即象征了深远的看不见的生产万物的生殖器官,而这种雌性的生殖器官便是天地的根源。显然,老子对"道"的阴性特征的弘扬及其尚阴观念的确立,不但对传统的"尊阳卑阴"价值观具有纠偏作用,为反权威思潮及平等思想(男女平等、上下平等)提供了理论依据;而且对形成中华民族性格中的理性、机智、含蓄、大度一面,也起了诱导作用,从而为中华民族精神的和谐作出了贡献。这也可以视为老子思想当代价值的一个重要方面。

总之,老子作为道家学说的创始人,其思想与孔子所创立的儒学一样,都为中国传统文化的形成作出了巨大贡献,也都为当前世界范围内所遇到的两大难题即生态的失衡及人际关系的紧张,提供了解决问题的思路和策略。1987 年美国总统里根在其《国情咨文》中,即引用了老子"治大国若烹小鲜"的名言,以强调其保持政策连续性的重要意义。当今老子已走向世界,老学已成为一门常新之学。而作为老子故乡的人们,既要不断地弘扬老学,同时也应加强对老学应用的研究,让老子思想永放光芒。

五、地域文化研究

论琅邪文化

在先秦的地域文化中,齐鲁文化无疑是最为先进的,它在后来被融入官方文化并成为中国文化的主流,绝非偶然。而在秦汉间,随着齐鲁文化的不断交融,山东地区又形成过一种兼得齐鲁文化之长的新的文化形态,即琅邪文化。在中国几千年的历史长河中,琅邪文化的影响同样是不可低估的。

一、琅邪之得名及其地望

琅邪,或作琅玡、琅琊、瑯琊、郎邪,观《孟子》《管子》《山海经》《史记》《汉书》《后汉书》及《说文》皆作"琅邪",知以琅邪为正字。古书言及"琅邪"之处甚多,然其所指,又不外山名、台名、地名及行政区划的名称。

"琅邪"最早当为山名。《山海经·海内东经》:"琅邪台在渤海间,琅邪之东。"郭璞注:"今琅邪在海边,有山嶕峣特起,状如高台。"《史记·秦始皇本纪》:"(二十八年)南登琅邪,大乐之。"《索隐》引《山海经》之文后曰:"盖海畔有山,形如台,在琅邪,故曰琅邪台。"《水经注·潍水》也说:"琅邪,山名也。"而山何以名"琅邪"呢?窃以为,此当与山之质地、颜色及形状有关。

琅邪之"琅"即琅玕。《说文》:"琅,琅玕似珠者。"《尚书·禹贡》"(雍州)厥贡惟球琳琅玕",《孔传》:"琅玕,石而似珠。"是"琅"即"琅玕",亦即似珠之石。古人常称石之美者曰珠,至其缘由,李时珍说:

"琅玕，象其声也，可碾为珠，故得珠名。"①李时珍还说"回民地方出一种青珠，与碧靛相似，恐是琅玕所作者也"。②美石而可碾以为珠，正如今之蚌壳亦可被碾作"珍珠"一样。又据文献记载，琅玕多为青色，"明莹若珠之色，而状森植"③，"状如笋，质似玉"，④故亦被称为青琅玕或青珠。而琅玕丛生又可谓之"珠树"或"珠玕之树"，《列子》(卷五)中就记载蓬莱之山"珠玕之树皆丛生"。琅邪与蓬莱同处齐鲁，又皆濒海，其珠玕丛生的景象自是可能的。今观琅邪之山，确是青色森然，奇峰嵯峨，怪石嶙峋，阳光照耀之下，明莹若琅玕美玉也。

琅邪之"邪"，《说文》未释其义，仅谓琅邪郡之字作"邪"也，以是迄未能有确解。段玉裁《说文解字注》云：

> 寻周时，琅邪之名未知所解，许君以其字从邑，傅合郡名为释耳。《九经字样》曰："郎邪，郡名。郎，良也；邪，道也。以地属邹鲁，人有善道，故为郡名。今经典玉旁作良者讹。"未知其说所出。古书绝无作"郎"者，且琅邪齐地，非邹鲁也。……按汉碑琅邪，字或加玉旁，俗字也。

《九经字样》以"地属邹鲁，人有善道"来释琅邪，自然牵附之甚，故段氏不从焉。然段氏虽指出加"玉"旁之"琊"为俗字，亦未说明琅邪究为何义。其实，琅邪之邪本作"牙"，而牙除训"牡齿"（见《说文》）外，又有齿形交错之义，"崇牙""衡牙""牙旗"皆用其义。窃以为，"琅邪"本作"琅牙"，谓山上琅玕石高低不平，呈锯齿形之分布，后人敷会郡名，又加"邑"旁。合而言之，所谓琅邪山，实指山之质地为美石，颜色

---

①②④李时珍《本草纲目》第八卷，刘衡如等校注本，华夏出版社2002年，第355页，第356页。

③宋苏颂《图经本草》，转引自李时珍《本草纲目》第八卷"青琅玕"条，刘衡如等校注本，华夏出版社2002年，第356页。

青碧,而山形又嵯峨奇特也。

琅邪台则因山而建,前后共筑两次。第一次为公元前472年(即越王勾践二十五年)越王勾践所筑。《越绝书》卷第八云:

> 勾践伐吴,霸关东,从琅邪起观台,台周七里,以望东海。

《吴越春秋·勾践伐吴外传》亦云:

> (越王勾践二十五年)越王既已诛忠臣,霸于关东,从琅邪起观台,周七里,以望东海。死士八千人,戈船三百艘。

勾践所筑之台即以琅邪山东峰为台基,台顶周长七里,其目的是要登台回望故国,以寄其情思。二百五十三年后,即秦始皇二十八年(前219),秦始皇又来琅邪筑台。《史记·秦始皇本纪》是这样记载的:

> (二十八年)南登琅邪,大乐之,留三月。乃徙黔首三万户琅邪台下,复十二岁。作琅邪台,立石刻,颂秦德,明得意……

《水经注·潍水》亦记:

> (秦皇)二十八年遂登琅邪,作层台于其上,谓之琅邪台。台在城东南十里,孤立特显,出于众山,上下周二十余里,傍滨巨海。秦皇大乐之,因留三月,乃徙黔首三万户于琅邪山下,复十二年。所作台基三层,层高三丈。上级平敞,方二百余步,广五里。刊石立碑,纪秦功德。

所谓"作层台于其上",显然是在越王台之上。由于秦台较越台更高,所以其台顶的周长也由原先的七里缩减为五里(即二百余步见方)。又据乾隆《诸城县志·古迹考》记,"台下路有三条,阔三、四丈,皆人力为之,今仍呼御路"。不过今天的琅邪台已非秦时原貌,据实际测量,台高(含山体)183.4米,台基(含山体)面积5.88平方公里,而台

顶周长仅 150 余米。①

至于行政区划名称的"琅邪",则又有邑、都、县、郡、国之不同,其治所也屡有变迁。从现有资料看,最早提到琅邪者为齐桓公(公元前685 年至前 643 年在位)与齐景公(公元前 547 年至 490 年在位)。《管子·戒》云:

> (齐)桓公将东游,问于管仲曰:"我游犹轴转斛,南至琅邪……"

《晏子春秋·内篇》:

> (齐)景公出游,问于晏子曰:"吾欲观于转附,朝儛,遵海而南,至于琅邪,寡人何修,则夫先王之游?"

《孟子·梁惠王下》:

> 昔者齐景公问于晏子曰:"吾欲观于转附,朝儛,遵海而南,放于琅邪……"

桓公、景公所游者自然是琅邪山,但春秋时齐国已在山下置邑,称琅邪邑。东汉赵岐注《孟子》曰:"琅邪,齐东境上邑也。"朱熹《孟子集注》亦云:"琅邪,齐东南境上邑名。"此邑即今天之胶南市夏河城遗址,位于琅邪山西北十里。此后,越王勾践徙都琅邪,其都址也在这里。秦并六国,设琅邪郡,并改齐国之琅邪邑为琅邪县,其郡、县治所皆在琅邪,即今之夏河城。汉初,琅邪属齐。高帝吕后七年(前 181),封营陵侯刘泽为琅邪王,以琅邪为国都。文帝元年(前 179)徙刘泽为燕王,而复以琅邪归齐。至文帝三年(前 177),复琅邪郡名,仍以琅邪为治所。孝景六年(前 151)东武侯郭它有罪弃市,国除,大约就在此后不久,琅邪郡治便由琅邪迁东武(诸城县城)了(或谓宣帝本始四年即公

---

①参见山东省胶南市《琅邪台志》编纂委员会编《琅邪台志》,齐鲁书社,1997年,第 74 页。

元70年始因地震而迁东武)。故《汉书·地理志》所记琅邪五十一县,其首县已为东武。但琅邪县的建制还存在,治所仍在琅邪。新莽天凤元年(14)曾改琅邪郡为填夷。东汉光武帝建武十五年(39)先封皇子刘京为琅邪公,建武十七年(41)又封刘京为琅邪王。刘京于明帝永平五年(62)始就国,其国都也由东武而改为莒(今莒县),数年后,又由莒迁开阳(今临沂市北)。琅邪国前后共传七世,直至建安二十一年(216)"曹操杀琅邪王熙(刘京之七世孙刘熙),国除"(《后汉书·献帝纪》),前后共延续175年,其国都也皆在开阳。其间,刘京之六世孙刘容死后虽有十三年(193—206)"国绝"(王位继承乏人),但琅邪国并未被废除。

魏文帝初年(220),琅邪复为郡。晋武帝立(265),封司马伷为琅邪王,治所仍在开阳,并以东莞郡益其国。伷传子觐,觐传子睿,是为东晋元帝。北魏时琅邪郡治移至即丘(今临沂市东南),隋废。唐代虽曾一度置琅邪郡,属沂州,但规模很小,仅辖五县,且琅邪县也不在其中。再后,琅邪作为郡便不复存在了。至于琅邪县,则时废时置。晋武帝太康十年(289),琅邪县裁入东武县。隋文帝开皇十六年(596),置丰泉县于琅邪旧县,属高密郡;隋炀帝大业三年(607),复改丰泉县为琅邪县。唐高祖武德五年(622),又省琅邪县入诸城县。此后,琅邪作为县也不存在了。明洪武年间,为加强海防,曾在琅邪设立夏河寨备御千户所,属灵山卫;灵山卫百户管成又在琅邪故址建夏河城。清雍正十三年(1735),夏河备御千户所裁撤,此后,琅邪便沦为一般村镇,今则为胶南市琅邪镇之镇政府所在地矣。

二、琅邪文化之形成

所谓琅邪文化,实际是指琅邪地区即秦汉琅邪郡和琅邪国所辖地域的文化。《汉书·地理志》载西汉琅邪郡五十一县,大致包括今山东诸城、胶县、即墨、海阳、胶南、五莲、日照、沂水、莒南等地;《后汉书·郡国志》载东汉琅邪国十三城,虽原琅邪郡的东部有些地区改属东莱郡,但其范围又向南扩展到了今莒县、沂南、临沂、苍山等地区。而秦之琅邪郡的领域更广,《汉书·地理志》所载之琅邪、城阳、胶东诸郡,大都在其范围之内。这样说来,所谓琅邪地区,约当今之山东半岛东南部,其地北靠沂蒙、泰山,东南濒海,往西则与中原相连。

由于琅邪位于齐、鲁交汇之地,所以这一地区自古以来就形成了一种既不同于齐文化又不同于鲁文化而又兼得齐鲁文化之长的相对独立的文化形态,即琅邪文化。琅邪文化发端于先秦,正式形成于秦汉,此后历经东汉、三国、魏晋,其影响一直达于唐、宋及近代。

与齐鲁文化一样,琅邪文化的形成也是有其特殊的背景和原因的。

一是优越的地理环境及发达的经济。如前所述,琅邪地区背山面海,而山海之间则是广阔的平原或丘陵。它既不像齐国那样有着漫长的海岸线,纯属半岛型地理环境;又不像鲁国那样位于泰山之阳,基本处在内陆之中。这样,琅邪地区一方面能得海上之利,交通便捷;一方面又有着较深的腹地,可提供丰富的物产。

古代,琅邪地区的海上交通是十分方便的。琅邪台以南三公里处的琅邪湾,港阔水深,常年不冻,极宜大型船队的停泊,成为先秦至秦汉时期我国的五大港口之一。这里不但可以南通江淮,北抵幽燕,也可联吴越之战舰,片帆达于化外。齐悼公四年(前485),中国历史上第一次大规模海战——齐吴海战就发生在这一带。而越王勾践的迁都琅邪,也是看中了这里的地理位置和优良的港口,因为琅邪与越国之间的水上距离很近,越国北上争霸所需的军事物资尽可经海上运输以进行补给。

而作为琅邪腹地的广大地区,又是土沃物丰,人口稠密的。这里不但是全国的重要粮食产地,而且盐铁、纺织、造船、制陶等行业也十分发达。西汉时全国设盐官 38 处,琅邪占三处(海曲、计斤、长广);设铁官 48 处,琅邪占一处。西汉全盛时琅邪郡共有 228960 户,1079100人,在当时全国的 103 个郡(国)中,人口算比较多的。东汉全国人口虽然锐减,但琅邪国仍有 570967 人。加之东汉琅邪国的建立,既省城阳国以其县属,又将东海郡的开阳、临沂等县纳入,从而更密切了琅邪地区与中原的联系。

琅邪地区这种得天独厚的地理条件及其发达的经济, 也必然在文化上反映出来。这就使得琅邪人既具有鲁人的质朴好礼,又具有齐人的足智多谋;既重亲亲,又重尊贤;既重农桑,又重工商;既坚定厚重,又视野开阔。

二是东夷文化的深厚积淀及齐鲁文化的交融。齐鲁建国之前,山东一带属东夷文化区。而琅邪地区则是东夷文化的重要源头。东夷人所创造的北辛文化、大汶口文化、龙山文化、岳石文化及进入阶级社会后的青铜文化,在琅邪地区都有着系统的序列和丰富的遗存。作为东夷文化代表的大汶口文化和龙山文化, 在琅邪地区的遗址更有上千处之多。如诸城黄华镇的呈子遗址及枳沟镇的前寨遗址,莒县的陵阳河遗址,胶县的三里河遗址,日照的东海峪遗址等,都是一些典型的大汶口文化遗址。日照的两城遗址则是一处典型的龙山文化遗址,并被学术界称为"两城类型"。而尤其值得注意的是,许多遗址都表现出明显的文化衔接关系。如呈子遗址中, 从新石器时代的大汶口文化、龙山文化、岳石文化直至商周时期,前后延续数千年。前寨遗址中也发现了大汶口文化、龙山文化和岳石文化的三叠层。三里河遗址和东海峪遗址则是大汶口文化与龙山文化的重叠(上层龙山文化,下层大汶口文化)。这些都说明东夷文化在琅邪地区的积累是很深厚的。而从龙山文化遗址墓葬中出土的上百件黑陶高柄杯(俗称蛋壳杯)来看,当时琅邪地区的制陶工艺已达到了全国最高水平。还有凌阳河大汶口文化墓葬里出土的一件乐器笛柄杯,能吹奏出四个不同的乐音,且出现了半音音程,比仰韶文化出土的陶埙发出的乐音还多,音响清脆、优美、悦耳动听,是"迄今已发现的我中华民族最早也是唯一的陶制横吹管乐器"①。胶南西寺龙山文化遗址也出土了一件泥质黑陶蚌形响器。至于前寨及凌阳河遗址中发现的大汶口文化时期的陶文,更被学术界认为是中国汉字的雏形。

此外,在临沂市的清泉、莒县的果庄等地还发现了距今七千多年的"北辛文化"遗址,比大汶口文化早一千多年,属新石器时代早期。2001年在诸城朱解镇陆家庄子也发现了距今七千年的新石器时代早期的"后李文化"遗址,其中出土的两件完整的石磨盘为国内所罕见,为研究新石器时代早期琅邪地区人类的生活提供了重要的实物资料。②至于旧石器时代遗址,在琅邪地区也有多处的发现,如沂水县诸葛镇范家旺村西南山的南洼洞及日照县竹溪村北山和秦家官庄发现的石器,都属于旧石器时代早期的文化遗物。可以说,东夷文化在琅邪地区不但积累深厚,而且也是源远流长的。

从人类社会的发展史来看,大汶口文化应是东夷集团的少昊族文化遗存③,而龙山文化则与五帝时代相对应。《孟子·离娄》云:"舜生于诸冯,迁于负夏,卒于鸣条,东夷之人也。"其所谓"诸冯",即今诸城市境内的诸冯村④,恰在东夷文化区内。古代东夷人的势力很大,并分

---

① 曲广义《笛柄杯音乐价值初考》,《齐鲁艺苑》1986 年第 5 期。

② 韩岗《诸城古文化遗址考略》,《超然台》2003 年第 1 期。

③ 参唐兰《从大汶口文化的陶器文字看我国最早文化的年代》,《光明日报》1977 年 7 月 14 日。

④ 详参张崇琛《千年人说诸冯村——寻访虞舜生地》,《人民日报》海外版 1998 年 3 月 27 日。

成若干支,而舜族便是其中的一支。琅邪地区的岳石文化则大致与中原地区的夏王朝同时(前 2070　前 1600),故岳石文化的居民便是夏朝时的东夷族人。据《竹书纪年》记载,这一时期夷人的部落很多,统称"九夷"。商代,东夷人的势力仍然很大,并建立了若干小国,如琅邪地区内的诸(今诸城市枳沟镇乔庄村东)、其(今莒县境内)、曾(今临沂市境内)等,便是当时东夷人所建立的国家。

西周初年分封诸侯,山东境内建立了齐、鲁两个大国。而随着以周人为代表的华夏文化与东夷文化的碰撞与融合,山东境内又开始出现了两种不同的文化,即齐文化与鲁文化,并在西周和春秋长达六七百年的时间里沿着各自独特的方向发展。简单地说,两者的差异主要表现为对待东夷文化的不同态度上。齐文化是以东夷文化为主,以周文化为辅形成的,它对东夷文化的态度是"因其俗,简其礼"①,即有意识地保留东夷文化并简化其礼仪,从而形成了一种宽松兼容,"举贤而尚功"②,具有开放性和革新性的功利型文化传统。鲁文化则是以周文化为主,以东夷文化为辅而形成的,它对东夷文化的态度是"变其俗,革其礼"③,即对原有的土著东夷文化进行彻底的改造,从而形成了一种重伦理、贵人和,"尊尊而亲亲"④,具有质实性、坚守性的道德型文化传统。而此时的琅邪地区一部分属齐,一部分属鲁(还有一小部分属莒),都分别接受了齐鲁文化的不同影响,并在这一地区进行着初步的融合,从而成为日后琅邪文化的前身。

质言之,琅邪地区本来就有着源远流长、深厚发达的东夷文化,

①《史记·齐太公世家》,《史记》中华书局 1959 年,第 1480 页。
②《汉书·地理志》,《汉书》,中华书局 1962 年,第 1661 页。
③《史记·鲁周公世家》,《史记》,中华书局 1959 年,第 152 页。
④《汉书·地理志》,《汉书》,中华书局 1962 年,第 1661 页。

而这一文化与同时由西方的炎黄族所创造的华夏文化，都处于当时中国文化发展的领先地位。此后，先是由华夏文化与东夷文化的碰撞与融合产生出齐鲁文化——这又代表了当时中国文化的最高水平，继而又由齐鲁文化的融合产生出一种新的文化形态即琅邪文化。在这个意义上也可以说，琅邪文化是"强强融合"的产物。明乎此，则对琅邪文化哺育下所涌现出的古今众多文化名人，也便很可以理解了。

三是帝王的多次巡幸及移民的大批会集。从现有资料看，先秦时期，除齐桓公东游南至琅邪、景公遵海而南放于琅邪外，公元前472年，越王勾践又徙都琅邪，号令秦、晋、齐、楚共同尊辅周室，都琅邪者凡220年（一说93年）。秦统一中国后，始皇帝二十八年（前219），秦始皇东行郡县，南登琅邪刻石纪功；始皇帝二十九年（前218），秦始皇由之罘登琅邪；始皇帝三十七年（前210），秦始皇由左丞相李斯、少子胡亥等随从，第三次巡游琅邪。二世皇帝元年（前209），胡亥东行郡县也到过琅邪，并刻诏书于始皇所立石旁。汉代，汉武帝曾于元封五年（前106）、太始三年（前94）、太始四年（前93）前后三次巡幸琅邪。西汉宣帝和东汉明帝也分别于甘露三年（前51）和永平十五年（72）行幸琅邪。帝王的多次巡幸琅邪，一是为了"东行郡县"，并借此游览观光；二是因为琅邪设有四时祠（琅邪在东方，盖岁之所始），帝王要来此祭祀四时主。但不管是出于何种目的吧，帝王的巡幸在客观上却带来了两种明显的效果，即时代气息的注入及大批移民的会集。随着帝王的到来，京师文化的传入，琅邪人的视野开拓了，他们不断感受着时代的气息，这便促进了琅邪文化与主流文化的接轨。可以说，后世琅邪人常能得风气之先，与此不无关系。而移民的大批会集，则除了直接影响到琅邪地区的人口结构及人口素质外，也对琅邪文化的形成起了促进作用。

应该说，移民的首次汇聚琅邪是从越王勾践的徙都开始的。越国建都琅邪的两百余年间，一定会有许多南方的兵士与民众来琅邪地区定居，并逐渐与本地人融合，从而将越文化的一些要素也融进了琅邪文化之中。此后，始皇二十八年（前219）秦始皇的"徙黔首三万户琅邪台下"，则是又一次大规模的移民。三万户人家至少应有十五万口之多，这在秦代全国人口尚不超过二千万的情况下（东汉光武中元二年全国人口才二千一百万），的确是一个不小的数目。即与西汉琅邪郡的107万人口相比，也占到了其中的七分之一。这些"黔首"大都来自全国各地，其中应不乏像陈胜、吴广那样的英雄。顺便提及的是，西汉末年，琅邪地区也出过两位农民起义领袖即吕母与樊崇，但不知是否为当年那些"黔首"的后裔了。移民的大批会集并与当地居民逐渐融合，既在人口素质上造成了"杂交优势"，同时也将各地的文化传统带到了琅邪，从而在文化上产生出一种"聚合效应"。

概言之，琅邪地区背山面水的自然环境造成了琅邪人既坚定厚重又视野开阔的特点，琅邪地区东夷文化的深厚积累及齐鲁文化的交融孕育出了一种博大深厚而又兼得齐鲁文化之长的文化形态，而帝王的多次巡幸及移民的大量会集又进一步促进了各种文化在琅邪地区的融合。于是，到了秦汉时期，琅邪文化便正式形成了。

三、琅邪文化之特征

秦始皇甫灭六国，即着意对琅邪地区进行经营。他不但裂齐地以为齐、琅邪二郡，而且还多次巡幸琅邪，并增筑琅邪台，刊石立碑，又徙黔首三万户于琅邪台下。他的主要目的也许是出于对琅邪地区战略地位的考虑（即通过经营琅邪以掌控"大东"地区），但客观上却促进了琅邪地区文化的融合。到了汉初，不但社会安定，而且统治者又实行与民休息的政策，所以，琅邪地区深厚的文化积淀及长期文化融合的成果便充分地显现出来了。此后，这一文化又进一步发扬光大于

东汉、魏晋,遂形成这样一些特征:

一是民风的古朴敦厚然又不乏进取精神。如前所述,琅邪地区是一块古老、富饶却又并不闭塞、保守的土地,而处在山水之间的琅邪人似已深得"乐山""乐水"之奥妙,他们既仁且智,既坚实又不忘进取,从而在民风上兼得了"齐气"与"鲁气"之长。

琅邪民风的古朴敦厚主要源自东夷文化。"夷俗仁"[①]。齐鲁入主后,齐统治者的"因其俗,简其礼"固然较多的保留了仁的习俗,就是鲁统治者的"变其俗,革其礼",也始终未能使这一带的民俗完全周化,相反的,周人所讲求的礼乐仁义倒成了重礼的周文化与重仁的东夷文化结合的产物。这样一来,仁厚之风便在齐鲁之交的琅邪地区被长久地保留下来了。从历史上来看,这一带的人民性情之纯厚朴实是有一贯性的,他们不尚浮华,不慕富贵,办事认真求实,待人忠厚有礼。这里既没有齐俗的"夸奢朋党,言与行谬,虚诈不情"[②],也没有鲁俗的"俭啬爱财,趋商贾,好訾毁,多巧伪"[③]。直到明清,这一带的民风仍是比较朴厚的。明人丁惟宁(丁耀亢之父)万历《诸城县志序》称:"余自束发距垂白,耳目睹记,民物日以熙攘,风俗日以朴茂,野无訾窳之农,市有轻实之贾,礼教信义之风,迄今犹未泯哉。"清代《山东通志·风俗》(卷四十)在谈到诸城一带(包括今之五莲及胶南、莒南的部分地区)的民俗时说:"好学重儒,习礼仪,尚齿让,耻庭讯。女以再醮为辱,丧葬相资,祭祀则宗族少长咸集,犹有古道之遗。"林修竹《山东各县乡土调查录》(民国八年铅印本)也说诸城一带之民情"善良""朴厚而柔缓"。

---

①《说文》"羌"字条下云:"夷俗仁,仁者寿"。许慎《说文解字》,中华书局1963年,第78页。

②③《汉书·地理志》,《汉书》,中华书局1962年,第1661、1662页。

当然,琅邪民风的古朴纯厚并不意味着琅邪人缺乏进取精神。在琅邪文化里,鲁俗的"好儒备于礼"与齐俗的"宽缓阔达而足智"[1]都被融入其中,这就促成了琅邪人外朴厚而内多智的性格。这样的气质是极宜于从政或从事艺术创造的。而琅邪人的进取精神在很大程度上也就表现在这两个方面。他们在"耕读"的同时,不但注重日常的学术、艺术修养(即所谓"炕头学"),从而具有着多方面的才华;同时也很"识时务",密切关注着中原的每一次细微变化,而且一有机会便参与其中,表现出强烈的从政意识。汉至三国、魏晋,便是琅邪人从政的高峰期。如王吉、贡禹、梁丘贺、师丹、左咸、王中、王璜、诸葛丰、伏湛、伏恭等,皆为两汉名宦。三国时期,仅诸葛氏一族便有诸葛瑾为吴大将军、诸葛亮为蜀丞相、诸葛诞为魏征东大将军又迁司空,一门三方为冠盖,声名赫赫。两晋时期,以王祥、王览及其后代为代表的琅邪王氏,更是名宦辈出了。至于书法,则王氏家族中的许多人都是擅长的,王羲之不过是其中的一个代表而已。

二是学术思想的兼容性及学风的经世致用。琅邪地区学术思想的主流无疑是儒家思想,而且也出过许多著名的经师,尤其是汉代,可谓名师荟萃。而值得注意的是,琅邪地区学术上的门户之见却并不明显,无论齐学、鲁学,还是今文、古文,都可以在这里传播。如传今文《尚书》者有伏氏世家及殷崇,传古文《尚书》者有王璜;传《齐诗》者有伏理、伏湛、伏黯、师丹、皮容,传《鲁诗》者有王扶,传《韩诗》者有王吉;传《公羊春秋》者有王吉、贡禹、王中、公孙文、东门云、左咸、莞路,传《穀梁春秋》者有房凤等。至于《易》学,则汉代立于学官的三大家即施、孟、梁丘,其中的"梁丘"即梁丘贺、梁丘临父子便是琅邪诸县人;

---

①《汉书·地理志》,《汉书》,中华书局1962年,第1661页。

"施"(雠)派《易》学的主要传人也有琅邪人鲁伯与邴丹。而民间《易》学的两大家(费直、高相)中,琅邪王璜又是费直《易》的嫡传。

除儒学外,"长于养性"的道家思想及善于治军的法家思想在琅邪一带也有流传。诸葛亮的远祖诸葛丰元帝时为司隶校尉,执法严正,"刺举无所避",以至京师为之语曰"间何阔,逢诸葛"①,其法家思想的影响是显见的。即诸葛亮本人,也曾为后主刘禅"写《申》《韩》《管子》《六韬》"②,表现出对各家思想的熟悉。而尤其值得注意的是黄老思想在琅邪地区的兴起与传播。汉初黄老之学的代表人物盖公就是胶西人,并在琅邪一带讲学。至东坡守胶西时,还曾访盖公的坟墓及子孙,因不可得,遂于密州衙署之中建盖公堂以为纪念。可见黄老之学在这一带的影响之深远了。黄老思想虽源于老子道家,但已对老子的道家作了很多改造,是集阴阳、儒、墨、名、法各家之精华而形成的,故较之老子道家更具有综合性和现实态度。而这种综合性很强的学术思想在琅邪的兴起,又与琅邪地区学术氛围的兼容性是分不开的。

至于琅邪地区经世致用的学风,则与琅邪人的"识时务"与进取精神联系在一起。琅邪人读书,多半是从书中吸取有益于经国济民的成分,而很少有穷守章句者。如王吉、贡禹、王中等人的治《公羊春秋》,就重在领会其"六合同风,九州共贯"的"大一统"思想③,并贯穿于各自的政治实践中。诸葛亮读书也是"观其大略",并不"务于精熟"。即使有些经师,虽学问精深,然其目的也还是"接世"。如《易》学大师梁丘贺便曾成功地为朝廷预测"兵谋",从而官至太中大夫、给事

---

① 《汉书·诸葛丰传》,《汉书》,中华书局 1962 年,第 3248 页。

② 《三国志·蜀志·先主传》裴松之注引《诸葛亮集》所载刘备遗诏,《三国志》,中华书局 1959 年,第 891 页。

③ 《汉书·王吉传》,《汉书》,中华书局 1962 年,第 3063 页。

中、少府，与霍光等十一人俱图形麒麟阁；贡禹以治《公羊春秋》而官至御史大夫；师丹以治《诗》而官至大司空；王璜更以精通《尚书·禹贡》而提出治河方案，为朝廷所采纳。所以从历史上来看，琅邪地区虽学者林立，但大都已转化为著名的政治家或军事家了，而很少有皓首穷经的经学家。

三是谋略的深远与行动的谨慎。琅邪地区的思想家或政治家，无论从政还是处事，既不像齐人的"夸诈"①，也不似鲁人的"龊龊"②，他们常好作深层次的思考，表现出深远的谋略。诸葛亮便是其中最有代表性的一位。汉末诸侯纷争，群英并起，应该说其时可供知识分子选择的"老板"是很多的，但诸葛亮却选中了当时尚无立足之地的刘备。因为他通过对全局的综合分析和深入思考，已经预计到了天下将要"三分"，而自己只有加入到刘备集团，先促其"三分"格局的形成，然后再伺机统一中国，才能实现其"大一统"的愿望。而这样一来，他便有了用武之地，他的人生理想也会随着刘备事业的逐渐兴旺而最终得以实现。倘非如此，则无论选择曹操还是孙权，都只能在既成事实的基础上做些局部的修整工作，而很难有开创性的事业了。这不能不说是一种非常深远的谋略。与此相类的还有西晋末年琅邪王氏族人劝琅邪王司马睿的南迁。在历经"八王之乱"后，眼见西晋元气已经耗尽，于是琅邪王氏族人便将希望寄托在了琅邪王司马睿身上。他们不但劝司马睿移镇建业，还举族随琅邪王南迁，这在当时也无疑是一种大胆的决策和深远的谋略。果然，九年之后（316 年）西晋灭亡，十年后（317 年）司马睿在江南称帝，东晋出现了"王与马，共天下"的局

①《汉书·韩信传》，《汉书》，中华书局 1962 年，第 1873 页。
②《史记·货殖列传》，《史记》，中华书局 1959 年，第 3266 页。

面。而更重要的是，这一次的大规模迁徙，对中国文化的南移和江南的开发都有着不可估量的意义。据《晋书·王羲之传》称，元帝之过江与王氏家族的南迁是羲之之父王旷"首创其议"，而《晋书·元帝纪》则谓"永嘉初，用王导计，始镇建业"。看来像这种过人的谋略和大规模行动的策划，不可能出自一人，它很可能是琅邪王氏族人集体智慧的结晶。换言之，它是琅邪文化在特定历史条件下的一次闪光。

如果说琅邪人在宏观决策上常常表现出他们的深谋远虑，那么在具体行动上却又是认真稳妥的，所谓"诸葛一生唯谨慎"，便集中体现了琅邪人的这种特点。他们不尚空谈，不图虚名，为了确保目的的实现，宁肯舍近求远也不愿冒险。诸葛亮北伐时为了"十全必克"而绕道陇右，却不纳魏延"十日出子午谷"之计便是明证。当然，一旦琅邪人认为是正确的事情，他们又是非做不可的，决不犹豫，决不退缩。这种义无反顾、百折不挠的精神曾被有的史学家称作"狂瞽"[1]，而今天则通常被人们誉为"倔强"。而正是这种"倔强"，在琅邪地区的历史上曾成就过多少节操坚劲的刚直之士！颜真卿便是其中的一个。

应该说，琅邪人的谋略深远与他们的综合性思维有关，而综合性的思维方式又与琅邪地区《易》学之风的盛行是分不开的。汉代琅邪地区是中国的《易》学中心，其影响一直延续于后世。直至清代，琅邪地区的文人（如张石民、王劼、丁豸佳等）仍喜欢读《易》。就连现代作家王统照也写过一篇《读"易"》的小说，以回忆他少年时代读《易》的情景。《易》学的最大特点是善于将自然界和人世间的一切事物联系起来，并从中探讨其发展和演变的规律。于是，在此种文化氛围中，琅邪地区从知识分子到普通百姓，都在不知不觉中浸染了些《易》的习

---

[1]《汉书·诸葛丰传》"赞"，《汉书》中华书局1962年，第3269页。

气,养成了识大体、顾大局的精神。直到近代,这种精神仍能从琅邪人的身上体现出来。至于琅邪人的"谨慎",则主要受黄老思想影响。黄老思想讲求静中寓动,以静求动,动静相辅而相成,这便养成了琅邪人既坚定厚重又反应灵活的"谨慎"处世态度。

四是以家族为主的文化传承方式。琅邪多世家大族,而琅邪文化的传承便多半是通过这些世家大族来完成的。

琅邪地区有些望族的文化传统可以从两汉一直持续于后代。东武伏氏便是一个典型的例子。今文《尚书》的传人济南伏生(胜),其玄孙伏孺武帝时讲学东武,遂移家琅邪。伏孺曾孙伏理除治《尚书》外,又兼治《齐诗》,曾以《诗》授成帝,并为高密王(刘宽)太傅。伏理之子伏湛,少传父业,教授数百人,光武即位,征拜尚书,又代邓禹为大司徒,封阳都侯。湛弟黯,通晓《齐诗》,曾作《解说》九篇。黯兄子恭(出嗣于黯)少传黯学,太常试以经学,名列第一,明帝永平四年(61)为司空。伏湛玄孙伏无忌亦能传家学,为东汉名儒,曾与黄景、崔寔共撰《汉纪》,又自采古今文献,删著事要,上自黄帝,下尽汉质帝,号曰《伏侯注》。可以说,两汉伏氏家族经为人师,行为仪表,为琅邪文化的传承作出了巨大贡献。再如阳都的诸葛氏,自西汉诸葛丰任司隶校尉开始,中经东汉、三国以迄魏晋、隋唐,其从政(或从军)者可谓代不乏人。除三国时期的诸葛瑾、诸葛亮、诸葛诞分任吴、蜀、魏之高官外,他们的后代子孙中也有不少人从政。如诸葛瑾之子诸葛恪官至东吴大将军,孙权卒后,曾主持朝政;诸葛亮之子诸葛瞻官至蜀行都护卫将军并平尚书事,与董厥、樊建一起主持蜀国后期的军政大计;诸葛诞之子诸葛靓原本为质于吴,不久也成为吴国的大司马。至于诸葛亮及其兄弟的第三代,在入晋后也有不少人出仕。如诸葛亮之孙诸葛京仕晋为郿县令、江州刺史;诸葛诞之孙诸葛恢仕晋为会稽内史、尚书左仆射,诸葛恢之兄诸葛颐亦仕晋为太常卿。曾孙一代中仍有不少人为

官。诸葛氏家族这种积极从政的传统及其鞠躬尽瘁、死而后已的高风亮节，也成为琅邪文化中的一处亮点。他如诸县梁丘氏之世代治《易》且其"为人小心周密"①，临沂颜氏的好学、尚德及其学风的经世致用，也都为琅邪文化增添了光彩。至于琅邪王氏，自秦末王元避乱于琅邪皋虞（今即墨东北）以来，至西汉宣帝间王吉以通五经而入仕，此后便一直仕宦不断。尤其是西晋王祥、王览的后代（主要王览后代），到了东晋更是名宦如云。王氏的这种以儒学传家并多擅文才、积极入世的精神，直到近代仍可以从政坛和文坛上显示出来。

琅邪家族文化的传承，还表现为家族间的文化交融。某些世家大族往往可以通过联姻或师承关系以兼具他族的某些文化特征。这种交融有时也扩展到琅邪文化圈外，如诸葛氏与司马氏的联姻以及琅邪王氏与江南谢氏、郗氏等的联姻，都不但加强了家族间的文化联系，更为琅邪文化增添了新的内容。至于东汉末年经学大师郑玄的兼综古今、学贯百家，除了其自身的条件外，也与其家族"世与王家相嫁娶"及其先祖郑宾（郑崇父）曾师事贡禹有关②。

四、琅邪文化之演变

琅邪文化经先秦时期的孕育，至秦汉间正式形成，在此后两千多年的发展演变过程中，又大致经历了四个时期，即两汉、三国、魏晋南北朝的兴盛期，隋、唐、宋、元的延续期，明、清的复兴期以及近现代的发扬光大期。

汉代，琅邪文化一经形成便放射出灿烂的光彩。这一方面表现为

①《汉书·儒林传》，《汉书》，中华书局 1962 年，第 3600 页。
②《汉书·郑崇传》，《汉书》，中华书局 1962 年，第 3254 页。

琅邪地区浓厚的学术氛围的形成,如经师的荟萃,方士的齐集,学术思想的融合以及学风的经世致用等;同时,以家族为主的文化传承方式也开始发端了,像琅邪伏氏、梁丘氏、诸葛氏、王氏、邴氏等家族的学术传统及文化风貌,都已基本形成。而随着西汉琅邪郡和东汉琅邪国的建立及境内较长时间的稳定,不但琅邪地区的综合实力得到提升,而且在两汉政治、经济、文化领域所发挥的作用也日益显著(琅邪地区现存的大量汉画像石也证明了这一点),以至连西汉末的赤眉起义与东汉末的黄巾起义都与琅邪人的首倡是分不开的。三国、魏晋南北朝时期,国家虽时分时合,但处在社会纷争形势下的琅邪文化,魅力依然不减。这一时期,不但琅邪人的从政、从军之风空前高涨(例如诸葛氏便"一门三方为冠盖"),而且琅邪人在思维方式、处世态度方面也开始显示出他们自己的特点。诸葛亮便是其中最典型的代表。诸葛亮的综合性思维和深远的谋略,以及处事的谨慎态度,实与琅邪文化的熏陶是分不开的。而西晋末年琅邪王氏族人的力劝司马睿南迁并由此而建立了东晋王朝,形成了"王与马,共天下"的局面,更是琅邪人深谋远虑的集中体现。至于由琅邪大族(如王氏、颜氏、诸葛氏、萧氏、刘氏等)南迁而导致的琅邪文化远播江南,以及这些家族对东晋及南朝政坛的深远影响,还有他们在文学艺术方面所取得的巨大成就,更显示了琅邪文化的辉煌及其强大的生命力。例如琅邪王氏,便不但"公侯世及,宰辅相因",对东晋政权的嬗递起着举足轻重的作用;而且以王羲之、王献之、王僧虔、僧智永为代表的一大批王氏家族书法家,更对中国的书法艺术作出了杰出的贡献。他如兰陵萧氏(南迁后居南兰陵,即今江苏武进县一带)之两次称帝建国(齐、梁)及其家族成员(如萧衍、萧纲、萧绎、萧统等)在诗赋创作方面所取得的突出成就,以及琅邪颜氏家族中以颜之推为代表的北朝人士对儒家传统思想的坚守(视其所著《颜氏家训》可知)与以颜延之为代表的南朝人士的诗歌创作实绩,也都是这一时期中琅邪文化的亮点。

　　隋、唐、宋、元时期,琅邪地区的行政区划虽屡有变迁,但琅邪文化的内在特质还是被延续着。这一方面表现为对传统文化要素的继承,同时,琅邪文化的综合性特征也在与时俱进,并表现出对少数民族文化及外来文化(尤其是佛教)的兼容。继颜之推之后,唐代,琅邪颜氏家族的颜师古(颜之推孙)又以考定《五经》和注释《汉书》而为后儒所尊崇;颜真卿与颜杲卿则不但为人正直,节操坚劲,而且被称为"颜体"的颜真卿书法,更显示了琅邪人之多才,并成为大唐盛世气象的艺术象征。又据《新唐书·宰相世系表》载,终唐之世,琅邪王氏出仕者也为数甚多。还有唐末五代时期的诸城苏氏家族(苏仲容、苏禹珪父子为代表),也曾以儒学和仕宦闻名于时(苏禹珪曾为五代时汉宰相)。而尤值得注意的是,由于北朝时期琅邪地区长期隶于少数民族政权之下,再加上佛教在这一地区的盛行,所以琅邪文化中也融进了不少佛教文化及少数民族文化的成分,而这一相融的成果到了唐代便明显地表现出来了。琅邪地区不少建于唐代的佛教寺院(如兴建于唐贞观年间的诸城龙兴寺、寿圣寺、玉泉寺及兴建于唐宣宗时期的胶南小珠山朝阳寺等)及石窟造像(如胶南大珠山石窟造像),便是最好的说明。宋代,随着统治者对文治教化的重视,琅邪文化的深厚积淀又结出了新的硕果。像密州赵氏(以赵挺之、赵明诚父子为代表)的仕宦及学术成就,诸城张择端的绘画艺术(有《清明上河图》及《金明池争标图》之作)等,都是这一时期琅邪文化所焕发出的流光溢彩,足可远绍两汉及魏晋。加之苏轼的曾知密州(时密州所辖有诸城、安丘、高密、莒县、胶西五县,治所在诸城),更带动了琅邪地区的学术研究(如苏轼对琅邪刻石的摹刻和赵明诚对琅邪刻石的考证)及文学创作,以致苏轼离开密州后竟发出了"除却胶西不解歌"(《和孔密州五绝》)的感叹。金元时期战争频仍,但琅邪文化的外向型特点却得以显现。例如境内的板桥镇(今属胶州市),及其所属的张仓、梁乡两镇(今胶南境内),便一度成为中国沿海运输和贸易的重要港口,北连京东,南达浙广,东通高丽,对琅邪地区的经济和文化交流起到了重要的推动作用。

明、清是琅邪文化的复兴期。所谓"复兴",一是学术氛围的空前浓厚。其时琅邪地区文人结社者甚多,著名的如明代隆庆间的"九老会",万历间的"东武西社",都汇集了一大批琅邪地区及以外的士大夫和著名学者、艺术家(明代大书法家董其昌即是"东武西社"成员之一),并开晚明"东林""复社"之先河。清初诸城文人间则有"白莲社"与"鸡豚社",著名的"山左大社"也有琅邪人(如丁耀亢、丘海石)参与主持。这些文人社团虽带有明显的政治倾向,但主要活动还是学术的切磋与艺术创作的交流。加之明清之际的诸城放鹤村(今枳沟镇普庆村)已成为当时中国北方的一个遗民中心,国内著名文人学者来此者甚多,更促进了这一地区的学术繁荣。今存乾隆《诸城县志》中即著录明清人的著作百余种,这还不算《琅邪诗略》与《东武诗存》等汇刻的诗集。二是文化名人辈出,几如群星丽天。其中,既有出类拔萃的政治人才,如翟銮、丘橓、高宏图、臧惟一、臧尔劝、刘棨、刘统勋、刘墉等,也有著名的将领如薛禄;既有学问渊博的学者,如张石民、王钺的理学,刘喜海、王锡棨、李仁煜的金石学,也有国内一流的文学家和艺术家,如丁耀亢的小说、戏剧,李澄中、丘海石、丘元武、刘翼明的诗歌,刘墉、徐会沣的书法,法若真、高凤翰的绘画,王既甫、王冷泉、王心源的古琴。凡此,皆为宇内所推重。三是家族文化的兴盛与传承。明清时期琅邪地区的名家巨族甚多,它们继续担负着文化传承的重任。其中有的家族是从秦汉时期一直延续下来的,如琅邪王氏;有的则是后起之秀,如臧马丁氏与琅邪臧氏及诸城刘氏。琅邪王氏自秦末王元迁居琅邪皋虞(今即墨东北),至其曾孙王吉复迁临沂,其后便出现了以王祥、王览后代为主的庞大的王氏士人集团,王导、王羲之皆其中之佼佼者。王元后代之未迁临沂者则辗转留居于诸城一带,并以城西之小店子为集中居住地(或云城西小店子王氏乃由南方迁来)。明初,琅邪王氏由小店子迁出者三:一往新城,即王渔洋家族;一往诸城相州村,即后来的王统照、王愿坚、王叔铭(曾任国民党政府空军司令)家族;一往诸城营子村(或谓王渔洋家族亦由营子村迁出),即明代的王铨家族(此据乾隆《诸城县志》三十二)。明清时期,除新城王氏号称"四世宫保"且科甲蝉联不绝外,即相州的一支也出过布政使王镜、地理学家王钺,而王钺之子沛憻又曾官至左都御史。琅邪人从政的热情至此仍未衰减。他如藏马丁氏(丁纯、丁惟宁、丁耀亢、丁豸佳)之善于著述(今人或谓《金瓶梅》为丁惟宁所作,可备一说),琅邪臧氏(臧唯一、臧允德、臧振荣、臧琮)与诸城刘氏(刘果、刘棨、刘统勋、刘墉、刘镮之、刘喜海)及漕汶张氏(即张宗可一族)之长于仕宦,放鹤张氏(张蓬海、张石民、张子云、张白峰、张中黄)之诗书传家,亦皆为琅邪家族文化中之有代表性者。

近现代以迄当代是琅邪文化的发扬光大期。琅邪文化经过两千多年的发展与演变,至此不但仍为琅邪人所继承,而且其精神亦被发扬光大。其具体表现为:一是爱国主义精神的发扬。无论在反帝反封建的斗争中还是创建新中国的日子里,琅邪人一直都高扬爱国主义的旗帜,并表现出了极大的奉献精神。从讨袁护国运动到五四运动(包括"还我青岛"的斗争),再到抗日战争和解放战争,琅邪人无不踊跃参加。特别是抗日战争和解放战争,琅邪人(尤其是沂蒙人)几乎竭尽了自己的力量。这不能不说是琅邪文化识大体、顾大局精神的又一次闪光。二是从政、从军传统的继承。从旧民主革命的早期实践者刘大同(曾于清末在吉林安图举义,成立"大同共和国",后遂有"南有孙中山,北有刘大同"之说)、国民党元老丁惟汾、国民党改组派领袖王乐平、国民党左派领导人路友于(与李大钊一起上绞刑架者),到中国共产党的创始人之一王尽美、山东早期的共产党员王翔千、李宇超、孟超,都可谓琅邪人得风气之先的代表。至于这期间涌现出的众多革命军人与革命干部,更体现着琅邪人从政与从军的热情。三是经济实力的提升。琅邪人既正直朴厚又聪明多智,既视野开阔又脚踏实地。这样的个性气质与群体性格,在当今的商品经济大潮中便如鱼得水。改革开放以来琅邪地区(尤其是青岛经济圈)的经济实力之所以大幅度地提升,应与此不无关系。四是艺术创作的繁荣。从现代文坛上的琅邪作家群如王统照、臧克家、王希坚、王愿坚、陶钝、孟超,到演艺界的崔嵬、李仁堂,再到学术界的王献唐、裴溥言(著名《诗经》研究专家、台湾大学教授),再到诺贝尔奖奖金获得者丁肇中,再到王心葵、王燕卿为代表的诸城派古琴,以及琅邪各地涌现出的一大批书画家,谁又能不说琅邪人之多才呢!

总之,由琅邪地区特殊的地理形势及人文环境所形成的琅邪文化,在中国文化中是一个客观的存在。它的形成虽较齐鲁文化为晚,但却兼有了齐鲁文化之长,而且这一文化至今都没有间断。如果说鲁文化的代表人物是文圣孔子、齐文化的代表人物是武圣孙子,那么琅邪文化的代表人物则是中华民族的智星诸葛亮。在这一点上来说,琅邪文化与齐鲁文化一样,对中国文化的影响都是极其深远的。

(此文前三部分原载《兰州大学学报》2004 年第 3 期,此次收入又增加了第四部分。全文被《琅琊文化史略》一书作为"导言"冠于卷首)

"宋人"现象与中国传统文化中的地域偏见

　　中国传统文化中是存在地域偏见的，而这种偏见又早在先秦时期即已形成了，"宋人"现象就是一个典型的例子。本文便试图通过对"宋人"现象的解析，以探讨中国传统文化中地域偏见的有关问题。

一

　　先秦寓言中，凡言及愚蠢可笑之事，多冠以"宋人"，并由此而形成了一种特殊的文化现象。如：

　　　　宋人有闵其苗之不长而揠之者，芒芒然归，谓其人曰："今日病矣，予助苗长矣。"其子趋而往视之，苗则槁矣。

——《孟子·公孙丑上》

　　　　宋人有善为不龟手之药者，世世以洴澼絖为事。客闻之，请买其方百金。聚族而谋曰："我世世为洴澼絖，不过数金；今一朝而鬻技百金，请予之。"客得之，以说吴王。越有难，吴王使之将，冬与越人水战，大败越人，裂地而封之。能不龟手一也；或以封，或不免于洴澼絖，则所用之异也。

——《庄子·逍遥游》

　　　　宋人资章甫而适诸越，越人断发文身，无所用之。

——《庄子·逍遥游》

　　　　宋人有曹商者，为宋王使秦。其往也，得车数乘；王说之，益车百乘。反于宋，见庄子……庄子曰："秦王有病召医，破癰溃痤者得车一乘,舐痔者得车五乘。所治愈下,得车愈多。子岂治其痔邪,何得车之多也?子行矣。"

——《庄子·列御寇》

宋人有耕者,田中有株,兔走触株,折颈而死。因释其耒而守株,冀复得兔。兔不可得,而身为宋国笑。

——《韩非子·五蠹》

宋有富人,天雨墙坏,其子曰:"不筑必将有盗。"其邻人之父亦云。暮而果大亡其财。其家甚智其子,而疑邻人之父。

——《韩非子·说难》

宋人有为其君以象为楮叶者,三年而成,丰杀茎柯,毫芒繁泽,乱之楮叶之中而不可别也。此人遂以功食禄于宋邦。列子闻之曰:"使天地三年而成一叶,则物之有叶者寡矣。"

——《韩非子·喻老》

宋人有酤酒者,升概甚平,遇客甚谨,为酒甚美,悬帜甚高,然而不售,酒酸。怪其故,问其所知间长者杨倩。倩曰:"汝狗猛耶?"曰:"狗猛则酒何故而不售?"曰:"人畏焉。或令孺子怀钱,挈壶瓮而往酤,而狗迓而龁之,此酒所以酸而不售也。"

——《韩非子·外储说右上》

宋有澄子者,亡缁衣。求之途,见妇人衣缁衣,援而弗舍,欲取其衣,曰:"今者我亡缁衣。"妇人曰:"公虽亡缁衣,此实吾所自为也。"澄子曰:"子不如速与我衣。昔吾所亡者,纺缁也;今子之衣,缁也。以缁当纺缁,子岂不得哉!"

——《吕氏春秋·淫辞》

以上孟、庄、韩、吕各家,虽其学术见解及政治主张不尽相同,然在对待宋人的看法上,态度却出奇地一致,即同以宋人为愚人。当然,先秦文中亦有贬低楚人、鲁人之例,但为数不多,而且也不像对待宋人这般鄙视,更没有形成一种普遍的文化现象。这就不得不让我们对"宋人"形象所隐含的微义去进行深入探究了。

二

应该说,"宋人"这一特殊文化现象的形成,既有其自身的原因,即宋人传承的殷商文化所具有的古朴、神秘色彩及其推理的不够严密——这在重理性思维的周人看来自然是不合时宜的;但更重要的是与周灭殷的特殊历史背景有关。当周灭殷之初,"殷顽"的势力还是相当强大的,而以周公为代表的周统治者便对"殷顽"采取了三项措施:

一是利用殷人的迷信心理,大力宣扬周受命于天,称周灭商是上天的旨意,以此对殷人进行精神上的恐吓。周武王一进入朝歌,便宣称:"膺更大命,革殷,受天明命。"①周公既奉成王之命伐管叔、蔡叔,以殷余民封康叔,也言道:"惟是怙冒闻于上帝,帝休,天乃大命文王殪戎殷,诞受厥命,越厥邦厥民。"②而成周既成,迁殷顽民于洛,周公更是明确地告诫殷人:

> 尔殷遗多士,弗吊旻天,大降丧于天。我有周佑命,将天明威,致王罚,敕殷命终于帝。肆尔多士,非我小国敢弋殷命,惟天不畀允罔固乱弼我。我其敢求位,惟帝不畀。惟我下民秉为,惟天明畏。
>
> ——《尚书·多士》

---

① 《史记·周本纪》,《史记》,中华书局1959年,第126页。
② 《尚书·康诰》,曾运乾《尚书正读》,中华书局1964年,第160页。

意思是说,你们这些殷国的遗民时运不佳,上天降给你们丧亡的大祸,我们周国帮助上天行使命令,奉着上天的圣明旨意,用王者的诛罚,命令你们殷王不再为帝。这不是我小小的周国敢夺取殷的大命,是因为上天不把大命给予那些胡作非为的人,所以才辅助我周国。假如上帝不给,我们是不敢求此大位的。我们下民只能秉着圣明威严的上帝的旨意行事。周公言必称上天,句句不离上帝的旨意。事实也证明,这些告诫已给殷人在精神上带来相当大的压力,久而久之,以至连殷人自己也认为"天之弃商久矣",如有人再要兴商,则是"弗可赦也已"①。

二是针对殷人的反抗,周公果断地进行镇压。成王即位不久,"三监"联合武庚作乱,周公奉命东征,诛武庚,杀管叔,放蔡叔,降霍叔为庶人。而对于殷之顽民,周公除将相当一部分迁往洛邑外,又将"殷民六族"交伯禽(周公之子)之鲁管理,以"殷民七族"交康叔(周公之弟)之卫管理,以"怀姓九宗"交叔虞(成王之弟)之唐管理②。在平叛的基础上再将殷人分而治之,这样殷顽的反抗势力便被大大地削弱了。

三是在宣传舆论上对殷顽进行丑化和贬低,从而令其丧失人格和号召力,永远不能对周的统治者构成威胁。周公诛杀武庚并平定"三监"后,为了安抚殷人,"乃命微子开代殷后,奉其先祀,作《微子之命》以申之,国于宋。微子故能仁贤,乃代武庚,故殷之余民甚戴爱之"③。这样做虽体现了古人"存亡继绝"之义,但客观上也带来了一个

---

①《左传·僖公二十二年》,杨伯峻《春秋左传注》,中华书局 1981 年,第 396 页。

②以上均见《左传·定公四年》所记,杨伯峻《春秋左传注》,中华书局 1981 年,第 1536—1539 页。

③《史记·宋微子世家》,《史记》,中华书局 1959 年,第 1621 页。

新的问题,那就是殷人的大量会集于宋。故微子虽称"仁贤",而周公还是不能放心。他一方面作《微子之命》以申述其用义,一方面又从根本上大力贬低殷人,从而令殷人丧失人格与威信,再也无法号召民众以反抗周室。应该说,周初统治者在丑化殷人方面是大造过舆论的,我们从周公的几次讲话中已明显可以感觉到。现存《尚书·多士》,便是周公丑化与恐吓殷人的集中表现。而随着时间的推移,"统治阶级的思想"又逐渐成为"统治的思想",并普及于社会,渗透于民间,最终以寓言的形式被保存在诸子的著作之中。加之先秦时期的宋国已成为"殷顽"的大本营,于是,诸子文中的"宋人"便无不愚蠢可笑了。此与周公在饮酒问题上对殷人的"宽大政策",可谓相辅相成而又异曲同工。当康叔往殷商旧地卫国就任之初,周公就曾告诫他的这位弟弟说:

> 厥或告曰:"群饮。"汝勿佚,尽执拘以归于周,予其杀。
> 又惟殷之迪,诸臣惟工,乃湎于酒,勿庸杀之,姑惟教之。
>
> ——《尚书·酒诰》

周人饮酒要杀头,而为殷商进用过的旧臣及手工业者饮酒,却只要教育一下就算了。这看起来是对殷人的"宽大",实际上是在纵容殷人沉湎于酒以致不能自拔,让殷人自己丑化其形象而已。

质言之,先秦诸子文中的"宋人"形象之所以愚蠢可笑,更多的是与周初统治者对殷人的政策有关,具体说,便是周人为巩固自己的统治而对"殷顽"所进行的人身攻击与形象丑化。由于其时中原各国大都属于周人之后,故"殷顽"最集中的宋国便长期成为人们奚落的对象了,以致连其国君都无能幸免。像"君子不困人于厄,不鼓不成列"的宋襄公[1],还有那位"盛血以韦囊,悬而射之,名曰'射天'的宋

---

[1]《史记·宋微子世家》,《史记》,中华书局1959年,第1626页。

王偃①,虽其行为不无可笑之处,然正因为他们是宋人,所以才受到了全社会最普遍的讥讽。

再后,社会对宋人的歧视又扩大到了郑人与卫人,如《韩非子》所记郑人与卫人之可笑程度,就不亚于宋人:

> 郑人有一子,将宦,谓其家曰:"必筑坏墙,是不善人将窃。"其巷人亦云。不时筑,而人果窃之。以其子为智,以巷人告者为盗。(《说林下》)

> 郑人有相与争年者,一人曰:"吾与尧同年。"其一人曰:"我与黄帝之兄同年。"讼此而不决,以后息者为胜耳。(《外储说左上》)

> 郑县人卜子,使其妻为裤,其妻问:"今裤何如?"夫曰:"象吾故裤。"妻子因毁新令如故裤。(同上)

> 卫人有夫妻祷者而祝曰:"使我无故,得百束布。"其夫曰:"何少也?"对曰:"益是,子将以买妾。"(《内储说下六微》)

> 卫人嫁其子而教之曰:"必私积聚。为人妇而出,常也;其成居,幸也。"其子因私积聚,其姑以为多私而出之。其子所以反者倍其所以嫁。其父不自罪于教子非也,而自知其益富。(《说林上》)

其中第一则故事与《韩非子·说林》所记的另一则故事,情节几乎完全一样,只是其主人公由"宋人"换成了"郑人"。末一则故事则与《淮南子·泛论》所记内容完全相同,只不过其主人公又换成了宋人。这都是很耐人寻味的。这说明对于可笑之事,无论冠以宋人还是郑

---

①《史记·宋微子世家》,《史记》,中华书局1959年,第1632页。

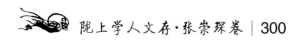

人、卫人，社会都已经认可了。

类似的偏见也延及到了与宋相邻的杞国，"杞人忧天"的故事便是明证。《列子·天瑞》记：

> 杞国有人忧天地崩坠，身亡所寄，废寝食者。又有忧彼之所忧者，因往晓之曰："天，积气耳，亡处亡气。若屈伸呼吸，终日在天中行止，奈何忧崩坠乎？"其人曰："天果积气，日月星宿，不当坠耶？"晓之者曰："日月星宿，亦积气中之有光耀者，只使坠，亦不能有所中伤。"

杞国有人忧天地崩坠已属可笑，而更有意思的是那位"往晓"者，他竟说出"只使坠，亦不能有所中伤"的话来，更是可笑之极。看来杞国的可笑之人与可笑之事，亦不亚于宋与郑、卫两国。

杞为夏后，宋为殷后，而郑、卫则为姬姓周人所建立的国家。尽管三者的种族来源并不相同，但因为地域的相近，其国人都被当成了奚落的对象。这说明战国时期，随着夏、殷、周民族的逐渐融合，"宋人形象"已由种族歧视进而演变为地域文化偏见了。又由于宋、郑、杞皆在今天的河南省境内，所以这种地域文化歧视最后竟形成了对河南人的歧视。今日社会对河南人的种种偏见，便是承此而来的。

三

其实，类似的地域文化歧视不仅见于"宋人"，也还见于"巴人"。

巴人原是发源于西北的一个种族，后迁居西南地区。《山海经·海内经》说："西南有巴国，大皞生咸鸟，咸鸟生乘厘，乘厘生后照，后照始为巴人。"宋罗泌《路史·后纪》也说："伏羲生咸鸟，咸鸟生乘厘，是司水土，生后炤，后炤生顾相，降处于巴。"这是说巴人为伏羲氏的一支，而伏羲氏生于成纪，即今甘肃省的天水一带。至于巴人所建的巴国，据郭璞注云，即"今三巴是也"，就是今天的川东鄂西一带。又据

《华阳国志·巴志》云："禹会诸侯于会稽,执玉帛者万国,巴蜀与焉。"
(常璩撰、刘琳校注,巴蜀出版社 1984 年,第 21 页)可见全迟到夏初,
巴人已与中原有交往。迨至商周之际,巴人还曾带着自己的歌舞,参
加了周武王伐纣的队伍, 这种歌舞就是汉初以来所说的 "巴渝舞"。
《华阳国志·巴志》对此记载说:"周武王伐纣,实得巴蜀之师,著乎《尚
书》;巴师勇锐,歌舞以凌,殷人倒戈。故世称之曰:武王伐纣,前歌后
舞也。"(同上第 21 页)周初分封诸侯,周王朝派往巴地的姬姓统治者
为子爵,于是其所建之国便被称为"巴子国"。此后历经春秋战国,直
到周慎靓王五年(前 316),也就是屈原二十多岁的时候,巴子国被秦
灭亡。

巴子国灭亡后,巴人四散,而尤以逃往东邻楚国者为多。当时楚
的都城为郢都(即纪南城),是一座非常繁华的城市,其东南部为宫殿
区,东北部为贵族居住区,西南部为冶炼作坊区,只有西部和西北部
为居民区①。于是,大批的巴人便在城西北的下里居住下来。又由于巴
人素善歌舞,这样,郢都的下里遂成为一处巴人的特殊文化区。而他
们的原生态歌舞,在"车毂击,民肩摩,市路相排突,号为朝衣鲜而暮
衣敝"②,其音乐已高度发达的郢都(视曾侯乙墓出土乐器可知),自然
是难登大雅之堂的,这便出现了宋玉《对楚王问》所描写的情形:

> 客有歌于郢中者,其始曰《下里巴人》,国中属而和者数
> 千人;其为《阳阿》《薤露》,国中属而和者数百人;其为《阳春
> 白雪》,国中属而和者,不过数十人;引商刻羽,杂以流徵,国
> 中属而和者,不过数人而已。是其曲弥高,其和弥寡。

———————

①以上皆据纪南城考古发掘结果,详见政协江陵县文史工作组编《历史文化
名城江陵》,1983 年 4 月,第 7 页。
②桓谭《新论》(严可均辑本),上海人民出版社 1977 年,第 23 页。

在这里,《下里巴人》作为《阳春白雪》的参照乐曲,已成为低俗文化的代表;而低俗歌曲之用"下里巴人"来命名,则含有对"巴人"的文化偏见了。

不过,楚人对巴人的文化偏见并没有进一步扩展开来,它始终局限于郢都一隅。这一方面是因为逃往郢都的巴人只是众多巴人中的一部分,而他们在巴国的本土并未受到歧视;另一方面也因为楚国不久便亡于秦,楚人地位亦与巴人相似,再也无法以大国自居来傲视巴人了。

除宋人与巴人外,中国文化史上的地域偏见后来又发展到"南人"与"北人"间的相互歧视。如孟子便称楚人为"南蛮鴃舌之人",[①]而南人也常常称北人为"傖子"。直到清代乾隆间以制举业而负盛名的窦光鼐,在其主持浙江乡试(一说福建乡试)时,仍以"南蛮鴃舌之人"命题,并因此而激起了考生的公愤。据说窦光鼐最后不得不作诗一首令考生用方音诵读,结果无一人能够读得下来,风波才得以平息。此诗即后世曾广泛流传于齐鲁一带的《别蛮诗》[②],顺便抄在这里:

> 馆阁居官久寄京,朝臣承宠出重城。
> 散心萧寺寻僧叙,闲戏花轩向晓行。
> 情切慈亲催寸草,平抛朋辈劈飘萍。
> 生身盛世诗书史,蛮貊氓民慕美名。

诗的每一句声母都完全相同,且多卷舌音与切齿音,如同绕口令一般,难怪我们的浙江(或福建)同胞无法以方音读下去了。此事齐鲁间常引为美谈,这自然反映了齐鲁之人对窦光鼐的赞叹及对"南蛮"之人的鄙视;而多次担任过浙江学政与乡试正考官,曾对江浙文化的

---

① 《孟子·滕文公上》,杨伯峻《孟子译注》,中华书局1960年,第125页。
② 张崇玖《窦光鼐传》,西泠印社出版社2007年6月,第2页。

繁荣作出重要贡献的窦光鼐，其内心深处的地域偏见，也应是显见的。

四

中国传统文化中地域偏见的形成,除了前述种族的原因之外,也与中华文化的多元一体相关。

从文化史的角度而言，中华文化是由各种不同的地域文化经长期融合、发展而形成的。无论早期的华夏文化、东夷文化、苗蛮文化，还是稍后的齐鲁文化、燕赵文化、三晋文化、关中文化、宋楚文化、吴越文化、巴蜀文化、岭南文化等，都是组成中华文化的有机成分。而这些区域文化中的有益成分在被融入主流文化之后，其余的部分仍被保留在各个地域文化之中。再进一步说，即使在中华文化的主体之中,区域文化的痕迹也不是短时间内就能抹平的。这样就形成了主流文化与地方文化以及各种不同的地域文化并存的局面,于是,地域间的文化偏见就出现了。

再次,中国文化中的地域偏见,也与地理环境及不同地区的民俗和人们的生活习惯是分不开的。这一点,早在汉代的司马迁就已经注意到了,他在《史记·货殖列传》中比较齐、鲁文化的不同特点时说:

> 齐带山海,膏壤千里,宜桑麻,人民多文綵、布帛、鱼盐。临淄亦海岱之间一都会也。其俗宽缓阔达,而足智,好议论。地重,难动摇,怯于众斗,勇于持刺,故多劫人者。大国之风也。其中具五民。

> 而邹、鲁滨洙、泗,犹有周公遗风,俗好儒,备于礼,故其民龊龊。颇有桑麻之业,无林泽之饶。地小人众,俭啬,畏罪远邪。及其衰,好贾趋利,甚于周人。

正由于齐、鲁地理环境不一样,所以才形成了两地民俗及文化传统之不同。如果说齐地所形成的是一种宽松兼容，"举贤而尚功"①，具有开放性和革新性的功利型文化传统的话，那么鲁地则形成了重伦理、贵人和，"尊尊而亲亲"②，具有质实性、坚守性的道德型文化传统。③而这样一来，也便导致了此后的"齐气"与"鲁气"之争。南方文化与北方文化的差异也一样。南方气候温暖，土沃物丰，水光潋滟，人们有闲情逸致以乐其风土，这便养成了尚文的习俗；而北方气候寒冷，土厚水深，谋生较难，故而又形成了尚武的习俗。如以南方之"尚文"鄙视北方之"尚武"，或以北方之"尚武"傲视南方之"尚文"，则便形成了文化上的地域偏见。

时至今日，中国文化中的地域偏见依然存在，而其表现形式也是多种多样的。如何正确地认识与对待中国传统文化中的这种地域偏见，仍是当代文化建设的一个重要课题。

应该说，各种区域文化之间虽有先进与后进之异，却并无高下之分，更无优劣之别。对于组成中华文化的各种地域文化，我们既不能厚此薄彼，更不容加以歧视。任何文化上的地域偏见都是要不得的。而只有消除了文化上的地域偏见，社会也才能真正达到人际关系的和谐。

（此文据作者 2007 年 11 月 27 日在中央文史馆举办的"国学论坛"上的发言稿整理而成，曾发表于《科学·经济·社会》杂志 2008 年第 3 期）

---

①《汉书·地理志》，《汉书》中华书局 1962 年，第 1661 页。
②《汉书·地理志》，《汉书》中华书局 1962 年，第 1662 页。
③关于齐、鲁文化之不同特点，详参张崇琛《论琅邪文化》，《兰州大学学报》2004 年第 3 期。

谈谈天水的三国古战场文化

天水在历史上的知名度很高。这一方面是因为天水有着悠久的历史和古老的文化,同时也与它的重要地理位置有关。

天水地区是秦人的发祥地。当年秦的祖先自东方西迁,最早所居住的西垂,即在今礼县的永兴乡及西和县的长道镇一带。后来汉代的西县及三国时的西城也在这一地区。此后,秦的历史上曾出过许多重要的人物,秦王朝最终也统一了中国。而曾为周穆王养马的秦人造父被封于赵城后,天水又成为赵姓的郡望。于是,很多文化名人便自称是天水人。如宋代著名的金石学家赵明诚在泰山上的题词,其落款便是"天水赵明诚"。甚至连金章宗完颜见到宋徽宗赵佶所摹的张萱《虢国夫人游春图》,也在上面题曰:"天水摹虢国夫人游春图。"其所谓"天水",即指宋徽宗赵佶。此后,人们也常以"天水朝"来指代赵宋王朝。如陈寅恪著作中便常称赵宋王朝为"天水一朝"。可见天水的知名度之高了。

从地理位置上来说,天水好称"关中咽喉"、"襟带陇右"、丝路重镇。由于诸葛亮是最早认识到天水战略地位的一位古人,所以,三国时期,围绕天水地区便发生了一系列的战事,并留下了许多古战场,这便形成了天水的三国古战场文化。

说到天水的三国古战场,便不能不提诸葛亮的"六出祁山"。自公元228年(蜀建兴六年)至公元234年(蜀建兴十二年)的6年间,诸葛亮以汉中为基地,先后对曹魏进行过5次北伐,即所谓"六出祁山"。5 次北伐为何被称为"六出祁山"呢？那是因为后人将建兴八年即公元 230 年秋诸葛亮待魏军于城固、赤阪的一次也计算在内了，而这一次魏军虽数道南侵，然皆半途而返，两军并未接触。而 5 次中，第一、第三和第四次北伐又都是在今天的天水地区进行的，因此，天水便成为三国的重要战场，而诸葛亮也遂与天水结下了不解之缘。

诸葛亮的第一次北伐是在建兴六年（228）春举行的。他先扬声由斜谷道（今陕西眉县西南）取郿（今陕西眉县），并使赵云、邓芝为疑军，据箕谷（今陕西太白县境内），以吸引魏军主力；而自己则身率 6 万大军进攻祁山，并很快攻占了今甘肃西和、礼县一带的祁山地区，还在祁山堡安营扎寨，设立了他的北伐军指挥部，指挥蜀军继续北进。不久，南安（今陇西县东北）、天水（甘谷县东）、安定（镇原县南）三郡纷纷叛魏归蜀，一时关中为之震动，曹魏朝野恐惧。至此，魏明帝曹睿才恍然大悟，慌忙从洛阳赶到长安坐镇，并派大将张郃率兵抵挡蜀军。于是，蜀魏两军便在"关陇大道"上的军事重镇街亭（今秦安陇城镇），展开了一场殊死决战。但由于镇守街亭的马谡"违亮节度"，"依阻南山，不下据城"，遂使街亭失守，致魏军长驱直入。不得已，诸葛亮只好拔西县民千余家还于汉中。至此，轰轰烈烈的第一次北伐遂以失败告终。这是诸葛亮首次踏上天水大地。

由于第一次北伐的失败，诸葛亮坚持"平取陇右"，先夺取天水然后再从背后包抄魏国的策略，曾遭到很多人的非议。有人甚至认为诸葛亮不纳魏延的"十日出子午谷"之计是"战略之失"，是"心胸偏狭"、妒贤嫉能，更由此而对诸葛亮进行全面否定。这是未能对魏延之计进行认真评估所致。子午谷全长 700 余里，全是穿行于山谷之中。魏延所带领的 5000 人要边修栈道边行进，十天根本走不出去。两年后魏国的曹真也是由子午谷南侵汉中，结果费时一个多月，才走了一半路程，便是最好的证明。何况曹魏在子午谷北口早已有军队防守，以魏延远来疲惫的区区 5000 人,根本无法与曹魏的重兵抗衡。诸葛亮斥魏延之计"悬危"是有道理的。至于街亭之失,那是因为错用了马谡所致,并非诸葛亮"安从坦道""平取陇右"战略方针的失误。

诸葛亮再次足履天水地区(还有陇南地区),是在公元 229 年(建兴七年),即他第三次北伐期间。此前,他曾于公元 228 年的冬天出散关(宝鸡市西南大散岭上),围陈仓(今宝鸡市东),举行过第二次北伐,然因粮尽而不得不返。此次,诸葛亮首先派陈式攻打武都(今成县西)、阴平(今文县西北),待曹魏的雍州刺史郭淮欲率众出击时,诸葛亮则领军来到建威(今西和),从而逼迫郭淮退还,由蜀军完全占领了武都、阴平二郡,并拥有了今甘肃东南部及陕西省凤县、略阳等地的广大地区。后主刘禅对这一次的胜利也十分高兴,旋即下诏恢复了诸葛亮的丞相职位(街亭之役后诸葛亮曾上书"自贬三等")。

公元 231 年(建兴九年)春天,诸葛亮又一次兵出祁山,举行了第四次北伐,也是他第三次踏上天水大地。这一次,诸葛亮以"木牛"(一种灵便的独轮车)运送军粮,首战即打败了西救祁山的魏军郭淮、费曜部,并借机芟割卤城(今盐官)一带的熟麦。魏国派司马懿率军迎战,诸葛亮与司马懿相遇于上邽(今天水市秦城区)之东。但司马懿敛兵依险,不与蜀军交战,诸葛亮只好引兵还保祁山。后司马懿因部下笑他"畏蜀如虎",才自己率军取中道(赤峪沟往天水镇一道)击亮,而令张郃追蜀军至木门(在今天水市秦城区西南牡丹乡木门村)。木门又称木门道,其地两山夹峙,空谷一线,地形十分险要。诸葛亮撤退时早于木门东山埋有伏兵,待张郃追至,万箭齐发,"飞矢中郃右膝",遂射杀张郃。与此同时,蜀将魏延、高翔、吴班等也于中道大破魏军,逼使司马懿还保上邽。而正当诸葛亮与司马懿再次对垒上邽之际,蜀中负责运送军粮的李严因害怕粮秣误期而受诸葛亮责罚,竟假传后主刘禅之旨,要诸葛亮回师。加之军中粮草已尽,诸葛亮遂不得不暂时收兵。

此后,建兴十二年(234)春,诸葛亮再率10万大军,由褒斜道出斜谷,占据五丈原(今陕西眉县西南斜谷口西侧),举行了他生前的最后一次北伐。但在与司马懿对垒百余日之后,即因劳累过度,于这年的8月28日病逝于五丈原军中。当然,这已不在天水地区,而是发生于陕西境内的事情了。

综观天水地区的三国古战场,像祁山堡(在今礼县城东23公里的祁山乡)、建威(今西和县城附近)、卤城(今盐官)、天水关(今天水镇北)、木门道(牡丹乡木门村)、西城(礼县永兴乡及西和长道镇一带)、上邽(今天水市秦城区)等地,诸葛亮皆曾亲历,并留下了不少的遗址和传说。如祁山堡附近的"诸葛亮上马石""诸葛九寨"(传为蜀兵积土假充粮堆),天水城东陈家磨处的"诸葛军垒"(传为蜀兵每人握一把土堆置而成),及流传于木门村一带的"木门矢髀"故事(传诸葛亮欲射一"马"即司马懿,结果仅得一"獐"即张郃)皆是。至于三国时期的著名战场街亭(今秦安县陇城镇),诸葛亮虽未亲至,但蜀军的首次北伐受挫及孔明的"挥泪斩马谡",都与街亭之失是分不开的。所以,要追寻诸葛亮与天水的不解之缘,街亭也是不可忽视的。

天水的三国古战场是一笔宝贵的文化遗产。为了更好地宣扬古战场文化,除了对这些遗址进行有效的保护外,在此我顺便提出两点建议:

一是与陕西有关地区联合,打造一条三国古战场黄金旅游线。如能将天水的祁山堡、街亭与陕西的五丈原、定军山诸葛亮墓等遗址连成一线,我相信一定会吸引很多对三国文化感兴趣的人们。

二是与京剧界联合,打造西城景点。由于京剧《空城计》的播扬,西城的知名度很高。很多京剧的须生名角都因唱《失街亭》《空城计》《斩马谡》而出名,而《失、空、斩》至今仍是各派须生常演的剧目。中央电视台就曾多次同时播放过马（连良）、谭（富英）、奚（啸伯）、杨（宝森）四大流派的《空城计》，其受众之多是难以估计的。但很多人以为西城是戏曲虚构的，不知道西城乃实有其地，而且就在今天水地区内。倘能在当地选址重建一座影视基地式的西城，我想不但京剧界的艺人们会登城体验一番，就连普通百姓也是喜欢到"城楼观山景"的。这样一来，又可为三国古战场的黄金旅游线路再增加一处新的亮点。至于诸葛亮的"空城计"究竟有无，学者们尽可以见仁见智，发表自己的意见。反正历史上的西城是一个真实的存在，这是谁也否认不了的。

以上是对天水地区的三国战事及古战场遗址的介绍。下面便来谈谈天水三国古战场文化的弘扬问题。

三国文化的亮点是诸葛亮文化。我们读《三国演义》时便有这样的感觉，读到诸葛亮死后，便觉得索然无味了。天水的三国古战场文化也不例外，也应抓住诸葛亮文化这个亮点。那么，诸葛亮文化都有哪些内涵呢？它与天水又有什么关系？具体说，有五个方面：

一曰高尚的人格。诸葛亮是一个几近完美的历史人物，在他身上体现出了中国人几乎所有的美德，如忠贞、智慧、清正、廉洁、勤奋、俭朴、澹泊、谨慎等。而"忠"与"智"则是他人格最突出的特点。他死后被朝廷谥为"忠武"，又被民间称为"智星"。其所谓"忠"，当然不能排除对君王之忠，但更重要的是他能忠于国家，忠于自己的理想、事业和职守。我们看他直到晚年，为了实现北定中原、统一中国的理想，仍亲自带兵北伐，足履陇原，并最终以身殉职，便可以体会其一腔忠心了。他的"智"，即使剔除其被小说家所夸张的部分，也还是超常的。而更为难得的是，诸葛亮能将"忠"与"智"两者完美地结合起来。他"专权而不失礼，行君事而国人不疑"，[①]他用自己的忠心和智慧来报效国

---

① 《三国志·诸葛亮传》裴松之注引《袁子》。

家,来实现理想,而且"鞠躬尽瘁,死而后已"。为此,他不但摈弃了自己的许多爱好(如音乐、绘画、文学创作及史学研究等),而且还长期夫妻分居,晚有儿息(儿子诸葛瞻出生时诸葛亮已 47 岁了)。诸葛亮之为人,看起来自然平常,实际上难以企及。正如当年蜀汉小吏所说:"诸葛公在日,亦不觉异,自公殁后,未见其比。"①宋人罗大经更认为,诸葛亮之为人,"自三代而后,可谓绝无仅有矣。"②诸葛亮这种高尚的人格,在我们大力弘扬中华传统美德的今天,仍是值得国人借鉴和学习的。

二曰超常的智慧。诸葛亮智慧之超常是世所公认的。而我们考察其智慧的来源,则不外有四个方面的因素。一是"观其大略"的读书方法③。所谓"观其大略",并非"不求甚解"(陶渊明语),而是一种能抓住书中要义然又不肯死守章句的十分高明的读书方法。事实证明,这样的读书方法既可以将读书与"识时务"联系起来,以强化读书的实用功能;同时也能促进各种思想的比较与融合,从而形成诸葛亮思想的"聚合效应"并培养其综合素质。二是综合性的思维方式。诸葛亮的思维方式不是一般人的单向思维或定向思维,而是多向思维,或曰综合性思维。这种思维的特点是注重整体意识、前瞻意识和综合意识。20世纪 80 年代国际上才开始兴起的"天地生综合研究",与诸葛亮的思维方式可谓一脉相承。三是澹泊宁静的精神境界。所谓"澹泊",主要是指对自身名利的不刻意追求,对统治者的不趋炎附势,能永远保持一颗纯净的心。在这种心境下,人的聪明才智便会充分地发挥出来。所谓"宁静",实际也是一种不含任何杂念的精神境界,达到了这样一

---

①殷芸《小说》(鲁迅《古小说钩沉》辑本)。
②《鹤林玉露》乙编卷五。
③见《三国志·诸葛亮传》裴松之注引《魏略》。

种境界,便能"致远",便能对万事万物都有透彻的理解。四是谨慎的处世态度。谨慎可以使思维更加细密,处事更加周全,也是可以出智慧的。

今天,随着互联网时代的到来,人们已经看到,资本的权威正在日益为智慧所取代。当今世界,国家要想强大,人们要想致富,单凭资本的拥有已远远不够,更重要的还要靠自身的智慧。因之,智慧学的研究也便被提上议程。而诸葛亮的超常智慧,恰可为智慧学的研究提供一个范例。

三曰廉政之楷模。诸葛亮的廉政思想与实践,已为中国历代的官员树立了一个光辉的榜样。他不但澹泊名利(如拒受"九锡"),而且对自己工作中的失误还能自行问责,自请处分,并广泛地发动将士对自己提出意见①。他廉洁无私,执法如山,对部下赏罚分明,真正做到"尽忠益时者虽雠必赏,犯法怠慢者虽亲必罚";"善无微而不赏,恶无纤而不贬"②。他对子女严格要求,即使对自己的嗣子诸葛乔也不加照顾,"一出祁山"时他令诸葛乔与诸将子弟一起转运粮草于谷中,并殒命于陇原大地③。他对自己的财产完全透明,除了官家的俸禄外,没有丝毫的额外收入。他在临终前给后主刘禅的一封上表,实可视为他对自己家庭财产的一次正式申报。而所谓"桑八百株,薄田十五顷"④,在1700多年前的三国时期,充其量也不过是一份中人之产。他还遗命

①见诸葛亮《劝将士勤攻己阙教》,《三国志·诸葛亮传》裴松之注引《汉晋春秋》。

②《三国志·诸葛亮传》陈寿《评》。

③参见拙文《诸葛亮的〈又诫子书〉是写给谁的》,《国文天地》(台北)第十四卷第十二期(1999年5月刊出)。

④见《三国志·诸葛亮传》。

薄葬，"因山为坟，冢足容棺，敛以时服，不须器物"①。这在厚葬之风盛行的汉末三国时代，真可以说是绝无仅有了。

四曰家教之典范。诸葛亮所留下的《诫子书》与《诫外甥书》，堪为中华家教的宝典，一直影响着后代的人们。《诫子书》着重强调了修身和为学都要静的道理。指出"非宁静无以致远"，非宁静不能成就一个人的理想和事业。而诸葛亮所说的"静"，实际是一种不含任何杂念的精神境界。与"静"相反的是"躁"，"躁"既有碍修身，也不能治学，而且容易转化为"淫慢"，终至事业无成。诸葛亮去世时，其子诸葛瞻虽然只有8岁，但从此后他曾官至蜀行都护卫将军并平尚书事，与董厥、樊建一起主持蜀国后期的军政大计，以及在国难当头之际，与其子诸葛尚独冒锋刃、视死如归，终于以身殉国的事实来看，诸葛亮的教诲他应是牢记了。正如晋人干宝所说："瞻虽智不足以扶危，勇不足以拒敌，而能外不负国，内不改父之志，忠孝存焉。"②

《诫外甥书》是诸葛亮写给二姐与庞山民的儿子庞涣的，主要谈立志问题。这是诸葛亮在得知姐夫早逝，而外甥适当弱冠之年，正需立志时写下的。诸葛亮告诉外甥，志向应建立在远大的目标之上，要效法先贤，弃绝私情杂念和各种牵累，除去怨天尤人的情绪。只要能做到这些，即使眼下还不能发达，也不必担心事业不会成功。反之，若志向不坚毅，思想境界不开阔，只是碌碌无为地陷入世俗之中，那就将永远沦于凡庸之列。此后，外甥庞涣便谨遵舅氏诸葛亮的教诲，首先从立志做起，并终于事业有成。晋太康中，庞涣已仕至牂牁太守矣。

五曰酒文化要义的阐释。无论古今中外，饮酒在人际交往中都是

①见《三国志·诸葛亮传》。
②《三国志·诸葛瞻传》裴松之注引干宝语。

免不了的。但如何饮酒，却是大有讲究的。殷代的纣王是纵酒的，稍后的周公及二国时期的曹操和刘备都是禁酒的。尤其是刘备，甚至连藏有酿具者都要治罪。这些都有失偏颇。唯有诸葛亮对饮酒的见解是最可取的。他的《又诫子书》(见本书《诸葛亮的廉政思想与实践》)便是一篇讲"酒文化"的绝妙好词。诸葛亮认为酒的功能有二：一是礼仪功能，即"合礼致情"(合乎礼节，表达感情)；二是养生功能，即"适体归性"(让身体舒适，以恢复人的本性)。而饮酒的最高境界则是"和"，即人际关系的和谐与个人身心的和谐。由此出发，他既不主张纵酒，也不主张禁酒。只是在主人的心意还未尽完，而宾客也还没有疲倦的情况下，可以饮至微醉，但不能"迷乱"，即醉到神志不清的地步。这原本是第一次北伐期间，诸葛亮有感于当时蜀中诸将子弟的饮酒之风而写给其嗣子诸葛乔的一段话，不意竟成了对酒文化要义最经典的阐释，以至我们今天读来犹觉意味深长。

　　以上是诸葛亮文化内涵的几个主要方面。可以看出，这些内涵的形成大都与天水有着一定的关系。如晚年的北伐所体现出的报国忠心及"鞠躬尽瘁，死而后已"精神，三次兵出陇右所体现出的对天水战略位置重要性的认识，嗣子诸葛乔殒命陇原所体现出的凛然大义，"六出祁山"期间所表现出的战略远见及廉政垂范(如街亭失守后的"自贬三等"及第三次北伐胜利后的拒受"九锡")，还有晚年所写出的家教名篇及酒文化名言等，皆与诸葛亮的天水之缘是分不开的。今天，我们要弘扬天水的三国古战场文化，这些都是不可或缺的。

　　(此文据作者 2018 年 6 月 26 日在"天水文化论坛"上的发言稿整理而成，曾发表于《天水师院学报》2018 年第 4 期)

苏轼"格高千古"的中秋词为何诞生在密州

　　宋神宗熙宁七年(1074)十二月三日,苏轼踏上了密州大地。隔年,即熙宁九年(1076)丙辰的中秋之夜,他便在超然台上写出了传诵千古的名篇《水调歌头·丙辰中秋,欢饮达旦,大醉,作此篇兼怀子由》(以下简称"中秋词"):

　　　　明月几时有?把酒问青天。不知天上宫阙,今夕是何年。我欲乘风归去,又恐琼楼玉宇,高处不胜寒。起舞弄清影,何似在人间!

　　　　转朱阁,低绮户,照无眠。不应有恨,何事长向别时圆?人有悲欢离合,月有阴晴圆缺,此事古难全。但愿人长久,千里共婵娟。

　　此词主旨各家理解虽不尽相同,但对于词中所表现出的词人超然的精神,高洁的心境,兄弟间深厚的情意,以及丰富的想象和奇妙的艺术构思,却是同声称赞的。此词在中国文学史上的地位,正如宋胡仔《苕溪渔隐丛话后集》(卷三十九)所评:"中秋词,自宋东坡《水调歌头》一出,余词尽废。"王国维《人间词话》也说:"东坡之《水调歌头》(中秋寄子由),则仁兴之作,格高千古,不能以常调论也。"①那么,究竟是什么原因令苏轼在密州写出了这样一篇"格高千古"的"中秋词"

_____

　　①王国维著、徐调孚校注《人间词话》,中华书局 2009 年版。

呢？我想,除了苏轼本身的才华及宋词创作发展的大背景外,密州的文化氛围对苏轼"中秋词"的产生应是 个重要的因素。具体说:

一、密州地区以儒为主、兼融各家的学术氛围是苏轼 "中秋词"产生的思想基础

密州地区学术思想的特点是以儒为主,兼融各家。这不但促成了苏轼由单纯的儒家思想进而为儒、释、道的融合,同时也使苏轼由执着的"致君尧舜"而发展到"超然""自达"①。而正是这种超然自达的人生观和高洁脱俗的心境,遂形成了苏轼"中秋词"的内在精神。

宋代的密州共辖诸城、安丘、高密、莒县、胶西(板桥)五县。其中的大部分地区在历史上都属于琅邪文化区。尤其是州治诸城,在汉代更曾长期作为琅邪郡的郡治(时称东武),一直是当时的学术中心之一。琅邪地区不但学术传统源远流长,而且其学术思想的一个重要特点便是兼融性。

儒学方面,今文《尚书》的传人济南伏生(胜)的玄孙伏孺汉武帝时讲学东武(即今诸城),遂移家于此,其后人伏理、伏湛、伏黯、伏恭、伏无忌等,代为名儒,著述宏富。汉初,《易》学经东武孙虞传至田何。此后立于学官的三大家即施、孟、梁丘,其中的"梁丘"即梁丘贺、梁丘临父子,便是琅邪诸县(县治在今诸城市枳沟镇乔庄村东)人。"施(雠)派"《易》学的传人也有琅邪人鲁伯和邴丹。至于东武人王同直接从田何受《易》而又多授生徒,更使《易》学在这一地区得到了广泛的流传。可以毫不夸张地说,汉代的琅邪地区已成为当时全国最大的

---

① 苏轼《薄薄酒》其二:"达人自达酒何功,世间是非忧乐本来空。"李增坡主编《苏轼在密州》,齐鲁书社 1995 年版,第 201 页。

《易》学中心。再加上习《诗》之师丹，习《公羊春秋》之贡禹、诸葛丰等，琅邪地区的儒学氛围是十分浓厚的。这种浓厚的学术空气经由汉末的经学大师郑玄又远播于后世。直到宋代，密州的文风仍然很盛。苏轼知密州时期的州学教授赵呆卿（明叔），以及苏轼的好朋友、太常博士乔叙（禹功），都是诸城人。还有那位与苏轼不甚相得的赵挺之，以及比他更晚一辈的诸城文人赵明诚、张择端（《清明上河图》作者），更是学术、艺术史上的赫赫名家。苏辙所谓"至今东鲁遗风在，十万人家尽读书"[1]，正是对密州这种浓厚学术氛围的生动写照。

至于佛、道，宋代的密州一带也比较盛行。苏轼《玉盘盂》称："东武旧俗，每岁四月，大会于南禅、资福两寺，以芍药供佛，而今岁最盛，凡七千余朵。"其《雨中花慢》亦云："闻道城西，长廊古寺，甲第名园。"南禅、资福两处古寺皆在诸城，且佛事甚盛。此外，苏轼居密州期间，还曾根据当地士民要求，迎请沂州马鞍山福寿禅院长老惠皋至诸城石城院开堂说法，并亲撰《密州请皋长老疏》一篇。而从《疏》中所列举的诸城霍郎中、陈郎中、褚郎中、宋驾部、傅虞部、乔太博等名单来看，密州地区热心于佛事者颇不乏其人。道教方面，则诸城西南的九仙山及诸城东南的卢山据云都有"仙人居之"。明阁士选《东坡守胶西集》评苏轼《次韵周邠寄雁荡山图二首》云："九仙山在诸城，俗传苏氏兄弟九人，于兹山误餐异人哇食，皆升仙去。今山上有升仙桥。"清人查慎行亦引《名胜志》云："九仙山高耸摩空，常有仙人居之。"[2]而卢山本因秦博士卢敖避居此山而得名，俗传卢敖即于此山得道。九仙、卢山

①此为原诸城文昌阁魁星楼之额语，诸城先贤李澄中、王赓言皆谓出苏轼弟子由。参见拙文《"东鲁遗风"考》，《超然台》2004 年第 4 期。

②以上转引自刘尚荣《〈东坡守胶西集〉初探》，李增坡主编《苏轼在密州》，齐鲁书社 1995 年版。

都是苏轼知密州期间时常游历的地方,他在观赏风景的同时,曾受到过某种宗教气氛的熏陶自是可能的。

尤其值得注意的是,对苏轼思想影响很大的黄老之学在密州一带的广泛传播。汉初黄老之学的代表人物盖公便是胶西人。《史记·曹相国世家》记曹参曾迎请盖公,并采用其"贵清静而民自定"的"治道"。《史记·乐毅传》"太史公曰"亦称"盖公教于齐高密、胶西,为曹相国师"。密州地区既是黄、老之学的发源地,而盖公又曾教于高密、胶西一带,则黄老之学在密州一带的传播自不待言。而苏轼守胶西后,知盖公为邦人,遂"师其言",并修建"盖公堂",仿曹参而"避正堂以舍盖公",这既反映了他对前贤的景慕,同时也可看出密州地区黄老之学的氛围对他的影响是很大的。苏轼《盖公堂记》云:"胶西东并海,南放于九仙,北属之牢山,其中多隐君子,可闻而不可见,可见而不可致,安知盖公不往来其间乎?"盖公的后学们至宋时仍生活于密州一带,是完全可能的。

概言之,密州地区这种以儒为主、兼融各家的学术氛围,对苏轼以综合性为特征的思想的形成,尤其是超然自达世界观的确立,无疑是起了促进作用的。而超然自达便是苏轼"中秋词"的精神内涵。

二、密州地区古朴、淳厚、豪放的民俗是苏轼"中秋词"产生的情感土壤

宋代的密州地区位于今山东省的中部,北依沂蒙山,南临黄海。这是一块古老然又并不保守的土地。而且,处在山水之间的密州地区的人们,似已深得"乐山""乐水"之奥妙,其地不但智者与仁者层出不穷,而且在民俗上也一直保持着古朴、淳厚、豪壮的特色。而作为琅邪文化的核心地区,齐俗的"宽缓阔达而足智"及鲁俗的"好儒备于

礼"①,也皆被融入了这一地区的民俗之中。

密州地区民俗的这种特点,苏轼是深切地感受到了。如果说苏轼来密州的路上还怀着一种凄凉的心情的话,那么入境之后,在感觉上便好多了。他在上宋神宗的谢表中说:"入境问俗,又复过于所期。"待到"处之期年",他已是"乐其风俗之淳"②;而当他将要离开密州时,则更是"二年饮泉水,鱼鸟亦相亲"了③。苏轼的这种感受自然是有其亲身的体验为依据的。今天,我们从苏轼在密州的作品中,仍能看出他的这种体验:

一是岁时之俗。典型的如三月上巳的被禊与流杯。这是一种古老的习俗,源自先秦时的上巳节(《诗经·郑风·溱洧》即咏此),魏以后固定于每年的三月三日。此俗魏晋隋唐时颇盛行,宋以后便比较少见了。而在诸城却仍然被保留着。熙宁九年(1076)三月,苏轼与僚友们在诸城城南的流杯亭便兴勃勃地举行了一次"流杯"活动,并作《满江红》词以记其事。而且,直到这年的十二月苏轼将要离开密州时,仍对流杯亭恋恋不舍,又作《别东武流杯》诗以寄其情怀。古老的流杯习俗将人与自然和谐地融为一体,令人心旷神怡,这对置身于纷乱现实社会的苏轼来说,无疑会得到一种精神上的净化与升华。

二是狩猎之俗。这也是一种源于先秦的古老习俗。史载齐人善猎,《诗经·齐风》中便多次描写过狩猎场面。苏轼一生中仅于密州举

---

①《汉书·地理志》。

②苏轼《超然台记》。李增坡主编《苏轼在密州》,齐鲁书社1995年版,第250页。

③苏轼《留别雩泉》。李增坡主编《苏轼在密州》,齐鲁书社1995年版,第228页。

行过狩猎活动,这不是偶然的,它与密州民间一直盛行的狩猎习俗是分不开的。现存苏轼的诗词中,有数首都写到他在密州的出猎,如《祭常山回小猎》《和梅户曹会猎铁沟》及《江城子·密州出猎》等。从"黄茅冈下出长围"及"千骑卷平冈"的描写来看,当时狩猎的场面是十分壮观的。而居人的"为报倾城随太守",更反映出民众对太守的拥护及对狩猎活动的浓厚兴趣。在此种浓烈的气氛之中,真难怪诗人要"老夫聊发少年狂"了。狩猎活动反映了密州民俗豪壮的一面,而苏轼的热心参与,对养成他的达观豪放之情,应是起了一种潜移默化的作用。

三是社交之俗。诸城之俗"好学重儒,习礼义,尚齿让"①,犹有古仁人之风。我们从苏轼在密州的交游情况来看,也的确如此。无论同僚、友朋、文人、员外、百姓,大家都相处得非常和谐。苏轼居密州时,不但与州学教授赵杲卿(诸城人)及在家赋闲的太常博士乔叙(禹功)等过从甚密,诗酒往来,就是与当地的居民,关系也十分亲密。百姓有话常愿跟他说,一会儿告诉他城西的牡丹花开了,一会儿又告诉他东武故城中沟渎圮坏,出乱石无数。老农也常常指点着马耳、常山,与他讲说雨晴。一次,城里的田员外和城外的贺秀才还特地将新开的牡丹花献给他,令他十分感动,并为此写下了《谢郡人田贺二生献花》诗一首。苏轼自称"余性不慎语言,与人无亲疏,辄输写腑脏,有所不尽,如茹物不下,必吐出乃已"②。而来到密州后,"东武拙于藻饰之俗"③,正与他的个性相一致,这使他感到格外亲切。所谓"余既乐其风俗之淳,

---

①《山东通志》(卷四十)。

②苏轼《密州通判厅题名记》。李增坡主编《苏轼在密州》,齐鲁书社1995年版,第373页。

③《永乐大典》卷一万八千二百二十三引《翟忠惠先生集》。

而其吏民亦安余之拙也"①,正是他与密人和谐相处的真实写照。

民俗是文化的一个重要方面,它是经长期的积淀而形成的。而生活于特定民俗之中的人们,又会自觉或不自觉地受其熏陶,从而影响于自身的素质与创作。苏轼"中秋词"之所以产生于密州,应该说与密州岁时之俗的古朴、自然,狩猎之俗的豪壮、超迈以及社交之俗的朴野、淳厚,都是不无关系的。

三、密州地区盛行的"东州乐府"是苏轼"中秋词"产生的文学氛围

密州地区的民歌,最早可以追溯到舜的时代。孟子云:"舜生于诸冯,迁于负夏,卒于鸣条,东夷之人也。"乾隆《诸城县志·古迹考》亦云:"县人物以舜为冠,古迹以诸冯为首。……城北十五里有村名诸冯。"今诸城市北面确有村名"诸冯",即孟子所说的舜生地②。又据清初诸城学者、诗人张石民《其楼文集·诸冯辨》称:

> 诸城得名,以鲁季孙行父所城诸;所城诸得名,则以诸冯。……相传舜于田时发粗自兹始,于是耕夫馌妇往往述其祖父母曾与大舜皇帝让畔于此。不闻《乐乐之歌》乎?歌云:"我乐乐,尔乐乐,尔我同乐乐。"即欲谱诸熏弦,续《南风》后,未暇也。

《乐乐之歌》音节简单,格调古朴,与传为虞舜时期的《南风歌》和《卿云歌》十分相似,极可能是远古流传下来的歌谣。

汉代,密州地区产生了著名的乐府乐章《东武吟》。《元和郡县志》

---

①苏轼《超然台记》。李增坡主编《苏轼在密州》,齐鲁书社 1995 年版,第 250 页。

②详参拙文《千年人说诸冯村——寻访虞舜生地》,《人民日报》(海外版) 1998 年 3 月 27 日。

云："密州诸城县,本汉东武县也,属琅邪郡,乐府章所谓《东武吟》者也。"东武本山名①,即今诸城市古城岭一带。汉立东武县,遂"因冈为城"②。后县治移至冈下,东武旧城荒废,被称作古城,即苏轼《后杞菊赋叙》所说的"日与通守刘君庭式循古城废圃求杞菊而食之"的"古城"。

《东武吟》与汉代的《泰山吟》和《梁甫吟》一样,最早都是土风歌谣。郭茂倩《乐府诗集》引左思《齐都赋》注云:"《东武》《泰山》皆齐之土风,弦歌讴吟之曲名也。"此曲"古辞"虽不存,然晋代陆机、南朝鲍照、沈约、唐代李白等皆有拟作。直至清初,诸城诗人李澄中尚以《东武吟》为题进行创作,可见《东武吟》曲调在这一带的影响之深远。《东武吟》曲调的特点是悲凉慷慨,即唐刘禹锡在《和董庶中古调散辞赠尹果敏》诗中所说的:"昔听《东武吟》,壮年心已悲。"而苏轼守胶西时,既然常与通判刘庭式一起去《东武吟》的发源地"古城"采撷杞菊,想来也不会不领略其风情并受其感染的。何况文彦博在寄给他的《寄题密州超然台》诗中还力劝他"勿作《西洲》意,姑为《东武吟》"呢!

宋代,密州地区的诗歌创作仍带有一定的民歌风味。如苏轼在《薄薄酒引》中所引胶西先生赵明叔的"薄薄酒,胜茶汤;丑丑妇,胜空房",便是一个典型的例子。赵明叔(杲卿)作为州学教授,是"泮宫先生非俗儒"③,其创作尚且如此,而一时风尚可知。而且,就连身为太守的苏轼也不能不受其感染。他不但亲自创作了《薄薄酒》二首,而且其在密州期间所作新词,也常令"东州壮士"歌之。他在熙宁八年(1075)

---

①见乾隆《诸城县志·山水考》。
②《水经注·潍水》。
③苏轼《送段屯田分得于字》。李增坡主编《苏轼在密州》,齐鲁书社1995年版,第106页。

写给鲜于子骏的信中说：

> 近却颇作小词，虽无柳七郎风味，亦自是一家。呵呵！数日前猎于郊外，所获颇多。作得一阕，令东州壮士抵掌顿足而歌之，吹笛击鼓以为节，颇壮观也。

这"一阕"便是著名的《江城子·密州出猎》。而苏轼之"令东州壮士抵掌顿足而歌之"，一方面固然是因为这首词的豪放气派，同时，也反映了"东州壮士"良好的音乐修养及这一带"东州乐府"氛围的浓重。苏轼离开密州后，在《和孔密州五绝》中曾说过"除却胶西不解歌"的话，正是他发自内心的感叹。

音乐、诗歌是一个地区文化的重要表现，《诗经》时代的"十五国风"便是最好的说明。而被苏轼所称道的有着悠久历史的"东州乐府"①，不但是密州文化的重要组成部分，同时，作为一种文化氛围，也陶冶了苏轼，影响了他的思想与创作。

总之，苏轼"中秋词"之所以诞生于密州，实与密州的文化氛围是分不开的。如果说密州地区综合、兼容的学术氛围促成了"中秋词"之"理"，淳厚、豪放的民俗氛围催化出"中秋词"之"情"，那么，密州地区的"东州乐府"氛围则直接影响到了"中秋词"高旷而又略带悲凉意境的创造。在这个意义上可以说，苏轼的知密州，既是密州人民之幸，同时也是中国词坛乃至中国文学之幸！

（《写作》2013 年第 5 期）

———————

① 苏轼《薄薄酒》二首《引》。李增坡主编《苏轼在密州》，齐鲁书社 1995 年版，第 200 页。

附录

张崇琛论著目录

A、著作

1.《中华家教宝库》(主编),吉林人民出版社 1993 年 6 月初版,2005 年 7 月再版。

2.《楚辞文化探微》,新华出版社 1993 年 12 月。

3.《简明中国古代文化史》,甘肃人民出版社 1994 年 9 月。

4.《名赋百篇评注》(主编),三秦出版社 1996 年出版,1997 年、2003 年再版。

5.《诸葛亮世家》,吉林人民出版社 1997 年 8 月。

6.《古代文学与传统文化》(合著),兰州大学出版社 1998 年 12月。

7.《中国古代作家作品研究》(合著),兰州大学出版社 2002 年 3月。

8.《古代文化探微》,中国社会科学出版社 2004 年 6 月。

9.《中国古代文化史》,甘肃人民出版社 2005 年 5 月初版,2010年 12 月再版。

10.《诸城文化探微》,西泠印社出版社 2007 年 6 月。

11.《中华家训名篇》,吉林人民出版社 2011 年 1 月。

12.《聊斋丛考》,商务印书馆 2017 年 11 月。

13.《诸葛亮之人生与人格》,甘肃人民出版社 2018 年 1 月。

14.《鹤园随笔》,敦煌文艺出版社 2019 年 10 月。

15.《楚辞文化研究》,中国社会科学出版社 2020 年 1 月。

16.《古代文化论丛》,商务印书馆 2020 年 12 月。

B、论文

一、《诗经》楚辞研究

1. 许穆夫人的身世,《语文月刊》1985 年第 10 期。

2.《诗经·小雅》与《周易》卦爻辞之比较,《经学研究论丛》第五辑,台湾学生书局 1998 年 8 月出版。

3. "薇"与《诗经》中的"采薇"诗,《齐鲁学刊》2002 年第 4 期。

4. 说《诗经·芣苢》——兼谈周人对夏文化的继承,《诗经研究丛刊》第十七辑,学苑出版社 2009 年 6 月出版。

5. 王恒事迹考,《兰州大学学报》1982 年第 4 期。

6. 一个值得重视的楚辞注本——读刘梦鹏《屈子章句》,《文献》第 12 辑。

7. "索琼茅以筳篿"——楚人的草卜与竹卜,《字词天地》1985 年第 2 期。

8. 屈原美学思想试析,《兰州大学学报》1986 年第 3 期，人大复印资料《中国古代近代文学研究》1986 年第 9 期全文转载。

9. 屈子章句,《中国大百科全书·中国文学卷》，大百科全书出版社 1986 年出版。

10. 龙子节·卫生节·屈原节——谈谈端午节的演变,《新村》1988 年第 6 期。

11. 简谈屈赋的象征艺术,《社科纵横》1989 年第 5 期。

12. 楚辞齐鲁方音证诂,《兰州大学学报》1990 年第 1 期,人大复印资料《语言文字学》1990 年第 4 期全文转载。

13. 楚人卜俗考略,《兰州大学学报》1991 年第 2 期,《高校义科学报文摘》1991 年第 5 期详细摘要。

14. 读骚辨"兰",《人民日报》(海外版)1992 年 12 月 17 日。

15. 楚辞之"兰"辨析,《兰州大学学报》1993 年第 2 期。

16. 屈原神游西北的地理问题,《西北史地》1993 年第 4 期。

17.《天问》中所见之殷先祖事迹,《殷都学刊》1994 年第 2 期。

18. 屈原的教育思想,《喀什师院学报》1994 年第 1 期。

19. 博大·和谐·深邃·持久——《离骚》象征探微,《固原师专学报》1994 年第 1 期。

20. "山鬼"考,《宁波大学学报》1998 年第 4 期。

21. 端午节与"蒲剑",《武警工程学院学报》2001 年第 5 期。

22. 昆仑文化与楚辞,《兰州大学学报》2003 年第 1 期; 又收入《中国楚辞学》第二辑,学苑出版社 2003 年 1 月出版。

23. "浴兰汤兮沐芳"——端午节与兰汤沐浴,《寻根》2003 年第 3 期。

24. 楚骚咏"兰"之文化意蕴及其流变,《甘肃广播电视大学学报》第 13 卷第 2 期(2003 年 6 月)。

25.《招魂》"些"字探源,《职大学报》2005 年第 1 期。

26. 伏羲文化与楚辞,《职大学报》2008 年第 3 期;又收入《中国楚辞学》第 14 辑,学苑出版社 2011 年 1 月出版。

27. 风流·牢骚·隽才——也谈宋玉的人格,《宋玉及其辞赋研究》,学苑出版社 2010 年 10 月。

28.《离骚》的哲学解读,《职大学报》2012 年第 4 期。

29. 一组饱含南楚风情的优美恋歌——《楚辞·九歌》论析,《中国古代作家作品研究》,兰州大学出版社 2002 年 3 月出版。

30. 爱国激情与纪实之词的交融——《楚辞·九章》导读,《中国古代作家作品研究》,兰州大学出版社 2002 年 3 月出版。

二、诸葛亮研究

1. 诸葛亮籍贯考,《地名知识》1982 年第 6 期。

2. 违覆·直言·进人——诸葛亮对秘书的要求,《秘书之友》1985 年第 3 期。

3. 诸葛·梁父·武乡——读《三国志·诸葛亮传》札记,《诸葛亮研究》(三编),山东文艺出版社 1988 年。

4. 雨霖葛塚汉臣魂——寻访诸葛亮故里,《人民日报》(海外版) 1992 年 3 月 27 日。

5. 诸葛亮与《周易》,《社科纵横》1995 年第 2 期。

6. 汉代琅邪地区的学术氛围与诸葛亮思想的形成,《中国典籍与文化》1995 年第 1 期。

7. 诸葛氏之祖籍在诸县,《寻根》1996 年第 3 期。

8. 诸葛亮在甘肃的足迹,《档案》1997 年第 3 期。

9. 诸葛丰生平事迹考略,《羲皇故里论孔明》, 甘肃文化出版社 1997 年 9 月出版。

10. 琅邪文化与诸葛亮家族文化,《社科纵横》1997 年第 5 期。

11. 诸葛氏家族的文化传统,《固原师专学报》1998 年第 2 期;又收入《十论武侯在兰溪》,浙江大学出版社 1998 年 8 月出版。

12. 诸葛亮的《又诫子书》是写给谁的,《档案》1998 年第 2 期,《中国档案报》2001 年 6 月 29 日全文转载。又收入《十论武侯在兰溪》,浙江大学出版社 1998 年 8 月出版。又载《国文天地》(台北)第十四卷第十二期(1999 年 5 月刊出)。

13. 刘备"周旋陈元方、郑康成间"事考,《郑玄研究文集》,齐鲁书社 1999 年 10 月出版；又载《许昌师专学报》2000 年第 3 期。

14. 诸亮的成才之路,《武警工程学院学报》2000 年第 3 期；又收入《诸葛亮的成才之路》,武汉大学出版社 2000 年 8 月出版。

15. 诸葛亮为何不纳魏延之计,《成都大学学报》2003 年第 2 期；又收入《甘肃省博物馆学术论文集》,三秦出版社 2006 年 6 月出版。

16. "后来治蜀要深思"——成都武侯祠一副对联的解读,《档案》2004 年第 1 期,《中国档案报》2004 年 6 月 18 日转载。

17. 琅邪文化与诸葛亮人格的形成,《潍坊学院学报》2005 年第 5 期；又收入《诸葛故里论诸葛》,山东省地图出版社 2007 年 10 月出版。

18. 诸葛亮的廉政思想与实践,《天水师范学院学报》2009 年第 3 期；又收入《诸葛亮廉政思想考论》,中国文化艺术出版社 2009 年 5 月出版,并获全国诸葛亮廉政思想研究征文一等奖。

19. 六出祁山三履陇原：诸葛亮与甘肃的不解之缘,《甘肃日报·历史文化》2014 年 4 月 8 日。

20. 天水的三国古战场文化,《天水师院学报》2018 年第 4 期。

三、苏轼研究

1. 豪放中见含蓄达观处露幽怨——重读苏轼《六月二十日夜渡海》,《社科纵横》1997 年第 1 期。

2. 密州的文化氛围与苏轼知密州时期思想与创作的转变,《齐鲁学刊》1999 年第 1 期；又收入《中国第十届苏轼研讨会论文集》,齐鲁书社 1999 年 3 月出版。

3. 从密州到徐州——谈谈苏轼徐州时期的思想与创作,《甘肃教育学院学报》2003 年第 4 期。

4. 杞菊·巢菜·菖蒲——谈谈苏轼的"寓意于物",《贵州文史丛刊》2003 年第 1 期。

5. 意趣·情趣·理趣——苏轼与酒,《兰州大学学报》2005 年第 5 期;又收入《中国苏轼研究》第三辑,学苑出版社 2007 年 2 月出版。

6. 苏轼"格高千古"的中秋词为何诞生在密州,《写作》2013 年第 5 期。

7. 名人文化与名区文化的双向交融,《苏轼密州研究·序》, 中州古籍出版社 2014 年 4 月。

四、《聊斋》研究

1.《聊斋志异·金和尚》本事考,《兰州大学学报》1984 年第 3 期。

2. 漫向风尘试壮游——蒲松龄的秘书生涯,《秘书之友》1985 年第 1 期。

3. "姊妹易嫁"本事考证,《齐鲁学刊》1986 年第 1 期。

4. 蒲松龄与诸城遗民集团,《蒲松龄研究》1989 年第 2 期。

5.《李澹庵图卷后跋》笺论,《兰州大学学报》1992 年第 3 期。

6.《聊斋志异》中的张贡士与李象先其人,《国际聊斋论文集》,北京师范学院出版社 1992 年 7 月出版。

7. 蒲松龄《画像题志》发微,《人民日报》(海外版)1992 年 9 月 24 日。

8.《聊斋》研究三篇,《人民日报》(海外版)蒲松龄专版,1992 年 9 月 24 日第 8 版。

9. 清初知识分子心态的绝妙写照——蒲松龄《画像题志》发微,《固原师专学报》1993 年第 2 期,人大复印资料《中国古代近代文学研究》1993 年第 8 期全文转载。

10. 蒲松龄与孙景夏,《齐鲁学刊》1993 年第 3 期,人大复印资料《中国古代近代文学研究》1993 年第 10 期全文转载。

11. "镜听"考源,《民俗研究》1993 年第 3 期。

12. 蒲松龄的诸城之行,《明清小说研究》1996 年第 3 期。

13. 奚林和尚事迹考略,《蒲松龄研究》1996 年第 3 期。

14.《聊斋志异·遵化署狐》与丘志充其人,《蒲松龄研究》2000 年第 3、4 合期。

15.《聊斋志异》中的甘肃故事,《聊斋学研究论集》,中国文联出版社 2001 年 3 月出版;又载《社科纵横》2001 年第 5 期。

16. 中西交通视野下的《聊斋》狐狸精形象——从《聊斋》中狐狸精的"籍贯"说起,《蒲松龄研究》2008 年第 3 期。

17. 新闻与文学交融的杰作——《聊斋志异》中的新闻篇章,《蒲松龄研究》2009 年第 1 期。

18.《聊斋志异·金和尚》的史学及民俗学价值,《蒲松龄研究》2009 年第 3 期。

19.《聊斋志异·恒娘》与《周易·恒》卦,《蒲松龄研究》2014 年第 1 期。

20. 亦真亦幻神奇陇原:《聊斋志异》中的甘肃故事,《甘肃日报·历史文化》2014 年 11 月 11 日。

21. 情趣·美趣·理趣——《聊斋》爱情篇章的多重文化蕴涵,《蒲松龄研究》2016 年第 3 期。

22. 化俗情为雅趣——《聊斋志异》中的闺房秘语,《蒲松龄研究》2017 年第 1 期。

23. 蒲松龄与李澹庵,《蒲松龄研究》2017 年第 2 期。

24.《聊斋志异·丁前溪》中的丁前溪其人,《蒲松龄研究》2017 年第 4 期。

25. 两座文学高峰间的相通——从《离骚》到《聊斋》,《蒲松龄研究》2018 年第 1 期。

26. 我的《聊斋》研究之路,《蒲松龄研究》2018 年第 2 期。

五、中国古代文化研究

1. 中华传统家教透析,《社科纵横》1993 年第 3 期。

2. 中国古代的家庭教育,《教育史研究》1994 年第 1 期,《基础教育》2004 年第 12 期、《山东教育》2005 年第 1 期重刊。

3. 中国传统文化的五大特征,《社科纵横》1994 年第 6 期。

4. 古老而深邃的文化,《人民日报》(海外版)1994 年 12 月 28 日。

5. 大文化视野下的中国古代文学研究,《社科纵横》2000 年第 1 期。

6. 谈谈孔子的教学方法,《甘肃高师学报》2003 年第 6 期;又载《孔子圣迹图》,敦煌文艺出版社 2004 年 6 月出版。

7. 老子"治大国若烹小鲜"发微,《甘肃联合大学学报》2007 年第 2 期,《哲学研究》2007 年第 1 期摘要介绍。又收入《老子与当代社会》,甘肃人民出版社 2008 年 11 月出版。

8. 伏羲时期的发明创新与早期和谐社会的建立,《中华传统文化研究与评论》第一辑,人民教育出版社 2007 年 6 月出版。

9. 女娲神话的文化蕴涵,《甘肃高师学报》2008 年第 1 期。

10. 中庸之道及其当代价值,《天水师范学院学报》2008 年第 6 期。

11.《周易》的文化精神及其当代价值,《天水师范学院学报》2010 年第 1 期;又载《先秦文学与文化》第一辑,上海远东出版社 2011 年 7 月。

12. 中国传统文化中的社交礼仪,《秘书之友》2011 年第 2 期。

13. 伏羲文化是中国原始的和谐文化,《天水师范学院学报》2011

年第 3 期。

14. 黄帝战胜木代炎帝及蚩尤的纪功之辞——《仓颉书》试释,《甘
肃社会科学》2012 年第 3 期;又载《先秦文学与文化》第二辑,上海远
东出版社 2012 年 9 月。

15. 中庸之道与传统礼仪,《寻根》2012 年第 3 期。

16. 老子思想的当代价值,《天水师范学院学报》2013 年第 3 期。

17. 谈谈儒家的"慎独"精神,《天水师范学院学报》2014 年第 1
期。

18. 从《周易·家人》看中国早期的家规与家风,《职大学报》2014
年第 3 期。

19. 大地湾文化:中国文明的曙光,《香港商报·文化东方》2014
年 10 月 26 日。

20. 国学及其研究方法,《职大学报》2015 年第 2 期。

21.《孟子》中所见之舜文化精神,《国文天地》(台北)第三十卷第
十期(2015 年 3 月 1 日)。

22. 舜生地考,《大学文科园地》1985 年第 10 期。

23. 千年人说诸冯村——寻访虞舜生地,《人民日报》(海外版)
1998 年 3 月 27 日,《旅游》杂志 1998 年第 7 期。

24. 谈谈中国人的传统美德,《职大学报》2016 年第 4 期。

25. 六尺巷故事的由来与演变,《寻根》2016 年第 6 期。

26. 孔子的养生之道,《寻根》2018 年第 1 期。

27. 改革开放与优秀传统文化的继承,《天水师院学报》2018 年
第 6 期。

六、地域文化研究

1. 论琅邪文化,《兰州大学学报》2004 年第 3 期;同时收入《王羲

之书法与琅邪王氏研究》，红旗出版社 2004 年 7 月出版。又收入《赵俪生先生纪念文集》，甘肃民族出版社 2009 年 8 月出版。

2. "宋人"现象与中国传统文化中的地域偏见，《科学·经济·社会》2008 年第 3 期。

3. 王渔洋与诸城人士交往考略，《桓台国际王渔洋研讨会论文集》，山东大学出版社 1995 年 9 月出版。

4. 丁耀亢佚诗《问天亭放言》考论，《丁耀亢研究》，中州古籍出版社 1998 年 10 月出版；又载《济宁师专学报》2000 年第 1 期。

5. 张石民与张瑶星及孔尚任的交往，《潍坊学院学报》2006 年第 5 期；又载《中国古代小说戏剧研究丛刊》第四辑，甘肃教育出版社 2006 年 12 月出版。

6. 窦光鼐研究的翘楚之作——《窦光鼐传·序》，张崇玖《窦光鼐传》，西泠印社出版社 2007 年 6 月出版。

7. "琅邪"之得名及其地望，《寻根》2008 年第 1 期。

8. 清初考辨舜生地的两篇重要文献，张福秀、许传平主编《诸城大舜研究》，人民出版社 2010 年 2 月出版。

9. 兰州与"兰"，《档案》2010 年第 1 期。

10. 王汝涛先生与琅邪文化研究，《临沂大学学报》2013 年第 1 期。

11. 谈谈方言的文化价值——以诸城方言为例，《职大学报》2013 年第 3 期。

12. 真宰相的真实记录，《刘统勋知见录·序》，中州古籍出版社 2014 年 4 月出版。

13. "猪毛绳"所透露出的《金瓶梅》与《醒世姻缘传》作者信息，《蒲松龄研究》2014 年第 2 期。

14. 谈谈"丝绸之路"经济带的文化建设，《甘肃日报》2015 年 1

月 7 日。

15. 丁耀亢的两首佚诗,《山东图书馆学刊》2017 年第 3 期。

16. "丝绸之路"甘肃段文化资源的开发与利用,《天水师院学报》2020 年第 1 期。

七、其他

1. "岸堂"发微——兼谈孔尚任的罢官,《兰州大学学报》1985 年第 4 期。

2. 夸父·硕人·娇女——先秦人体美摭谈,《新村》1990 年第 6 期。

3. 赋体源流概说,《社科纵横》1994 年第 1 期。

4. 中国古代行政区划的变迁,《秘书之友》1994 年第 9 期。

5. 重名·省称·并称,《秘书之友》1995 年第 12 期, 又载《档案》1998 年第 6 期。

6. 说"屠苏",《古汉语研究》1996 年第 4 期。

7. 古酒为何多名"春",《国文天地》(台北)第 12 卷第 4 期(1996 年 9 月)。

8. 酒文化短文七篇,《人民日报》(海外版)酒文化专版,1996 年 5 月 15 日第 8 版。

9. 酒香五千年——酒的起源、演变与展望,《兰州商学院学报》2000 年第 2 期。

10. 情系葛坡——兼怀我的父亲,《飞天》2001 年第 3 期。

11. 谈谈汉大赋的壮大之美,中华辞赋研究院编《辞赋丛书》,香港文学报社出版公司 2002 年 4 月出版;又载《甘肃广播电视大学学报》2004 年第 2 期。

12. 元日"屠苏"考,《寻根》2003 年第 1 期。

13. 高校传统文化课教学探索,《教育科研论坛》2003 年第 2 期,香港教育出版社 2003 年 11 月。

14. 明德·敬业·知困——也谈师德,《社科纵横》2004 年第 2 期。

15. 大汉气象的生动写照——论汉大赋的壮大之美,《甘肃广播电视大学学报》2004 年第 2 期。

16. 汉赋是大汉气象的文化载体——曹胜高《汉赋与大汉气象》序,曹胜高《汉赋与大汉气象》,嘉阳出版公司(马来西亚)2005 年 10 月。

17. 恋爱·雅集·踏青——清明郊游的由来与演变,《寻根》2006 年第 2 期。

18. 李清照画像考辨,《潍坊学院学报》2007 年第 3 期。

19. 古代公文的当代启示,《写作》2011 年 7—8 期。

C. 报刊短文 (74 篇):略

D. 诗词赏析文章 (17 篇):略

E. 序跋类文章 (11 篇):略

F. 内刊文章 (18 篇):略

《陇上学人文存》 已出版书目

· 第一辑 ·

《马　通卷》马亚萍编选　　《支克坚卷》刘春生编选
《王沂暖卷》张广裕编选　　《刘文英卷》孔　敏编选
《吴文翰卷》杨文德编选　　《段文杰卷》杜琪　赵声良编选
《赵俪生卷》王玉祥编选　　《赵逵夫卷》韩高年编选
《洪毅然卷》李　骅编选　　《颜廷亮卷》巨　虹编选

· 第二辑 ·

《史苇湘卷》马　德编选　　《齐陈骏卷》买小英编选
《李秉德卷》李瑾瑜编选　　《杨建新卷》杨文炯编选
《金宝祥卷》杨秀清编选　　《郑　文卷》尹占华编选
《黄伯荣卷》马小萍编选　　《郭晋稀卷》赵逵夫编选
《喻博文卷》颜华东编选　　《穆纪光卷》孔　敏编选

· 第三辑 ·

《刘让言卷》王尚寿编选　　《刘家声卷》何　苑编选
《刘瑞明卷》马步升编选　　《匡　扶卷》张　堡编选
《李鼎文卷》伏俊琏编选　　《林径一卷》颜华东编选
《胡德海卷》张永祥编选　　《彭　铎卷》韩高年编选
《樊锦诗卷》赵声良编选　　《郝苏民卷》马东平编选

第四辑

《刘天怡卷》赵　伟编选　　　　《韩学本卷》孔　敏编选
《吴小美卷》魏韶华编选　　　　《初世宾卷》李勇锋编选
《张鸿勋卷》伏俊琏编选　　　　《陈　涌卷》郭国昌编选
《柯　杨卷》马步升编选　　　　《赵荫棠卷》周玉秀编选
《多识·洛桑图丹琼排卷》杨士宏编选
《才旦夏茸卷》杨士宏编选

第五辑

《丁汉儒卷》虎有泽编选　　　　《王步贵卷》孔　敏编选
《杨子明卷》史玉成编选　　　　《尤炳圻卷》李晓卫编选
《张文熊卷》李敬国编选　　　　《李　恭卷》莫　超编选
《郑汝中卷》马　德编选　　　　《陶景侃卷》颜华东　闫晓勇编选
《张学军卷》李朝东编选　　　　《刘光华卷》郝树声　侯宗辉编选

第六辑

《胡大浚卷》王志鹏编选　　　　《李国香卷》艾买提编选
《孙克恒卷》孙　强编选　　　　《范汉森卷》李君才　刘银军编选
《唐　祈卷》郭国昌编选　　　　《林家英卷》杨许波　庆振轩编选
《霍旭东卷》丁宏武编选　　　　《张孟伦卷》汪受宽　赵梅春编选
《李定仁卷》李瑾瑜编选　　　　《赛仓·罗桑华丹卷》丹　曲编选

• 第七辑 •

《常书鸿卷》杜　琪编选　　《李焰平卷》杨光祖编选

《华　侃卷》看本加编选　　《刘延寿卷》郝　军编选

《南国农卷》俞树煜编选　　《王尚寿卷》杨小兰编选

《叶　萌卷》李敬国编选　　《侯丕勋卷》黄正林　周　松编选

《周述实卷》常红军编选　　《毕可生卷》沈冯娟　易　林编选

• 第八辑 •

《李正宇卷》张先堂编选　　《武文军卷》韩晓东编选

《汪受宽卷》屈直敏编选　　《吴福熙卷》周玉秀编选

《寒长春卷》李天保编选　　《张崇琛卷》王俊莲编选

《林　立卷》曹陇华编选　　《刘　敏卷》焦若水编选

《白玉岱卷》王光辉编选　　《李清凌卷》何玉红编选